Bionisch bauen

Von der Natur lernen

Jan Knippers, Ulrich Schmid,
Thomas Speck (Hrsg.)

Bionisch bauen

Von der Natur lernen

Birkhäuser Basel

Editorial

Jan Knippers / Thomas Speck

Solange der Mensch baut, hat er sich am Vorbild der Natur orientiert. Bisher blieb es aber meist bei ästhetischen Analogien und der Übertragung von Formen und Ornamenten. Erst jetzt ermöglicht der in allen Disziplinen der Wissenschaft vollzogene Übergang zu digitalen Methoden einen Transfer auf der funktionalen Ebene und damit eine neue Definition des Verhältnisses zwischen Natur, Architektur und Technik.

Der Dialog zwischen den Disziplinen beginnt mit der quantitativen Analyse der funktionell wichtigen Eigenschaften biologischer Systeme. Diese werden in Modelle abstrahiert, die die interessierenden Eigenschaften und die diesen zugrunde liegenden Konstruktionsprinzipien repräsentieren. Sie dienen als Grundlage für die ingenieurwissenschaftliche Simulation der Funktionsmorphologie und bilden den Ausgangspunkt für die Übertragung in die Technik. Im Prozess der reversen Bionik stellen diese Simulationsergebnisse jedoch auch die Basis für weitere Untersuchungen dar und erlauben ein vertieftes Verständnis der biologischen Systeme.

Ziel der in diesem Buch dargestellten Projekte ist es, die Möglichkeiten dieses bionischen Transfers anhand sehr unterschiedlicher Fragestellungen zu untersuchen und somit einen Beitrag zur Etablierung der Bionik als eigenständige Wissenschaftsdisziplin zu leisten.

Der Schwerpunkt liegt hierbei auf der Analyse von Konstruktionsprinzipien in der Biologie sowie auf deren Übertragung in Architektur und Bauingenieurwesen. Lebewesen können sich durch die Prozesse der Mutation, Rekombination und Selektion an sich beständig ändernde Umweltbedingungen anpassen. Hierbei ist die effiziente Nutzung natürlicher Ressourcen von wesentlicher Bedeutung und großem Selektionsvorteil. Durch genetisch kontrollierte Selbstorganisationsprozesse bilden Lebewesen hierarchisch organisierte, fein abgestimmte und hochgradig differenzierte Materialien und Strukturen, die komplexe, stark vernetzte Funktionen ermöglichen und gleichzeitig sich zum Teil widersprechende Anforderungen erfüllen. Lebewesen bestehen aus einer geringen Anzahl meist leichter chemischer Elemente und basaler molekularer Verbindungen, die in der Regel aus der direkten Umgebung der Organismen stammen und unter Umgebungsdruck und -temperatur aufgebaut werden. Hierin unterscheiden sich biologische Strukturen grundlegend von den meisten Konstruktionen der Technik. Letztere werden aus einer großen Vielfalt von Materialien aufgebaut und bestehen aus individuellen, nicht oder nur wenig vernetzten Komponenten. Diese sind unabhängig voneinander meist auf eine oder wenige festgelegte Zielfunktionen hin optimiert. Die im Bauwesen ver-

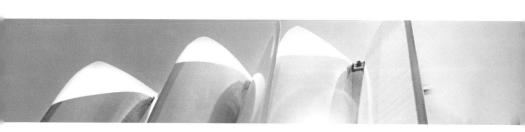

wendeten Materialien werden zum größten Teil mittels sehr energieaufwendiger Methoden (d. h. heißt unter hohem Druck und hohen Temperaturen) produziert. Funktionelle Prinzipien wie Adaptivität, Multifunktionalität oder hierarchische Strukturierung wurden bisher in der Technik und insbesondere auch im Bauwesen nur in sehr beschränktem Maße genutzt, obwohl sie in der Natur omnipräsent sind.

Ausgangspunkt der hier dargestellten Forschungsaktivitäten war die Entwicklung des Flectofins, eines bionischen Fassadenverschattungssystems. Als Ideengeber diente der Öffnungsmechanismus der violetten Landestange der Blüte der Paradiesvogelblume (*Strelitzia reginae*). Sie biegt sich durch das Gewicht bestäubender Vögel nach unten und gibt hierbei den Pollen frei, der an den Beinen der Vögel haftet. Beim Besuch der nächsten Paradiesvogelblume wird der Pollen auf deren Narbe übertragen und die Bestäubung wird sicherstellt. Mechanisch interessant und Ausgangspunkt für die bionische Übertragung ist die elastische Formveränderung beim Öffnen der Landestange. Sie läuft ohne lokalisierte Gelenke ab und lässt sich bei einer Paradiesvogelblume über 3.000-mal in identischer Weise wiederholen, ohne dass es zu Schäden oder Funktionsblockaden kommt. Dieses gelenkfreie elastische Öffnungs- und Schließprinzip wurde in das bionische Fassadenverschattungssys-

tem Flectofin übersetzt, welches hierdurch nicht nur wartungsarm und äußerst robust ist, sondern auch die Ästhetik des biologischen Vorbilds besitzt.

Dieses Buch fasst die Ergebnisse des transregionalen Sonderforschungsbereichs TRR141 „Biological Design and Integrative Structures" zusammen, der von der Deutschen Forschungsgemeinschaft in den Jahren 2014 bis 2019 gefördert wurde. Getragen wurde dieser Verbund von Architekten, Ingenieuren und Naturwissenschaftlern der Universitäten Stuttgart, Freiburg und Tübingen von dem Gedanken, dass Fortschritt in Kunst, Wissenschaft und Technik künftig mehr an den Schnittstellen der Disziplinen und weniger in den Disziplinen selbst entsteht. Das vorliegende Buch ist eine geringfügig überarbeitete und etwas erweiterte Version des Begleitbandes zur Ausstellung „Baubionik – Biologie beflügelt Architektur" von Oktober 2017 bis Mai 2018 im Naturkundemuseum Stuttgart.

Warum Bionik?

Jan Knippers / Thomas Speck

Die Erwärmung unseres Planeten sowie seine zunehmende Belastung mit Schadstoffen zwingen uns dazu, unsere Beziehung zur Natur grundsätzlich zu überdenken, wenn wir die Lebensgrundlage künftiger Generationen nicht zerstören wollen. Dabei sind „Bauen und Wohnen" von elementarer Bedeutung, da sie zum einen menschliche Grundbedürfnisse befriedigen, gleichzeitig aber für einen erheblichen Teil des Ressourcenverbrauches und der Schadstoffemissionen verantwortlich sind. 40 % des weltweiten Verbrauchs an Energie, 40 % des Müllaufkommens sowie 30 % der weltweiten Kohlendioxid-Emissionen gehen auf die globale Bautätigkeit zurück.

Wenn wir der rasant wachsenden Weltbevölkerung menschenwürdigen Wohnraum zur Verfügung stellen wollen, müssen wir unsere Bautätigkeit in den nächsten Jahrzehnten drastisch intensivieren. Der Kollaps des Ökosystems Erde lässt sich dabei nur verhindern, wenn wir anders, d. h. vor allem intelligenter, bauen. Hierbei stellen sich einige zentrale Fragen: Wie lassen sich Häuser aus lokal verfügbaren, nachwachsenden Rohstoffen herstellen und nach Ende ihrer Nutzung entsorgen, ohne Müll zu hinterlassen? Wie können wir in unseren Häusern wohnen und arbeiten, ohne für Heizung, Licht etc. endliche Ressourcen zu verbrauchen oder Schadstoffe zu emittieren? Wie können Gebäudehüllen im Tages- und Jahresverlauf auf wechselnde klimatische Bedingungen reagieren und so den Energiebedarf reduzieren? Wie können Wohnungen und Büros an sich immer wieder ändernde Wünsche der Nutzer angepasst werden, sodass sie möglichst lange genutzt werden können? Auf alle diese Fragen brauchen wir nicht hoch technisierte und störungsanfällige, sondern einfache, robuste und letztlich auch wirtschaftliche Antworten, die den Möglichkeiten und Bedürfnissen in den unterschiedlichen Ländern und Gesellschaften unserer Welt angepasst werden können.

Diese zentralen Anforderungen an die Architektur von morgen erfüllen Konstruktionen der Natur quasi von selbst. Alle pflanzlichen und tierischen Strukturen basieren letztlich auf der Nutzung von Solarenergie. Natürliche Konstruktionen bestehen aus wenigen elementaren Grundbausteinen, die in einen großen Stoffkreislauf eingebunden sind. Dabei werden vorwiegend diejenigen Stoffe und Energien genutzt, die in unmittelbarer Umgebung vorhanden sind. Ein effizienter Umgang mit den knappen Ressourcen ist dabei ein evolutiver Vorteil. Am Ende ihrer Lebensdauer zerfallen sämtliche Lebewesen wieder in Grundbausteine, die im Sinne eines Kreislaufs Lebensgrundlage für andere, neue Lebewesen sind.

Darüber hinaus zeigen natürliche Konstruktionen weitere Eigenschaften, die auch in der

Architektur wesentlich sind. Sie sind robust, d. h., sie können Störungen überstehen, ohne gleich völlig aus dem Gleichgewicht zu geraten. Falls Schäden auftreten, sind sie in der Lage, diese selbst zu reparieren. Sie können sich auch immer wieder an veränderliche mechanische Beanspruchungen oder klimatische Bedingungen anpassen, und zwar sowohl im Tages- und Jahresverlauf als auch während ihrer Lebenszeit und sogar darüber hinaus, im Verlauf aufeinanderfolgender Generationen im Rahmen einer evolutionären Anpassung.

Es lohnt sich für Architekten und Ingenieure also, sich mit natürlichen Konstruktionen zu beschäftigen. Dabei hat der Schritt zu digitalen Verfahren, der sich in den letzten 25 Jahren in allen Bereichen von Wissenschaften und Technik vollzogen hat, neue Möglichkeiten des Austausches zwischen Biologen, Architekten und Ingenieuren geschaffen. Digitale Bilder natürlicher Konstruktionen, beispielsweise erzeugt mit einem Magnetresonanztomografen oder im (Micro-)Computertomografen, lassen sich direkt in computerbasierte Simulationsmodelle der Ingenieure überführen. Diese ermöglichen den Biologen – in einer als reverse Bionik bezeichneten Vorgehensweise – wiederum einen vertieften Einblick in die Funktionsweise biologischer Strukturen und dienen gleichzeitig als Ausgangspunkt für die Umsetzung in bionische Bauwerke

oder Elemente mittels computerbasierter Fertigungsverfahren, wie beispielsweise 3-D-Druck, die inzwischen auch einfach und kostengünstig verfügbar sind.

Auch wenn unsere technischen Möglichkeiten noch sehr weit davon entfernt sind, die im Verlauf von 3,8 Milliarden Jahren Evolution entstandenen Konstruktionen der Natur in ihrer ganzen Vielfalt und Vielschichtigkeit in die Architektur zu übertragen, mag die Beschäftigung mit ihnen neue Wege jenseits festgefahrener und standardisierter Entwurfs- und Konstruktionsprinzipien aufzeigen. Ob dabei das Versprechen einer nachhaltigen Architektur eingelöst wird, muss dann im Einzelfall überprüft werden.

In der Bionik werden zwei grundlegende Vorgehensweisen unterschieden, die als Bottom-up-Prozess der Bionik (Biology Push) und Top-down-Prozess der Bionik (Technology Pull) bezeichnet werden. In der Realität gibt es vielfältige Übergänge zwischen diesen Vorgehensweisen, was sich auch bei der Entwicklung bionischer Bauwerke zeigt. Beim Bottom-up-Prozess steht die Entdeckung der Biologen, d. h. biologische Grundlagenforschung, am Anfang eines bionischen Projekts ⌐1. Die interessanten biologischen Strukturen und Funktionen werden mit Methoden, die häufig der Physik, Chemie oder den Ingenieur- und Materialwissenschaften entliehen sind, untersucht und quantitativ analysiert, was den interdisziplinären Charakter der Bionik belegt. Bereits in dieser Phase eines bionischen Projekts sollten neben den Biologen auch Ingenieure, Architekten und Materialforscher hinzugezogen werden, unter anderem um die Anwendungsrelevanz der untersuchten biologischen Strukturen zu bewerten. Ziel der quantitativen Analyse des Form-Struktur-Funktions-Zusammenhangs des biologischen Vorbilds ist das Prinzipverständnis, d. h. ein grundlegendes Verstehen einer für eine bionische Umsetzung interessierenden Funktion und der hierfür wichtigen Strukturen. Dies liefert die Grundlage für die nächste, für ein bionisches Projekt oft entscheidende Phase, die „Abstraktion und Loslösung vom biologischen Vorbild". Dieser Schritt beinhaltet – losgelöst vom realen Ideengeber aus der Biologie – eine Ausarbeitung des Konzepts für die Entwicklung des bionischen Produkts. Dieses Konzept basiert auf den für die gewünschte Funktion grundlegenden physikalischen und chemischen Prinzipien. Besonders in dieser Phase des Projekts ist eine enge Zusammenarbeit von Wissenschaftlern aus Biologie, Architektur sowie Ingenieur- und Materialwissenschaften von großer Bedeutung, wofür eine gemeinsame Sprache entwickelt werden muss. In dieser Phase finden häufig numerische Simulationen statt, wodurch es möglich wird, die Qualität der erarbeiteten Abstraktionen vor der Herstellung realer Demonstratoren zu überprüfen und gegebenenfalls zu verbessern. Danach folgt mit dem Bau von Demonstratoren (in den Laboren der Forscher) und Prototypen (in den Werkstätten der Industrie) die technische Umsetzung, in der die Biologen (meist) nur noch beratend tätig sind. Nach erfolgreicher Testung der Prototypen können die bionischen Entwicklungen im Bauwesen eingesetzt werden.

Am Beginn eines Top-down-Prozesses der Bionik steht dagegen eine spezifische anwendungsorientierte Fragestellung aus den Ingenieur- und Materialwissenschaften oder der Architektur bzw. aus der Industrie ⌐2. Zunächst erfolgt eine detaillierte Charakterisierung der technischen Fragestellung, bei der sämtliche am Projekt beteiligten Vertreter der unterschiedlichen Wissenschaftsdisziplinen zusammenarbeiten. Danach wird mit der Suche nach Vorbildern in der Biologie begonnen. In dieser als Screeningprozess bezeichneten Projektphase soll der am besten geeignete biologische Ideengeber für die technische Problemstellung gefunden werden. Nach der Identifizierung entsprechender erfolgversprechender Wirkprinzipien bei den ausgewählten biologischen Vorbildstrukturen erfolgt deren quantitative Charakterisierung. Am Ende dieser Projektphase steht das Prinzipverständnis und – in analoger Weise wie beim Bottom-up-Prozess – danach als nächster Schritt die Abstraktion und Loslösung vom biologischen Vorbild. Ist diese Phase erfolgreich abgeschlossen, folgen die technische Umsetzung sowie der Bau von Demonstratoren und Prototypen. Verlaufen die Tests erfolgreich, sind die bionischen Produkte einsetzbar.
Die beim Bottom-up- und beim Top-down-Prozess der Bionik im Rahmen der Abstraktion und der technischen Übertragung durchgeführten Untersuchungen – z. B. Skalierung von klein nach groß oder umgekehrt, Verwendung von Materialien mit anderen Eigenschaften – und insbesondere die numerischen Simulationen können häufig auch für die Ideengeber aus der Biologie genutzt werden und erlauben ein besseres Verständnis der biologischen Vorbildstrukturen.

Diese als „reverse Bionik" bezeichnete Vorgehensweise kann – neben dem erzielten Erkenntnisgewinn in der Biologie – auch dazu verwendet werden, das Prinzipverständnis weiter zu vertiefen und somit auch die Prozesse der Abstraktion und der Umsetzung in die Technik zu verbessern.

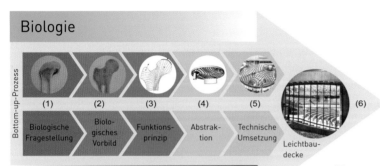

⌐1 Bottom-up-Prozess der Bionik (Biology Push) am Beispiel der Entwicklung einer bionischen Deckenstruktur mit Verstärkungselementen nach dem Vorbild der Knochenbälkchen im menschlichen Oberschenkelhalsknochen.

⌐2 Top-down-Prozess der Bionik am Beispiel der bionischen Fassadenverschattung Flectofin®, deren Entwicklung von der Blüte der Paradiesvogelblume inspiriert wurde.

ALLES BEWEGLICH

Jan Knippers / Thomas Speck

Tiere und Pflanzen bewegen sich, um Nahrung aufzunehmen, optimal Fotosynthese zu betreiben, sich gegen Gefahren zu schützen und um sich an wechselnde Witterungsbedingungen anzupassen. Bewegung ist für die meisten Tier- und Pflanzenarten unverzichtbar, um das Überleben des Individuums und somit auch der Art zu sichern. Auch unsere Häuser sind ständig wechselnden Anforderungen ausgesetzt: Nicht nur Licht, Temperatur, Schall und Feuchtigkeit ändern sich im Tages- und Jahresverlauf, auch die Wünsche der Nutzer sind nicht konstant, weder im Verlauf eines einzelnen Tages noch über die Lebensdauer des Gebäudes. Dennoch sind unsere Häuser statische und starre Konstrukte. Hauswände werden für die kälteste Winternacht gedämmt, um zu verhindern, dass Heizenergie nach außen entweicht. Damit wird aber gleichzeitig die Nutzung des solaren Energieeintrages in den Übergangsperioden verhindert. Wie lassen sich Tageslichteinfall, Wärmedämmung und solarer Energieeintrag in Abhängigkeit von Sonnenstand und Nutzerwünschen kontinuierlich steuern und lenken? Decken und Wände werden für die maximal zu erwartende statische Belastung ausgelegt. In der allermeisten Zeit wird aber die Tragfähigkeit der Gebäudestruktur nicht einmal annähernd ausgenutzt. Lassen sich Strukturen schaffen, die sich der Windbelastung durch Verformung entziehen und/oder durch Versteifung auf höhere Nutzlasten reagieren?

Ein zentrales Ziel unserer Forschung ist es, aus starren und unbeweglichen Häusern Konstrukte zu machen, die sich durch Bewegung und Verformung an sich ständig verändernde äußere Bedingungen und innere Nutzeranforderungen anpassen, genauso, wie das biologische Systeme können. Davon ist die Architektur derzeit aber noch sehr weit entfernt. Anpassung und Veränderung werden als Prinzip in der Architektur derzeit nur in sehr elementarer Form genutzt, z. B. bei Jalousien und Fassadenverschattungen oder bei wandelbaren Bühnen und Stadiondächern. Meist wird dabei auf mechanische Prinzipien zurückgegriffen, die bereits Jahrhunderte alt sind. Typischerweise werden starre Elemente über Rollen, Gelenke und Scharniere verbunden. Sie können klemmen und blockieren und bedürfen ständiger Wartung. Häufig sind auch nur die beiden Positionen „offen" und „geschlossen" statisch stabil. Alle Zwischenzustände müssen möglichst schnell durchfahren werden, um Instabilitäten zu vermeiden, und sind somit nicht nutzbar, selbst wenn sie funktionell sinnvoll und für die Bewohner wünschenswert wären. Angetrieben werden solche Systeme meist durch externe elektrische oder hydraulische Motoren, die Kräfte und Bewegungen von außen in das System einbringen.

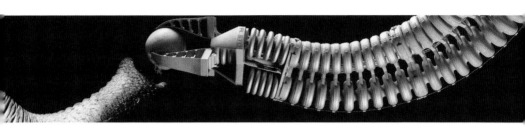

Um wie viel eleganter sind bewegliche Systeme der Biologie! Viele Tiere und Pflanzen haben die Herausforderung der Bewegung durch elastische Verformung von linearen oder flächigen Elementen gelöst. Dies gewährleistet eine hohe Funktionssicherheit bei geometrisch komplexen Bewegungsabläufen. Eindrucksvolle Beispiele aus der Pflanzenwelt sind die Öffnungs- und Schließvorgänge von Blüten, die die Auffaltung einer flächigen, in der Knospe dicht gepackten Blütenhülle ermöglichen, oder die Entfaltung von bis zu mehreren Quadratmeter großen Laubblättern. Weitere Ideengeber sind Blütenverformungen, wie sie beim Besuch von Bestäubern auftreten, z. B. bei der „Landestange" der Paradiesvogelblume S. 7. Ebenso dienen die Bewegungsprinzipien fleischfressender Pflanzen als Inspiration, wie die der Venusfliegenfalle oder der Wasserfalle S. 32.

Im Tierreich zeigen Faltprinzipien von Insektenflügeln oder die Stechrüssel von Wanzen und Mücken, wie sich komplexe Bewegungsmuster mit einer Ausdifferenzierung der Materialsteifigkeiten erreichen lassen und unter Nutzung eines einzigen Materialtyps verwirklicht werden können S. 22. Darüber hinaus sind bei Lebewesen die Aktuatoren, also die Antriebselemente, häufig in das Materialgefüge integriert. Pflanzenbewegungen werden oft durch Änderungen des Flüssigkeitsdrucks in den Zellen, des sogenannten Turgordrucks, initiiert. Außerdem können Bewegungen – bei toten Geweben wie den Schuppen von Kiefernzapfen – auch durch Austrocknungs- und Wiederbefeuchtungsvorgänge im Material selbst angetrieben werden. Tiere bewegen sich in der Regel durch eine Kontraktion von Muskeln. Diese setzen über Sehnen an starren Elementen (z. B. Knochen) an, die wiederum durch Gelenke verbunden sind. Im Ergebnis entstehen so robuste und langlebige Systeme mit einem minimierten Einsatz an Energie und Material.

Obwohl dies Entwicklungsziele sind, die auch in der Architektur und Technik angestrebt werden, sind vergleichbare bewegliche Systeme, die auf einer lokal angepassten und veränderlichen Nachgiebigkeit der Materialien beruhen und die mit integrierten Aktuatoren angetrieben werden, so gut wie unbekannt. Ziel der aktuellen Untersuchungen ist daher, die biologischen Prinzipien der Pflanzen- und Tierwelt zu analysieren, ihre Wirkprinzipien zu verstehen, zu abstrahieren und in Architektur und Technik zu übertragen.

Pflanzen in Aktion

Olga Speck / Marco Caliaro / Anja Mader / Jan Knippers

Materialien und Strukturen passen sich selbstständig an, wenn sich ihre Umwelt ändert. Ein Traum? Nein, in der lebenden Natur ist das selbstverständlich. Besonders Pflanzen, die an ihren Standort gebunden sind, haben im Laufe der Evolution unterschiedliche Mechanismen dafür entwickelt und können so auf sich ändernde Umweltbedingungen reagieren. Oft übersehen, aber von besonderer Faszination, sind Pflanzenbewegungen, denn sie kommen ohne Gelenke aus, bei denen Teile aufeinandergleiten oder aneinanderreiben und damit verschleißanfällig sind. Diese Anpassungen und die zugrunde liegenden Wirkprinzipien und Strukturen sind hochinteressant sowohl für ein tieferes Verständnis der biologischen Modellpflanzen als auch für die Entwicklung von Computersimulationen als Grundlage für eine spätere Übertragung in die Technik.

Anpassungen an Umweltveränderungen

Pflanzen sind Anpassungskünstler

Pflanzen sind im Gegensatz zu Tieren fest an ihren Standort gebunden. Sie können weder vor Trockenheit, Hitze oder Kälte weglaufen, noch können sie sich bei einem Sturm schützend hinter anderen Pflanzen, Steinen oder Tieren verstecken. Deshalb sind für Pflanzen lang-, mittel- und kurzfristige Anpassungen an Umweltveränderungen in besonderem Maße überlebenswichtig. Alle Anpassungen, die sich im Laufe der 3,8 Milliarden Jahre dauernden biologischen Evolution entwickelt haben, sind oder waren letztendlich notwendig für den Erhalt einer Art. Pflanzen können aber auch innerhalb von Jahren, Stunden und Minuten auf Umweltänderungen reagieren. Beispielsweise bilden Bäume dickere Jahresringe und dichteres Holz, wenn sie über längere Zeit hohen Windlasten ausgesetzt sind. Pflanzenstängel können im Laufe des Sommers verholzen und so im Herbst ihre schweren Früchte tragen. Pflanzen können aber auch innerhalb von Minuten oder Stunden welken bzw. sich wieder aufrichten, je nachdem wie das aktuelle Wasserangebot ist.

Adaptive Bauwerke

Die Vielzahl der Mechanismen, die es Pflanzen erlaubt, auf sich verändernde Umweltbedingungen zu reagieren, ist hochinteressant für eine Übertragung in die Technik im Allgemeinen und für Bauwerke im Speziellen. In Kooperationsprojekten arbeiten Biologen mit Bauingenieuren und Architekten zusammen, um die ausgewählten biologischen Vorbilder genau zu verstehen und die zugrunde liegenden Funktionsprinzipien auf sogenannte „adaptive Bauwerke" anzuwenden. Ähnlich wie Pflanzen sind auch Gebäude an ihren Standort gebunden und

müssen unterschiedlichen klimatischen Bedingungen oder Benutzerwünschen genügen, wobei anpassungsfähige Elemente helfen können. Adaptive Gebäudehüllen könnten unter anderem regeln, wie viel Sonnenlicht durch die Fenster in das Gebäude gelangt, um beispielsweise zu verhindern, dass sich Gebäude im Sommer zu stark aufheizen. Bei der Entwicklung von adaptiven Fassadenverschattungselementen haben sich Biologen und Ingenieure von der Natur inspirieren lassen ⌐3 und elastisch aktuierbare Systeme wie den Flectofin ⌐2 und den Flectofold ⌐27 entwickelt (zu den Begriffen „aktuieren/Aktuator" S. 20). Solche Strukturen verzichten vollkommen auf gelenkige, scharnierähnliche Verbindungen zwischen mehreren steifen Bauteilen. Vielmehr wird das gesamte System zu einem einzigen Bauteil, welches sich elastisch verformt. Der Verzicht auf Gelenke oder Scharniere mit gleitenden Teilen reduziert

die mechanische Komplexität, vermindert die Reibung und somit auch die Abnutzung. Das bewegliche System wird robuster und weniger störungsanfällig. Die Notwendigkeit der Wartung und Pflege entfällt dadurch weitgehend. Idealerweise sind solche Systeme während der Bewegung möglichst nachgiebig, um den Energieaufwand für den Antrieb zu reduzieren, der die Bewegung hervorruft. Wenn sie aber Wind- oder Schneelasten ausgesetzt sind, versteifen sie sich. Auch für diese adaptive Steifigkeit liefern Pflanzenvorbilder Anregungen, da sich z. B. die Steifigkeit von nicht verholzten Pflanzen in Abhängigkeit vom Wassergehalt verändert.

Baupläne der Pflanzen

Lebende Pflanzenzellen stehen unter Druck

Wasser ist ein lebenswichtiger Faktor für Pflanzen. Es spielt eine große Rolle in ihrem Stoffwechsel, ist aber auch entscheidend für die mechanischen Eigenschaften vor allem von krautigen und nicht verholzten Pflanzen. Bei Bäumen und Sträuchern wird die mechanische Steifigkeit und Festigkeit hauptsächlich durch verholzte Gewebe aus toten Zellen und Fasern bestimmt. Ganz anders bei allen nicht verholzten Stängeln, Blättern und Blüten. Hier sind der Aufbau und die damit verbundene Funktionsweise der lebenden Pflanzenzellen des Grundgewebes maßgeblich für die mechanischen Eigenschaften verantwortlich. Jede lebende Pflanzenzelle besteht aus einer dünnen Zellmembran, die das Zellinnere umschließt, und einer äußeren festen Zellwand. Im Zellinneren befindet sich der wässrige Zellsaft, der die umschließende Membran spannt und auf die umgebende feste Zellwand drückt ⌐4 . Dieser Zellinnendruck (= Turgor) kann sich in Abhängigkeit vom verfügbaren Wasser stark ändern. Im Inneren von Pflanzenzellen wurden Werte zwischen 0,07 und 4 Megapascal (= 0,7 und 40 bar) gemessen. Zum Vergleich: Der Luftdruck in einem Autoreifen beträgt ca. 2,5 bar, ein industrieller Hochdruckreiniger arbeitet bei ungefähr 100 bar. Technisch gesprochen ist also jede Pflanzenzelle ein kleines hydraulisches System, das auch als Antriebselement fungieren kann. Die unverholzten Zellen bilden in der Pflanze das Grundgewebe (Parenchym). Durch das Zusammenwirken aller Zellen des Grundgewebes können ganze Pflanzenorgane bewegt werden.

Hydraulische Pflanzenbewegungen

Die Auswirkungen von Turgoränderungen in den Pflanzenzellen kann man bei unverholzten Pflanzen leicht sehen. Herrscht Wassermangel, verliert die Pflanze über Verdunstung an den Blättern Feuchtigkeit. Durch diese Wasserabgabe sinkt der Turgor im Inneren jeder Zelle. Die unmittelbare Folge: Die krautige Pflanze welkt und ihre Blätter bzw. Stängel hängen schlaff herunter. Wird die Pflanze wieder gegossen, erhöht sich der Zellinnendruck durch die Aufnahme von Wasser. Das Zellinnere ist schließlich wieder prall gefüllt, die Zellmembran drückt gegen die Zellwand und die Pflanze

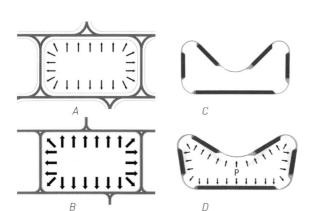

⌐4 *Schemazeichnungen einer Pflanzenzelle (hydraulisch) in gewelktem (A) und in prallem (B) Zustand. Finite-Elemente-Modell einer technischen Zelle (pneumatisch) ohne (C) und mit (D) erhöhtem Innendruck.*

„Turgorsystem"		**„System Festigungsring"**
Unverholztes Grundgewebe, wenige Leit-bündel mit Fasern über den ganzen Quer-schnitt verteilt, Abschlussgewebe	**Aufbau**	*Ausgeprägter Ring aus verholzten Fasern und Leitelementen, sehr wenig unver-holztes Grundgewebe, Abschlussgewebe*
abil durch lebende Zellen des Grundgewebes, e mehr oder weniger prall mit Wasser gefüllt sind und dadurch unter einem unterschied-lich hohen Zellinnendruck (Turgor) stehen	**Mechanik**	*Dauerhaft stabil durch verholzte, tote Zellen des Rings aus Leit- und Festigungsgewebe*
Anpassung an kurzfristige Änderungen der Umwelt wie Trockenheit oder aus-reichende Wasserverfügbarkeit	**Zeitspanne**	*Anpassung über Wochen bis Monate im Laufe der Individualentwicklung*
Kurzfristige Abnahme (Welken) oder Zu-nahme (Rehydrieren durch Wasserauf-nahme) der Steifigkeit des Blattstiels	**Auswirkung**	*Langfristige Zunahme der Steifigkeit im Lau-fe der Lebenszeit durch vermehrte Bildung von verholztem Leit- und Festigungsgewebe*
Anpassung an unterschiedliche Wasserver-fügbarkeiten kann wiederholbar (Gerbera jamesonii 'Nuance') oder ein-malig (Caladium bicolor 'Candyland') sein	**Wiederholbarkeit**	*Die Verholzung der Gewebe ist nicht umkehrbar. Im Gegensatz zum Kno-chen können Pflanzen tote Festigungs-gewebe nicht ab- bzw. umbauen*

prall gefüllt — *welkend* — *gewelkt* — *rehydriert*

Zunahme der Verholzung

richtet sich wieder auf. Durch dieses „Tur-gorsystem" können manche Pflanzenstän-gel erstaunliche Kräfte entfalten und neben ihrem eigenen Gewicht auch noch schwere Blüten oder Blätter gegen die Schwerkraft anheben. Pflanzenachsen, die durch einen mehr oder weniger breiten verholzten Fes-tigungsring stabilisiert werden, reagieren nicht oder nur wenig mit Steifigkeitsän-derungen auf Wassermangel und bleiben unverändert stabil ⌐5.
Betrachtet man Dünnschnitte von Pflan-zenstängeln im Mikroskop, findet man ganz unterschiedliche dreidimensionale Anord-nungen der verschiedenen Gewebe, die im Querschnitt sowohl asymmetrisch als auch symmetrisch angeordnet sein können. Pflan-zenzellen mit besonderer mechanischer Wirkung sind die sogenannten „Motorzel-len", die man z. B. in Blättern von Süß- und Sauergräsern findet. Es handelt sich dabei um besonders große unverholzte Zellen, die im Bereich des Abschlussgewebes in Gruppen angeordnet sind. Diesen Zellgrup-pen gegenüber findet man verholzte Gewe-be, die als Widerlager dienen. Zusammen

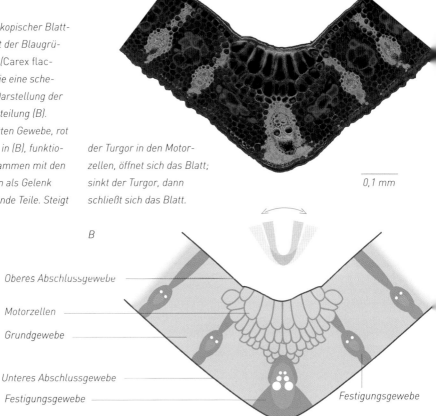

A

⌐6 *Mikroskopischer Blatt-
querschnitt der Blaugrü-
nen Segge (Carex flac-
ca) (A) sowie eine sche-
matische Darstellung der
Gewebeverteilung (B).
Die verholzten Gewebe, rot
dargestellt in (B), funktionieren zusammen mit den
Motorzellen als Gelenk
ohne gleitende Teile. Steigt
der Turgor in den Motor-
zellen, öffnet sich das Blatt;
sinkt der Turgor, dann
schließt sich das Blatt.*

0,1 mm

B

Oberes Abschlussgewebe

Motorzellen

Grundgewebe

Unteres Abschlussgewebe

Festigungsgewebe

Festigungsgewebe

funktionieren sie wie eine gelenkige Verbindung, aber ohne gleitende Teile, wie man
sie üblicherweise in technischen Gelenken
und Scharnieren findet.

Sind die Motorzellen prall gefüllt, sind die
beiden Blatthälften geöffnet; sind sie weniger prall, ist das Blatt geschlossen ⌐6.

Vom Pflanzenmodell zur Computersimulation

Ziel eines Kooperationsprojekts von Biologen, Ingenieuren und Architekten ist die
Entwicklung von durch die Biologie inspirierten Gebäuden oder Gebäudehüllen, die
sich an veränderliche Umweltbedingungen
anpassen können. Zunächst werden aus einer Vielzahl von Pflanzen geeignete Modell-
organismen ausgewählt, biologische Vorbilder, die über gelenkfreie Mechanismen
der Bewegung verfügen. Die ausgewählten
Pflanzenvorbilder werden anschließend
sehr detailliert untersucht und Daten zur
äußeren Form (z. B. Durchmesser, Länge),

zum inneren Aufbau (z. B. Verteilung der
verschiedenen Zelltypen, Zelldurchmesser,
Zellwanddicke) und zu den mechanischen
Eigenschaften (Biegesteifigkeit, Dämpfungseigenschaften) erhoben. Schrittweise werden die vielen detaillierten Erkenntnisse,
die an den Pflanzenmodellen gewonnen
wurden, auf die für ein Computermodell
wesentlichen Daten reduziert ⌐7. Mithilfe
von Computersimulationen kann dann untersucht werden, wie stark bei den unterschiedlichen Bauplänen der Einfluss des
Turgors auf die Steifigkeit der Pflanzen ist.

Caladium bicolor	Primula veris	Gerbera jamesonii	Dianthus
'Candyland'	'Cabrillo'	'Nuance'	carthusianorum
Buntwurz	Schlüsselblume	Barberton-Gerbera	Kartäusernelke
(Blattachse)	(Blattachse)	(Blütenachse)	(Blütenachse)

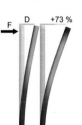   

F D +73 %   F D +45 %   F D +43 %   F D +31 %

⌐7 *Vom Pflanzenmodell zur Computersimulation. Pflanzen besitzen verschiedene Baupläne, die als Grundlage für Computermodelle und letztendlich für die Umsetzung in bionische Produkte dienen können. Oben: Mikroskopische Aufnahmen von gefärbten Querschnitten verschiedener Pflanzenstängel*

(gelb-orange: verholzte Gewebe, Maßlinie = 0,5 mm). Mitte: Schematische Modelle zur Unterscheidung von verschiedenen Geweben (schwarz: Abschlussgewebe, blau: unverholztes Grundgewebe, rot: verholztes Gewebe). Unten: Ergebnisse der Computersimulationen. Zu sehen ist die Verformung (D) des

Pflanzenstängels durch die horizontale Kraft (F) bei hohem Turgor (jeweils links) sowie die zusätzliche Verformung in Prozent bei einem um 50 % niedrigeren Turgor (jeweils rechts). Der Farbverlauf von blau nach rot zeigt die horizontale Verformung (blau: geringe Verformung, rot: starke Verformung).

Zudem können im Computer verschiedene Szenarien simuliert werden, wie z.B. „künstliches Welken" oder „künstliches Gießen". Solche Computersimulationen sind Grundvoraussetzung für die spätere Übertragung auf technische Anwendungen und können zudem umgekehrt dabei helfen, das biologische Vorbild noch besser zu verstehen. Die Simulationen zeigen, dass bei Pflanzen mit einem höheren Anteil an verholztem Festigungsgewebe der Einfluss der Turgoränderungen aufgrund einer Änderung des Wassergehaltes geringer ist. Sinkt der Turgor, verformen sich Pflanzen mit einem Festigungsring bei der gleichen äußeren Kraft weniger stark als Pflanzen, die hauptsächlich aus unverholzten, turgorstabilisierten Geweben aufgebaut sind. Mithilfe der Simulationen können diese Zusammenhänge nicht nur bildlich dargestellt, sondern auch quantifiziert werden.

Technische Übertragung

Druckabhängige Bewegungserzeugung

Bei den oben erläuterten Pflanzenbewegungen mithilfe von Motorzellen sind diese mit Widerlagern kombiniert. Nehmen die Zellen Wasser auf und vergrößern sich dadurch ihr Innendruck und ihr Volumen, verlängert sich eine Seite des Blatts aktiv. Das führt zu einer Biegung der Gesamtstruktur. Beim abstrahierten Modell dieses Funktionsprinzips sind Zellen mit einer flexiblen Außenwand auf ein steiferes Material aufgebracht ⌐8.
Werden die Zellen mit Druckluft befüllt, verhalten sie sich ähnlich wie Ballone: Sie streben danach, einen runden Querschnitt anzunehmen, da sich so ihr Volumen maximiert. Dabei verbreitern sie sich. Da der untere Bereich sich nicht mit ausdehnen kann, entsteht eine Biegung. Ingenieure nennen solche Antriebselemente mechanischer Bewegung auch Aktuatoren. Um dieses Prinzip von der Pflanze auf die Technik zu übertragen, muss der technische Aktuator aus Zellen aufgebaut sein, die – wie oben beschrieben – in Abhängigkeit vom Innendruck ihre Form verändern. Wie die Pflanzenzellen besitzen auch die technischen Zellen eine „Zellwand", die hier nachgiebig ist und daher eine Verformung erlaubt, wenn der Innendruck steigt oder sinkt. Die einzelnen Zellen sind dabei so aufgebaut bzw. in der zellulären Struktur so angeordnet und verbunden, dass sie sich auf einer Seite stark verlängern, wohingegen die andere Seite in ihrer Länge unverändert bleibt. Insgesamt ergibt sich so eine Biegung der gesamten Struktur, bestehend aus dem zellulären Aktuator und der daran befestigten steifen Platte ⌐9.

Die einzelnen Zellen des Aktuators sind dabei so ausgelegt, dass die Außenwände bei steigendem inneren Druck nach außen kippen ⌐4. Durch die Aneinanderreihung mehrerer solcher Zellen ergibt sich durch die Verbreiterung der oberen Zellbereiche eine Biegung in Gegenrichtung. Der Innendruck kann bei solchen technischen Lösungen auf verschiedene Weise erzeugt werden: hydrostatisch durch Wasser wie bei einer Pflanze oder pneumatisch durch Luft wie bei dem technischen zellulären Aktuator.

Druckabhängige Steifigkeit

Durch die Erhöhung des Innendrucks verformt sich nicht nur das gesamte System, auch seine Steifigkeit nimmt zu und damit seine Fähigkeit, äußere Lasten zu tragen. Auch bei der Pflanze versteift zunehmender Turgor das Gewebe, da der gesamte Pflanzenquerschnitt unter mechanischer Spannung steht. Entwickelt man ein technisches System, welches aus mehreren unterschiedlich geformten Zelllagen besteht, könnten sowohl die adaptive Steifigkeit als auch die innendruckgesteuerte Bewegungserzeugung genutzt werden. Die Bewegung hängt dann von der Druckdifferenz zwischen den einzelnen Zelllagen ab, wohingegen die Steifigkeit des Systems bei gleichem Zellwandmaterial von der absoluten Höhe des Innendrucks abhängt.

A

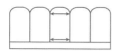

Zellen ohne Innendruck

B

Mit Druckluft befüllte Zellen

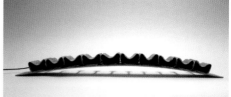

8 *Funktionsprinzip eines zellulären Aktuators zur Erzeugung einer Biegung. Da sich die Zellen durch die Erhöhung des Innendrucks im Vergleich zum Ausgangs- zustand (A) verbreitern, bewirken sie eine Biegung der Gesamtstruktur (B).*

9 *Zellulärer Aktuator: Die Steigerung des Innen- drucks bewirkt die Verbreite- rung der oberen Zellenseite und verursacht damit eine Biegung der Gesamtstruktur.*

Mögliche technische Anwendungen

Aktuell wird daran geforscht, mithilfe von adaptiven und gelenkfreien Antriebsele- menten nach dem Vorbild der Pflanzen nach- giebige Fassadenverschattungselemente wie den Flectofin oder den Flectofold ⌐**27** zu bewegen. In ein solches bionisches Ele- ment könnte der zelluläre Aktuator leicht integriert werden.

Grundlage dieser beweglichen Systeme ist die Biegung eines seitlich oder in der Mit- te angeordneten Stabs, welche durch den zellulären Aktuator erzeugt werden könnte.

Die Biegung der Mittelrippe führt beim Flec- tofold zu einem Anheben der Flügel, beim Flectofin dagegen zu einem seitlichen Weg- klappen der Lamellen ⌐**10**.

⌐**10** *Integration eines zellu- lären Aktuators in gelenkfreie Fassadenverschattungs- elemente wie den Flectofold (A) und den Flectofin® (B)*

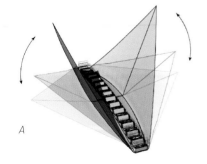

A

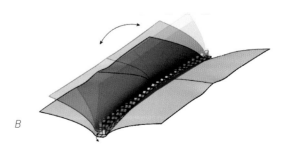

B

Bewegung ohne Gelenke: (Wie) geht das?

Oliver Betz / Benjamin Eggs / Fabian Henn / Annette Birkhold / Oliver Röhrle

Mit der Fähigkeit, sich aktiv zu bewegen, ist bei Einzellern und Tieren die Möglichkeit des freien Ortswechsels verbunden. Das hat viele Vorteile bei der Erschließung von Nahrungsquellen, der Suche nach Sexualpartnern, der Verbreitung von Nachkommen sowie dem Ausweichen vor ungünstigen Umweltbedingungen. Denkt man an die Fortbewegung von Tieren, so kommen einem der schnelle Galopp der Pferde, das geschickte Klettern von Affen oder die gewandten Flugmanöver einer Stubenfliege in den Sinn. Solche Bewegungen setzen Gelenke voraus, wie sie vor allen Dingen bei den Gliederfüßern (Tausendfüßer, Spinnen, Krebse und Insekten) und den Wirbeltieren entwickelt sind. Es geht aber auch ganz anders!

Unter einem „Gelenk" verstehen Biologen wie Ingenieure die bewegliche Verbindung zwischen zwei oder mehreren (starren) Körpern (z. B. Knochen), wodurch deren relative Bewegung zueinander in festgelegten Bahnen vorgegeben wird. Echte Gelenke sind in der Evolution allerdings erst relativ spät entstanden. Am Anfang standen zunächst Bewegungsprinzipien, welche ohne Gelenke funktionierten und dabei eine kontinuierliche Veränderung der Geometrie der beteiligten Strukturen ermöglichten. In den Ingenieurwissenschaften wird dieses Prinzip als „kontinuierliche Kinematik" bezeichnet. Bei Tieren ist dieses Prinzip weit verbreitet, denken wir nur an die Formveränderungen eines Regenwurms oder die vielfältigen Bewegungen eines Elefantenrüssels ⌐11. Solche Systeme können weich und nachgiebig sein, verfügen aber auch häufig über die Fähigkeit, sich an höhere Widerstände anzupassen, indem sie sich, meist durch Muskelkontraktion, mechanisch versteifen. In Verbindung mit den kontinuierlichen Bewegungsformen sind gelenkfreie Mechanismen und Prinzipien für die Ingenieurwissen-

schaften auch deswegen interessant, weil sie im Gegensatz zu den gelenkbasierten Systemen oft einfacher gebaut sind und die darauf beruhenden technischen Systeme über vielfältige Bewegungsmöglichkeiten verfügen, die sich an die jeweiligen Erfordernisse kontinuierlich anpassen lassen.

Das dem Elefantenrüssel zugrunde liegende Prinzip des muskulären Hydrostaten ist nur eines von mehreren Prinzipien der gelenkfreien Bewegung. Unter „Hydrostaten" werden in der Zoologie inkompressible – mit Flüssigkeit oder Muskulatur gefüllte – Hohlräume verstanden, die infolge von Druckveränderungen Bewegungs- und Steifigkeitsveränderungen herbeiführen können. Auch die menschliche Zunge ist ein solcher muskulärer Hydrostat. Dort führen die Anordnung und Kontraktion einzelner Muskelgruppen zu den vielfältigsten Bewegungen. Elefantenrüssel und Zunge haben gemeinsam, dass die Bewegungen oft sehr komplex sind. Sie lassen sich nur sehr schwer in Materialien mit kontrollierbaren und somit funktionellen Eigenschaften in

technischen Lösungen überführen. Computersimulationen können dabei helfen, tiefere Einblicke in die Funktionsweisen von Hydrostaten zu erzielen. Der große Vorteil von Computersimulationen ist, dass viele verschiedene Was-wenn-Simulationen sehr einfach durch die Veränderung von Eingabeparametern durchgeführt werden können. Allerdings muss man auch anmerken, dass es nicht einfach ist, realitätsnahe Modelle von muskulären Hydrostaten für detaillierte Simulationen zu entwickeln, denn dazu sind genauere Kenntnisse der zugrunde liegenden Prinzipien notwendig. Diese werden im Folgenden etwas genauer vorgestellt. Die meisten gelenkfreien Bewegungen basieren auf Muskelaktivierungen, die Bewegungsmechanismen weisen allerdings häufig passive Strukturen auf. Zunächst soll jedoch ein kurzer Überblick über vier bei Einzellern und Tieren vorkommende Typen von gelenkfreien Bewegungsmechanismen gegeben werden.

⌐11 *Der Rüssel des Elefanten ist ein muskulärer Hydrostat. Dieses gelenkfreie Bewegungsprinzip wurde von der Firma FESTO in die Konstruktion eines kontinuierlich beweglichen technischen Greifarms übersetzt.*

Amöboide Bewegung

Unter „amöboider Bewegung" versteht man die kriechend-fließende Fortbewegung, die man bei einer Vielzahl von Zellen findet wie z. B. bei den zu den Einzellern gehörenden Wurzelfüßern (Rhizopoda) ⌐12A, aber auch bei menschlichen weißen Blutzellen (Leukozyten). Bei dieser Bewegung produziert die bewegliche Zelle Scheinfüßchen (Pseudopodien); das sind Oberflächenerweiterungen des gelartigen äußeren Zellplasmas. Dieses enthält ein konzentriertes Netzwerk von Eiweißfaserelementen. Wenn sich diese Filamente unter der Zelloberfläche an ihrer Spitze verlängern und gleichzeitig an ihrer Basis abgebaut werden, bewegt sich die Zelle vorwärts ⌐12B.

⌐12 *(A) Der Wurzelfüßer* Amoeba proteus *bewegt sich mithilfe von Scheinfüßchen (Pfeile) fort. Maßlinie: 0,2 mm. (B) Der Vorschub der Scheinfüßchen erfolgt unter permanentem Abbau von Filamenten an ihrem Minus- und nachfolgender Anlagerung (in der Abbildung eingefärbt) an ihrem Plus-Ende.*

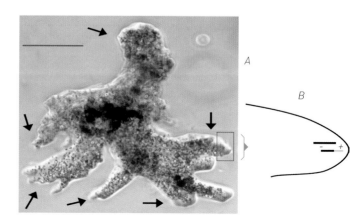

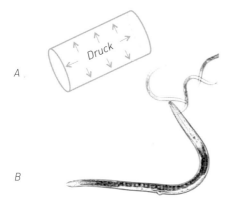

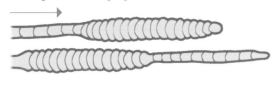

Richtung der Fortbewegung

Kontraktion der Ringmuskulatur

Kontraktion der Längsmuskulatur

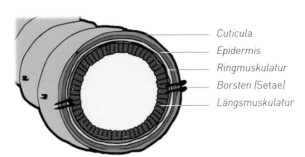

Cuticula
Epidermis
Ringmuskulatur
Borsten (Setae)
Längsmuskulatur

⌐13 *Prinzip und Beispiele von hydrostatisch angetriebenen gelenkfreien Bewegungen. (A) Prinzip des Hautmuskelschlauchs, bei dem die Flüssigkeit der Körperhöhle als Gegendruck zur Körperwand fungiert (adaptive Steifigkeit), gleichzeitig aber auch entlang der Längsachse verlagert werden kann, um Änderungen der Körperform zu ermöglichen. (B) Der Fadenwurm* Pelodera strongyloides *besitzt aus-*schließlich längs verlaufende Muskeln in seiner Körperdecke und ist daher nur zu Schlängelbewegungen befähigt (erwachsenes Weibchen und drei Jungtiere des ersten Larvalstadiums). (C) Schema der peristaltischen Bewegung eines Regenwurmes. Wellen von Verkürzungen und Verlängerungen von Körpersegmenten gleiten von vorn nach hinten über den Körper hinweg. Dies ist im Gegensatz zu den in (B)* gezeigten Fadenwürmern dadurch möglich, dass die Körperhöhle in viele hintereinanderliegende Kammern (Kompartimente) aufgegliedert ist und sich oberhalb der Schicht von Längsmuskeln auch noch Ringmuskeln in der Körperwand befinden.

Bewegungen mittels Hydroskeletten

Wenn Muskeln an der Produktion von Bewegungen beteiligt sind, benötigen sie Gegenlager, normalerweise Skelette. Das müssen keine Knochen sein. Der stammesgeschichtlich älteste Skeletttyp sind die hydrostatischen Skelette. Ihr Prinzip besteht darin, dass eine nach außen begrenzte zug- und druckwiderstehende, faserverstärkte und flüssigkeitsgefüllte Körperhülle unter Druck gesetzt wird. Da die Muskeln in die Körperwand integriert sind, spricht man hier von einem Hautmuskelschlauch. Die Flüssigkeitshöhle kann nicht komprimiert werden. Wird sie durch die in die Körperwand integrierten Muskeln an einer Stelle unter Druck gesetzt, überträgt sich dieser hydraulisch auf andere Körperstellen. Dies verursacht Änderungen der Körperform, die auch zur Fortbewegung genutzt werden können. In der Regel kommen solche Hydroskelette bei wirbellosen Tieren vor, die weiche und nachgiebige Körper besitzen, wie z.B. Regenwürmer. Hier sitzen die für die Bewegung verantwortlichen Muskeln in der Körperwand, und das hydrostatische Skelett in Form der flüssigkeitsgefüllten Körperhöhle übernimmt die Rolle des skelettartigen Antagonisten ⌐13.

Bionische Anwendungen halten beispielsweise Einzug in neue Antriebstechniken, in weiche Roboter oder in Roboterteile (z.B. Roboterarme, die eine große Bewegungsfreiheit aufweisen müssen). Sogenannte pneumatische künstliche Muskeln sind aus druckdichten Gewebenetzen bestehende Schläuche. Wird der Innendruck des Schlauchs erhöht, so kontrahiert er. Durch unterschiedliche Anordnung der Gewebenetze können komplexe Verformungen erzielt werden.

Muskuläre Hydrostaten

Muskuläre Hydrostaten sind zylinderähnliche Strukturen, die im Inneren vollkommen aus Muskeln (anstatt einer Flüssigkeit) aufgebaut sind, wobei die Muskelfasern in unterschiedlichen Richtungen verlaufen können. Solche Systeme sind selbststabilisierend und dabei vollkommen beweglich. Beispiele hierfür sind unsere Zunge, der Elefantenrüssel ⌐ 11, die Kriechsohlen von Weinbergschnecken oder die Tentakel der Tintenfische. Wie bei den flüssigkeitsbasierten Hydroskeletten (Stichwort: Regenwurm) können auch muskuläre Hydrostaten ihr Volumen nicht verändern. Die Muskeln können deshalb wechselseitig ein Widerlager bilden, ohne dass hierfür ein starres oder flüssigkeitsbasiertes Skelett erforderlich ist. Muskuläre Hydrostaten können eine beeindruckende Vielfalt von Bewegungen ausführen und gleichzeitig ihre Steifigkeit an die mechanischen Erfordernisse anpassen. Dieses Prinzip wird ebenfalls in dem Gebiet der Soft-Robotik angewandt. Hier werden jedoch statt der doch relativ starren Gewebenetze weiche Kunststoffe verwendet, sodass beispielsweise chirurgische Anwendungen im Körperinneren möglich sind. Die Kombination verschiedener Kunststoffe oder verschiedener Wandstärken lässt komplexe Bewegungen (wie etwa die der Tintenfisch-Tentakel) zu, wenn der Schlauch aufgepumpt wird. So soll etwa die „snake"-(Schlangen-) Robotik-Mikrochirurgie es ermöglichen, durch eine kleine Öffnung eine Operation an einer beliebigen Stelle des Herzens durchzuführen.

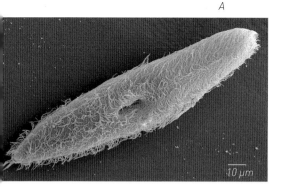

Vorantrieb

Rückwärts-
bewegung

⌐14 (A) Rasterelektronen-
mikroskopische Aufnahme
eines Pantoffeltierchens (Pa-
ramecium). Die Oberfläche
ist dicht mit Cilien besetzt.
(B) Vor-und Rücktrieb eines
Ciliums. Während der Vor-
wärtsbewegung bleibt der
gesamte Schaft steif. Bei
der Rückwärtsbewegung
verbiegt er sich an bestimmten Stellen geschmeidig.

Gleit-Stopp-Mechanismen

Ein prominentes Beispiel für adaptive gelenkfreie Strukturen sind die Gleit-Stopp-
Mechanismen bei Wimpern (Cilien) und
Geißeln (Flagellen) ⌐14. Damit bewegen
sich z. B. die einzelligen Pantoffeltierchen
souverän durchs Wasser. Diese Art der gelenkfreien Bewegungen gehört zu den ältesten Bewegungsmechanismen überhaupt.
Man findet sie bei Einzellern und Mehrzel-
lern (z. B. den Rädertierchen), aber auch
bei Samenzellen, die mit ihren Geißeln zur
Eizelle schwimmen. Zum Verständnis der
Bewegung von Wimpern und Flagellen ist
letztlich die Betrachtung ihrer komplexen
Feinstruktur in einem Querschnitt erforderlich – was in diesem Rahmen zu weit führt.
Einfachere Gleit-Stopp-Mechanismen, die
wir untersucht haben, sind die stechend-
saugenden Mundwerkzeuge von Wanzen
oder die Eilegebohrer von Schlupfwespen
und Verwandten. Diese Strukturen verfügen
über keinerlei Gelenke und werden über
Muskeln im Kopf bzw. Hinterleib gleichsam
ferngesteuert. Das in ihnen verwirklichte

Grundprinzip ist letztlich das gleiche wie
in den Wimpern und Flagellen.
Bei diesen Systemen sind zwei oder mehrere
stabförmige elastische Fasern in Längsrichtung über ein Nut-und-Feder-System miteinander verfalzt. Die Fasern können dabei
in Längsrichtung gegeneinander verschoben werden. Wird diese Längsverschiebung
jedoch durch eine mechanische Sperre er-
schwert oder sogar ganz behindert, kommt
es – je nach Steifigkeit der Materialien – zu
einer relativen Verbiegung beider Fasern
ähnlich dem Prinzip eines Bimetalls in der
Technik ⌐15. Bimetalle bestehen aus zwei
Schichten unterschiedlicher Metalle, die
miteinander verbunden sind. Der Streifen
biegt sich bei einer Temperaturänderung.
Ursache hierfür ist die unterschiedliche
Ausdehnung der beiden Metalle bei veränderter Temperatur. Verwendung finden
Bimetalle daher als Thermometer oder
Temperaturschalter, etwa zur Steuerung
in Wasserkochern.

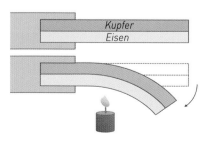

⌐15 Bimetall-Prinzip. Ein
Metallstreifen, der aus zwei
Schichten unterschiedlicher
Metalle besteht, verformt
sich bei einer Temperaturänderung, weil sich die beiden Metalle unterschied-
lich stark ausdehnen.

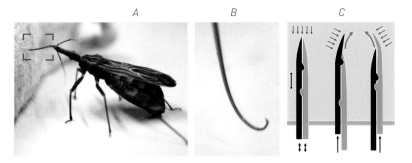

A   B   C

┌ **16** *Das Prinzip des Gleit-*
Stopps nutzen Insekten zur
Erzeugung von Biegebewe-
gungen ähnlich dem Mecha-
nismus eines Bimetalls.
(A) Die Raubwanze Rhodnius
prolixus *bei der Blutaufnah-*
me an einer anästhesierten
Ratte. Die nadelförmig ver-
längerten Mundwerkzeuge
(Rahmen) werden dabei

vorgestreckt. (B) Einzelbild
einer Videosequenz, das die
gelenkfreie Biegebewegung
der in Längsrichtung ver-
falzten Unterkiefer (Maxillen)
zeigt. (C) Die zum Aufsuchen
eines geeigneten Blutgefäßes
erforderlichen Biegebewe-
gungen (grüne gebogene
Pfeile) werden dadurch er-
zeugt, dass sich der rechte

Unterkiefer (hell) relativ
zum linken (dunkel) in
Längsrichtung verschiebt,
dabei aber von einer me-
chanischen Sperre zurück-
gehalten wird. Zusätzlich
kann der mechanische
Widerstand des Umgebungs-
mediums (rote Pfeile) die
Auslenkung verstärken.

Das Gleit-Stopp-Prinzip ist bei Insekten beispielsweise in Form der nadelförmig verlängerten Mundwerkzeuge von Wanzen verwirklicht. In Südamerika vorkommende blutsaugende Raubwanzen (Reduviidae, Unterfamilie Triatominae) setzen dieses Bewegungsprinzip beim Suchen von kleinen Blutgefäßen im Gewebe ein, nachdem sie die Haut eines Wirtes (z. B. des Menschen) mit ihren Mundwerkzeugen durchbohrt haben ┌ **16**. Bei diesen Insekten sind die beiden Unterkiefer (Maxillen) nadelförmig verlängert und längs miteinander verfalzt. Wird nun die Maxille der einen Seite relativ zu der der anderen Seite in Längsrichtung nach vorne geschoben, stößt sie gegen eine am Ende der Verfalzung ausgebildete mechanische Sperre. Je nachdem welche der beiden Maxillen nach vorne bewegt wurde, bewegt sich das Maxillenbündel in die eine oder andere Richtung. Das umgebende Medium spielt dabei eine wichtige Rolle, da die abgeschrägten Spitzen der Maxillen von diesem abgelenkt werden. Wird eine Maxille nun relativ zur anderen vorgeschoben, so führt dieser „offset" zu einer Biegung des ganzen Bündels aufgrund von asymetrischen Kräften, welche auf die Spitze wirken. Das gleiche Prinzip liegt den Eilegebohrern (Ovipositoren) von parasitoiden Wespen (z. B. Schlupf- und Erzwespen) zugrunde. Diese legen ihre Eier in oder an anderen Insekten(-larven) ab, von denen sich der eigene Nachwuchs später ernährt. Da die Wirte oft verborgen in Pflanzengewebe leben, müssen die Wespenarten zuerst den Wirt selbst aufspüren und dann noch einen geeigneten Eiablageplatz auf der Oberfläche oder im Inneren des Wirts finden. Das geschieht durch Suchbewegungen des Eilegebohrers ┌ **17**. In diesem Fall können sogar bis zu vier teilweise unabhängig voneinander bewegliche Elemente (die Eilegescheiden oder Valven) miteinander verfalzt sein. Je nachdem welche dieser Elemente (gegeneinander) verschoben werden, kann es dadurch zu noch vielfältigeren Biegebewegungen kommen als bei den oben beschriebenen Mundwerkzeugen der blutsaugenden Wanzen.

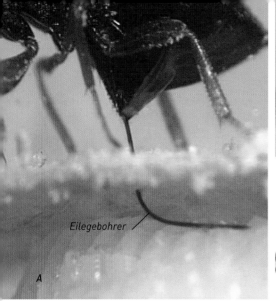

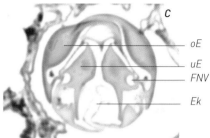

Eilegebohrer

A

B

C

oE
uE
FNV
Ek

Γ17 *Die Lagererzwespe* Lariophagus distinguendus *ist ein Parasitoid von Larven mehrerer Käferarten, welche im Getreide leben und dieses schädigen. (A–B) Ein Lagererzwespenweibchen legt ein Ei auf eine Larve des Kornkäfers* Sitophilus granarius; *dabei werden die* gelenkfreien Bewegungen des Eilegebohrers deutlich. (C) Querschnitt durch den Eilegebohrer. Die obere Eilegescheide (oE) besitzt zwei sich asymmetrisch überlappende Hälften, welche nur an der Spitze zusammengewachsen sind. Sie sind mit den beiden unteren Eilegescheiden (uE) über eine Feder-Nut-Verbindung (FNV) gekoppelt, was es erlaubt, dass die Untereinheiten aneinander entlanggleiten können. Die unteren Eilegescheiden umschließen den Eikanal (Ek).

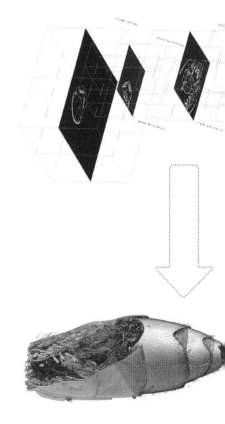

Γ18 *Aus mehreren hochaufgelösten Computertomografie-Aufnahmen des Insekts wird die Gesamtstruktur zusammengesetzt, sodass das Zusammenspiel aller an der Bewegungserzeugung beteiligten Elemente sichtbar wird (hier: Teil des Hinterleibes der Schlupfwespe* Venturia canescens*).*

Platten des Außenskeletts

Muskeln

Eilegebohrer

⌐19 *Zerlegung des CT-Bildes eines Eilegebohrers der Schlupfwespe* Venturia canescens *in die einzelnen an der Bewegung beteiligten Strukturen. Hierzu zählen sowohl nach innen verlagerte Teile des Außenskeletts als auch Muskeln. Die Spitze des Eilegebohrers ist nicht abgebildet.*

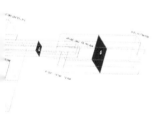

Untersuchung der Bewegungsprinzipien

Um die Bewegungsprinzipien der oben beschriebenen Stech- und Eilegeapparate bei Insekten zu verstehen, erzeugen wir dreidimensionale Bilder der beteiligten Strukturen. Da Insekten sehr klein sind, wenden wir sehr hochauflösende Methoden wie die Synchrotron-Computertomografie (CT) an, eine auch feinste Strukturen zeigende Röntgentechnik. Aufgrund der hohen Auflösung kann nicht das ganze Insekt auf einmal aufgenommen werden. Deshalb müssen mehrere hochaufgelöste Computertomografie-Aufnahmen verschiedener Teile des Insekts zu einem Bild der gesamten Struktur zusammengesetzt werden ⌐18.

Auf dieser Grundlage erstellen wir dreidimensionale Modelle der untersuchten Objekte. Die 3-D-Bilder lassen sich dann wieder in die einzelnen an der Bewegung beteiligten Strukturen zerlegen ⌐19. Damit können wir z. B. einzelne Muskelstränge untersuchen, um die zur Bewegung führenden Mechanismen zu verstehen und die Bewegung zu

berechnen. So kann etwa über die Anzahl und den Durchmesser der einzelnen Muskelfasern die Kraft der Muskelpakete abgeschätzt werden. Über die Angriffspunkte der Muskeln an nach innen verlagerten Platten des Außenskeletts der Insekten und an den zu bewegenden Strukturen (z. B. der Eiablageapparat) kann bestimmt werden, in welche Richtung der Muskel zieht, wenn er kontrahiert.

Trotz der hohen Auflösung der Tomografieaufnahmen können wir sehr kleine Details nicht in den 3-D-Datensätzen erkennen. Um eine noch genauere Untersuchung der Mechanismen zu ermöglichen, werden Feinstrukturen wie etwa die Verfalzung der einzelnen Teile des Stechapparates aus licht- und elektronenmikroskopischen Bildern in die 3-D-Modelle übernommen ⌐20A, um dann die resultierende Bewegung simulieren zu können. Damit überprüfen wir, ob wir die angenommenen Verfalzungsstrukturen und Materialeigenschaften auch richtig interpretiert haben. Insbesondere die Annahme von mechanischen Eigenschaften auf der Mikrostrukturebene ist eine große und oft (noch) unüberwindbare Herausforderung. Eine Möglichkeit, einen Einblick in die mikrostrukturellen Eigenschaften des Stechrüssels zu bekommen, ist die Fluoreszenzmikroskopie ⌐20B. Daraus können weichere und steifere Bereiche identifiziert und in das Modell übernommen werden. Mit diesen Informationen können dann bereits sehr detaillierte Simulationen der Bewegungsabläufe erstellt werden.

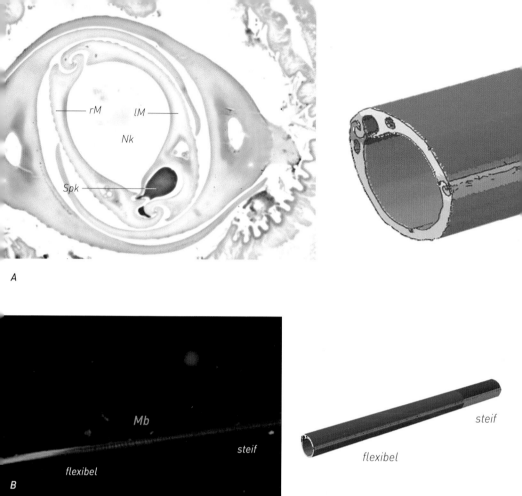

A

B

Mb

steif

flexibel

steif

flexibel

rM — lM —

Nk

Spk —

⌐20 *Erweiterung des Modells der Mundwerkzeuge
der Raubwanze* Dipetalogas-
ter maxima. *Die Mundwerkzeuge bestehen aus den beiden nadelförmig verlängerten und ineinander verfalzten
Unterkiefern, auch Maxillen
genannt (lM = linke Maxille,*

*rM = rechte Maxille), welche
den Nahrungs- (Nk) und den
Speichelkanal (Spk) bilden.
Die ineinander verfalzten
Mundwerkzeuge werden
auch Maxillenbündel (Mb)
genannt. Technische Modelle
werden laufend verfeinert:
Dazu dienen lichtmikrosko-*

*pische Untersuchungen von
Querschnitten (A), die Strukturen im Detail zeigen, und
fluoreszenzmikroskopische
Aufnahmen (B), mit denen
sich mechanische Eigen-
schaften beurteilen lassen.*

Keine Gelenkbeschwerden – wie Pflanzen sich bewegen und die Technik inspirieren

Anna Westermeier / Simon Poppinga / Axel Körner / Larissa Born / Renate Sachse /
Saman Saffarian / Jan Knippers / Manfred Bischoff / Götz Gresser / Thomas Speck

Pflanzen besitzen weder Muskeln noch „klassische" lokale Gelenke – und können sich dennoch bewegen. Im Laufe der Evolution sind effiziente Bewegungsmechanismen und ästhetische Bewegungsformen entstanden. Aus diesem „Angebot" der Botanik schöpfen Architekten und Ingenieure in Zusammenarbeit mit Biomechanikern Inspiration für die Entwicklung neuartiger Verschattungssysteme für moderne Gebäude.

Wie bewegen sich Pflanzen?

Obwohl die meisten Pflanzen im wahrsten Sinne des Wortes verwurzelt und dadurch an Ort und Stelle festgewachsen sind, lässt sich bei ihnen eine erstaunliche Vielfalt an unterschiedlichsten Bewegungen beobachten. Die Bandbreite reicht von langsamen Wachstumsbewegungen, wie sie beim Öffnen vieler Blüten zu sehen sind, bis hin zum explosionsartigen Freisetzen der Samen des Springkrauts (*Impatiens glandulifera*) ⌐21 oder zum Zuschnappen der Venusfliegenfalle (*Dionaea muscipula*) ⌐22. Solche Bewegungen sind schneller, als sie das menschliche Auge wahrnehmen kann. Diese Fähigkeiten sind umso verblüffender, wenn man bedenkt, dass Pflanzen keine Muskeln besitzen.

In gängigen technischen Bauteilen, aber auch im menschlichen Körper, können Bewegungen nur mithilfe von gelenkigen Verbindungen zwischen mehr oder minder steifen Elementen ausgeführt werden. Allerdings treten in solchen Gelenken starke Verschleißerscheinungen auf, weil es an diesen Stellen zu hohen mechanischen Belastungen kommt. Man denke nur an das

leidige Kniegelenk oder abgenutzte Tür-
scharniere. Pflanzen hingegen haben dieses Handicap nicht. Sie verzichten auf lokale Gelenke und erreichen Beweglichkeit,
indem sie sich in den entsprechenden Bereichen elastisch verformen. Hierbei sind
die mechanischen Eigenschaften der einzelnen Bereiche, wie z. B. die Steifigkeit, an
die jeweilige Funktion angepasst. Dadurch
verteilt sich die bei der Bewegung auftretende Spannung in das umliegende Gewebe. Spannungsspitzen können vermieden
und mechanische Beanspruchungen stark
vermindert werden.
Pflanzenbewegungen können auf unterschiedlichen Vorgängen beruhen. Sie können aktiv sein. Dabei regulieren Pflanzen
unter Energieverbrauch den Innendruck
ihrer Zellen – den Turgor –, was zum An-
oder Abschwellen von Geweben führt. Sie
können aber auch komplett passiv ablaufen,
als Quellungs- und Entquellungsprozesse,
die bei Wasserzufuhr oder Wasserentzug
(= hygroskopisch) ohne Energieverbrauch
in toten Geweben Bewegungen erzeugen.
Eine typische passive, hygroskopische

⌐21 *Reife Frucht (Samen-*
kapsel) und Blütenstand
des Indischen Spring-
krautes (Impatiens glan-
dulifera), das seine Samen
durch das „explosionsartige"
Öffnen seiner unter hoher
Vorspannung stehenden
Früchte weit verstreut.

⌐22 *Die fleischfressende*
Venusfliegenfalle (Dionaea
muscipula). *Bei Berührung*
der auf der Innenseite der
Fangblätter zu sehenden
Reizhaare schnappt die Falle
zu und fängt so die Beute.

Pflanzenbewegung ist beispielsweise bei
Kiefernzapfen (*Pinus*) zu beobachten. Hier
öffnen sich die Zapfenschuppen, wenn es
trocken ist, sodass die flugfähigen Samen
herausfallen und durch den Wind verbreitet
werden können. Ist das Wetter allerdings
regnerisch und feucht, schließen sich die
Zapfenschuppen wieder und verhindern
die Freisetzung der Samen, die schlecht
fliegen, wenn es feucht ist ⌐23. Da sowohl
bei den aktiven als auch bei den passiven
Bewegungstypen eine Wasserverschiebung in den Geweben stattfindet, ist die
entsprechende Zeitdauer durch die Dicke
der sich bewegenden Organe festgelegt,
die das Wasser durchdringen muss. Wie
schaffen es Pflanzen wie Springkraut oder
Venusfliegenfalle aber nun, so unglaublich
schnelle Bewegungen zu machen, die mit
reiner Wasserverschiebung (Hydraulik) nicht
funktionieren würden?

Schneller als das menschliche Auge

Der Beschleunigungstrick funktioniert meistens so: Pflanzen bauen durch vorangehende hydraulische und oftmals langsame Bewegungen in bestimmten Strukturen elastische Energie auf und speichern sie. Diese Energie kann, wie bei Pfeil und Bogen, auf einen Schlag freigesetzt werden. Diese Art der Bewegungsbeschleunigung kann in zwei Kategorien unterteilt werden.

Bei der ersten Kategorie werden bei Freisetzung der Energie die entsprechenden pflanzlichen Strukturen zerstört. Diese Bewegung ist einmalig und irreversibel. Man spricht hier meist von „Explosionsmechanismen". Dies ist beispielsweise sehr gut bei den Früchten des Springkrauts zu sehen ⌐21 oder, noch spektakulärer, bei den Früchten des Sandbüchsenbaums (*Hura crepitans*). Bei Letzterem zerbirst die getrocknete Frucht mit einer solchen Wucht in ihre immer noch mehrere Zentimeter großen Einzelteile, dass diese Geschwindigkeiten von bis zu 70 m/s erreichen und

dadurch auch für den Menschen gefährlich werden können.

In der zweiten Kategorie findet die Freisetzung der Energie durch eine Formveränderung des entsprechenden Pflanzenteils statt. Hierbei wird die Struktur nicht zerstört, sondern es erfolgt ein schneller, reversibler Wechsel von einem geometrischen Zustand in den anderen. Ein Spezialfall hiervon ist das sogenannte Durchschlagen („snapbuckling"), bei dem schalenartige Strukturen von einem Krümmungszustand in den anderen umschlagen. Dieser Prozess gilt bei Strukturen in der Architektur normalerweise als unkontrollierbares Stabilitätsversagen. Das Durchschlagen kann man gut bei den Schnappfallen der Venusfliegenfalle beobachten ⌐22. Im geöffneten, fangbereiten Zustand und von außen betrachtet sind die beiden Fallenhälften nach innen gewölbt (konkav). Sobald die Falle mehrmals an den Reizhaaren auf der Innenseite berührt wird, kommt es, hydraulisch ausgelöst, zu einer schnellen Umkehr dieser Krümmung, sodass die Fallenhälften im geschlossenen

feucht

trocken

Zustand eine Wölbung nach außen aufweisen (konvex). Denselben Umschlagmechanismus kann man bei Reflektor-Klackarmbändern und bei beliebten Kinderspielzeugen, den Ploppscheiben, finden ⌐24. Durch diesen mechanischen „Trick" schließt sich die Venusfliegenfalle innerhalb von Bruchteilen einer Sekunde und lässt ihren Beutetieren, z. B. Fliegen, keine Chance zu entkommen. Die Beute wird dann bis auf ihre Chitinhülle in der geschlossenen Falle verdaut und die Nährstoffe werden über die Blattoberfläche aufgenommen. Anschließend wächst die Falle, öffnet sich dadurch wieder und ist erneut fangbereit.

⌐24 *Ein ähnlicher Mechanismus wie bei der Venusfliegenfalle findet sich in Ploppscheiben-Spielzeugen. Auf links gedreht könnte die Scheibe jeden Moment auslösen und durch Freisetzung der in der Vorspannung gespeicherten Energie wegspringen.*

⌐23 *Viele passive Pflanzenbewegungen wie die Öffnungs- und Schließbewegung der Samenschuppen von Kiefernzapfen (Gattung Pinus) werden durch Austrocknung bzw. Quellung des Gewebes hervorgerufen.*

25 *Das Wasserrad oder die Wasserfalle (Aldrovanda vesiculosa) ist eine kleine, unter Wasser wachsende fleischfressende Pflanze.*

Oben ist ein einzelner Wirtel mit acht Schnapp-fallen zu sehen, unten ein Trieb der Gesamtpflanze mit vielen solcher Wirtel. Maßlinie 1 cm.

Ideengeber Wasserrad

Das fleischfressende Wasserrad (*Aldrovanda vesiculosa*) ist die unter Wasser lebende kleinere Schwester der Venusfliegenfalle. Beide stammen von einem gemeinsamen, wenn auch unbekannten Vorfahren ab (Fossilien wurden bislang noch nicht gefunden). Das Wasserrad lebt in nährstoffarmen, stillen Gewässern, ist aber bereits an vielen seiner natürlichen Standorte ausgestorben, weil die Lebensräume durch den Menschen zerstört wurden. Die Fallen sind 4–7 mm lang und um die Sprossachse wie die Speichen eines Rads angeordnet, daher der deutsche Name Wasserrad ⌐25. Die Fallen sind ähnlich gestaltet wie die der Venusfliegenfalle, allerdings verändert sich die Krümmung ihrer Fallenhälften während des Zuschnappens nicht ⌐26. Die beiden Fallenhälften sind durch eine Mittelrippe miteinander verbunden, welche im fangbereiten Zustand gerade ist. Sobald aber die Falle an ihren Reizhaaren an der Falleninnenseite berührt wird, vermindern vermutlich Zellen entlang der Mittelrippe aktiv ihren Zellinnendruck, sodass sich die Mittelrippe durchbiegt. Dadurch schnappen die Fallenhälften innerhalb weniger Millisekunden zu. Das Wasserrad fängt damit Kleinstlebewesen, wie z. B. Krebstierchen, die anschließend in den geschlossenen Fallen verdaut werden. Da bereits eine minimale Biegung der Mittelrippe ausreicht, um eine vergleichsmäßig große Bewegung der Fallenhälften zu erzeugen, bezeichnet man dieses Phänomen im Englischen als *kinematic amplification,* was so viel heißt wie Bewegungsverstärkung.

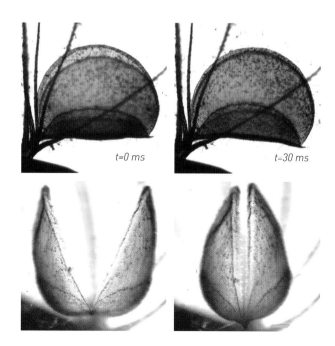

t=0 ms

t=30 ms

⌐**26** *Eine Schnappfalle des Wasserrads im offenen und geschlossenen Zustand. Oben ist die Falle von der Seite zu sehen (links offen, rechts geschlossen), unten von vorne. Die Mittelrippe, die beide Fallenhälften verbindet, ist im offenen Zustand gerade. Krümmt sie sich, schnappt die Falle zu.*

Technische Umsetzung

Diese nicht durch Muskeln angetriebenen, gelenkfreien Bewegungen liefern vielfältige Ideen für Ingenieure und Architekten zur Entwicklung neuartiger beweglicher technischer Strukturen. Insbesondere die faszinierende Fangbewegung der fleischfressenden Wasserfalle inspirierte Architekten in Zusammenarbeit mit Biologen, Bauingenieuren und Materialwissenschaftlern zur Entwicklung einer neuartigen Fassadenverschattung, des Flectofolds ⌐27.

Von der Pflanze zum Computermodell

Um Pflanzenbewegungen wie die des Wasserrads in architektonische Anwendungen übertragen zu können, werden zunächst diejenigen Eigenschaften der Schnappfalle, die diese Bewegung ermöglichen, identifiziert und charakterisiert. Anschließend müssen sie so abstrahiert werden, dass eine ähnliche Bewegung mit technischen Materialien (wie z. B. mit faserverstärkten Kunststoffen) erzeugt werden kann. Für diesen Prozess wird die Pflanzenbewegung zunächst als ein geometrisches Modell am Computer simuliert. Damit können die für die Bewegung verantwortlichen mechanischen Eigenschaften analysiert und entsprechend variiert werden. Im Falle des Wasserrads kann man bei den Schnappfallen der echten Pflanze erkennen, dass der Übergang zwischen Fallenhälfte und

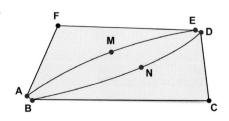

Mittelrippe ähnlich einer gekrümmten Linie geformt ist. Diese Verbindungen können mit gekrümmten Faltlinien abstrahiert werden. Solche gekrümmten Faltlinien sind auch als *curved-line folding* bekannt und ähneln Origami-Faltungen ⌐28. Im Produktdesign und auch in der Architektur ist diese Methode schon seit Langem bekannt, allerdings hauptsächlich für starre Objekte. Die Nutzung für bewegliche Elemente ist noch weitestgehend unerforscht.

In einem solchen abstrahierten geometrischen Modell wurde die Schnappfalle in ein ebenes Element übertragen, in dem zwei Flügelklappen über gekrümmte Faltlinien mit einer linsenförmigen Mittelrippe verbunden sind. Nun kann man den Radius dieser Faltlinien variieren und mithilfe dieses kinematischen Modells feststellen, welchen Einfluss der Radius auf die Bewegung hat. Mit einem kinematischen Modell wird untersucht, wie sich die Bewegung verhält, wenn verschiedene Eigenschaften verändert werden. In einem solchen Modell können allerdings nur geometrische Zusammenhänge erfasst werden, die benötigten Kräfte oder auftretende Spannungen in den Elementen werden hier nicht untersucht. Erzeugt man durch Biegung eine Krümmung der Mittelrippe, falten sich die beiden angrenzenden Klappen entlang dieser Kurven. Die Analysen zeigen, dass mit einem größeren Radius, also mit weniger Krümmung in den gekrümmten Linien, deutlich weniger Biegung benötigt wird, um eine Schließbewegung zu erzeugen, d. h., die geometrische Verstärkung ist größer.

Im Anschluss können – ebenfalls nicht real, sondern am Computer – in einem kinetischen Modell die Bewegungen und auch die benötigten Kräfte und Spannungen genauer untersucht werden ⌐29. Dem Modell werden hier reale Materialeigenschaften in einer Simulation zugewiesen, was als „nichtlineare Finite-Elemente-Analyse" bezeichnet wird. Hierdurch kann man vergleichen, wie sich die erzeugten Variationen auf die benötigte Antriebsenergie, die zum Ausführen der Bewegung benötigt wird, und auf die Spannungen in den Bauteilen auswirken. Im Falle des vom Wasserrad inspirierten Flectofold-Computermodells werden den unterschiedlichen Bereichen bestimmte Materialeigenschaften und -dicken zugewiesen. Man kann z. B. mit Glasfaser verstärkten Kunststoff hierfür verwenden. Auch wird die Faltlinie, die in den geometrischen und kinematischen Modellen eine einfache Linie war, in Zonen mit bestimmten Breiten übertragen. Dieses Modell ist wichtig, um zu verstehen, welche Materialeigenschaften und Dicken in den bestimmten Zonen eingehalten werden müssen, damit der Bewegungsmechanismus funktioniert. Weiterhin kann man untersuchen, wie sich der Radius und die Breite der Gelenkzone

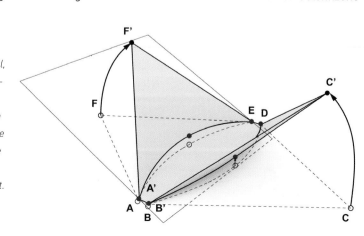

⌐**28** *Kinematisches „curved-line"-Faltmodell, welches bei der Übertragung des Bewegungsablaufs des biologischen Vorbilds Wasserrad in die bioinspirierte technische Lösung Flectofold wichtige Informationen liefert.*

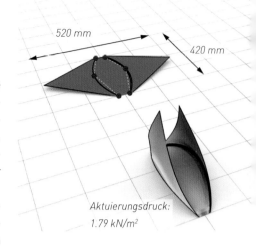

520 mm

420 mm

Aktuierungsdruck:
1.79 kN/m²

auf die benötigte Antriebsenergie und die Spannungen in den unterschiedlichen Zonen auswirken. Wichtig ist auch, herauszufinden, wie sich die Elemente verhalten, wenn externe Kräfte einwirken. Verschattungssysteme müssen z. B. starken oder böigen Wind aushalten können.

Als ein wichtiges Resultat der Untersuchungen und Berechnungen kann festgehalten werden, dass mit einem größeren Radius der Mittelrippenlinse zwar weniger Krümmung in der Mittelrippe erzeugt werden muss, man allerdings mehr Kraft benötigt, um die Flügelklappen zu schließen. Ein kleinerer Radius führt auch zu einer erhöhten Leistungsfähigkeit in Bezug auf externe Lasten (Wind oder Schnee), da sich die stärkere Krümmung in den Flächen positiv auf das Tragverhalten auswirkt. Der nächste Schritt ist der vom Computer zurück in die Realität. Alle bisher gewonnenen Informationen über die erforderlichen Materialeigenschaften, den Bewegungsablauf und auch das mechanische Verhalten werden nun benutzt, um das im Computer erzeugte Modell in reale, gebaute Prototypen zu übertragen.

Wie baut man einen Prototyp?

Wie integriert man nun solch flexible Bereiche, die bei Pflanzenbewegungen eine entscheidende Rolle spielen, in ein technisches Bauteil, z. B. für eine Fassadenverschattung? Ein Gelenk, das lediglich durch Geometrieänderungen bei gleichem Material im Bauteil entsteht und sich verformen lässt, kennt man z. B. vom Scharniergelenk eines Brotzeitdosendeckels. Hier wird Flexibilität durch einen Unterschied in der Dicke des Gelenkbereichs erzeugt. Im Gegensatz dazu lösen Pflanzen die Herausforderung einer gelenkigen Struktur über ihre Materialeigen-

schaften und nicht durch solch extreme Dickenunterschiede, die eine mechanische Schwachstelle darstellen (was man vom typischen Versagen der Gelenke an Brotzeitdosendeckeln kennt). Der innere Aufbau des Wasserrades (und von Pflanzen im Allgemeinen) ähnelt einem Faserverbund. Steife Fasern sind in einer bestimmten Richtung in eine elastischere Matrix eingebettet, und je nach Ausrichtung und Dichte der Fasern ist das Gewebe unter Krafteinwirkung leichter oder schwerer verformbar.

Faserverbundwerkstoffe werden in vielen technischen Bereichen verwendet. Windkraftflügel bestehen beispielsweise aus Glasfasern, die mit einer Kunststoffmatrix verklebt werden. Dies sind natürlich sehr dickwandige Bauteile, die dadurch sehr steif und möglichst unflexibel sind. Zudem spielt die Faserorientierung im Bauteil eine große Rolle. Bei steifen und stark belastbaren Bauteilen sind die verwendeten Hochleistungsfasern so ausgerichtet, dass sie entlang des Hauptkraftverlaufs im Bauteil angeordnet sind. Dadurch werden die Fasern stets auf Zug belastet und das Bauteil erreicht eine hohe Festigkeit und Steifigkeit. Sind die Hochleistungsfasern (z. B. Karbon- oder Glasfasern) in eine Kunststoffmatrix eingebettet und das Bauteil wird nicht entlang der Faserverlaufsrichtung beansprucht, wird bei auftretenden Zugkräften lediglich die Matrix, der Kunststoff, belastet. Dieser hat allerdings meist eine deutlich gerin-

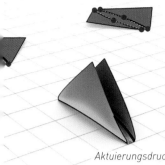

Aktuierungsdruck:
4.09 kN/m²

Aktuierungsdruck:
2.89 kN/m²

⌐29 *Kinetisches Modell des Flectofolds. Es ermöglicht Studien über geometrische Variationen und die Simulation der Spannungsverteilungen während des Bewegungsablaufs.*

gere Festigkeit als die Faser, sodass Risse im Bauteil entstehen.

Im Gegensatz zu einem steifen Windkraftflügel soll die Fassadenverschattung nach dem Vorbild des Wasserrades – der Flectofold – in definierten Bereichen (d. h. beim Übergang von Mittelrippe zu den Flügeln) flexibel sein. Dadurch ist es möglich, die Verschattung auf- und zuklappen zu lassen ⌐30. Weil das Bauteil über die gesamte Fläche relativ dünn hergestellt wird, ist bereits eine gewisse „Grundflexibilität" vorhanden. Zusätzlich werden die Fasern im besonders

flexiblen Bauteilbereich entsprechend so orientiert, dass sie auf Schub statt auf Zug belastet werden. Sie liegen 45° gedreht zu der Falzlinie, entlang derer der Flectofold gefaltet wird. Durch diverse Faserorientierungen in den unterschiedlichen Bauteilbereichen entstehen drei verschiedene Steifigkeitsbereiche. Dabei haben die Flügel des Flectofolds die höchste Steifigkeit. So wird verhindert, dass sie sich bei Wind- und Schneelast verformen. Die linsenförmige Mittelrippe besitzt eine mittlere Steifigkeit, sodass sie gebogen werden kann, um die Bewegung der Flügel zu initiieren. Die Biegezonen, die die Mittelrippe und die Flügel miteinander verbinden, sind durch die geringsten Steifigkeiten ausgezeichnet. Sie sind sehr elastisch und leicht verformbar. Je nach Grad der Krümmung kann so stufenlos die gewünschte Stärke der Verschattung erzeugt werden, und – ein weiterer Vorteil – abhängig von der Anordnung der einzelnen Flectofold-Elemente können Gebäude mit ungewöhnlichen Geometrien verschattet werden, an denen herkömmliche Jalousien scheitern.

Der Flectofold kombiniert die effiziente, gelenkfreie Bewegungsform mit der Ästhetik seines pflanzlichen Vorbildes, des Wasserrads. In Hinblick auf die enorme Formen- und Bewegungsvielfalt im Pflanzen- und Tierreich dürfen wir gespannt sein, inwieweit die Technik in Zukunft davon noch inspiriert wird und profitieren kann.

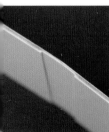

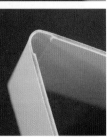

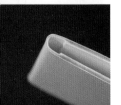

⌐30 *Biegezone des Flectofolds, die wie ein lang gestreckter Scharnierbereich die Bewegungen der seitlichen Klappen ermöglicht. Sie ist noch dünner als die seitlichen Klappen und durch spezielle Anordnung der Fasern sehr biegsam.*

Von der Grundlagenforschung zum bionischen Produkt: die Fassadenverschattung Flectofold

Saman Saffarian / Larissa Born / Axel Körner / Anja Mader / Anna S. Westermeier / Simon Poppinga / Markus Milwich / Götz T. Gresser / Thomas Speck und Jan Knippers

Die Biologie kann spannende Ideen liefern, um technische Produkte zu entwickeln oder zu verbessern. In der Regel werden die zugrunde liegenden Wirkprinzipien zunächst anhand eines Machbarkeitsdemonstrators untersucht, der zwar noch kein fertiges technisches Produkt darstellt, aber im Großen und Ganzen schon wie das fertige Produkt „funktionieren" soll. Von diesem ersten Prototyp bis zu einem einsatzfähigen Produkt oder einer überzeugenden Bauweise ist es aber noch ein langer Weg. Zahlreiche Ideen, die zunächst interessant und vielversprechend erscheinen, bleiben dabei auf der Strecke. Viele Aspekte müssen parallel untersucht und überzeugend gelöst werden, nicht nur die zuverlässige und dauerhafte Funktionalität, sondern auch die wirtschaftliche und ressourceneffiziente Herstellung. Hinzu kommt die Akzeptanz des Marktes für eine Innovation, d. h. etwa im Falle der Architektur vor allem eine ästhetisch ansprechende Gestaltung, ohne die kein noch so gut funktionierendes Konzept auf Interesse stoßen wird.

Für die nachgiebige Fassadenverschattung Flectofold konnten relativ schnell erste Prototypen gebaut und getestet werden. Es stellte sich heraus, dass sich auch komplexe Bewegungsabläufe von sehr kleinen pflanzlichen Strukturen wie den Schnappfallen der fleischfressenden Wasserfalle (*Aldrovanda vesiculosa*) ⌐25, 26, die als Vorbild für den Flectofold dienten, in großformatige Faserverbundelemente überführen („hochskalieren") lassen. Die Abstraktion des kinetischen Prinzips (*curved-line folding*, d. h. Biegung entlang einer gekrümmten Linie) von *Aldrovanda vesiculosa* und seine Parametrisierung und Simulation sind im Kapitel „Keine Gelenkbeschwerden – wie Pflanzen sich bewegen und die Technik inspirieren", S. 32, beschrieben.

Diese ersten voll funktionsfähigen, beweglichen Prototypen machten aber auch die Herausforderungen an die weitere Entwicklung deutlich. Einerseits muss der Faserverbund steif genug sein, um äußeren Beanspruchungen, insbesondere Windlasten, standzuhalten, andererseits muss er aber auch so nachgiebig sein, dass er sich mit geringen Kräften bewegen („aktuieren") lässt. Aus dieser Perspektive sind Mechanismen mit eingebetteten (integrierten) Gelenkzonen gegenüber solchen mit homogener Steifigkeit vorteilhaft. Es lassen sich einerseits Flächen mit höherer Steifigkeit herstellen, die dem Wind widerstehen können, und andererseits mithilfe flexibler Bereiche auch Faltungsstrukturen umsetzen, die sich mit geringen Kräften aktuieren lassen.

Materialaufbau und Herstellung des Laminats

Die integrierte Gelenkzone stellt besondere Herausforderungen an die Materialentwicklung. Dies betrifft insbesondere die Fähigkeit, auch zahlreiche Biegewechsel ohne Schaden zu überstehen (d. h., Materialermüdung zu vermeiden). Ebenso wie an die Gesamtstruktur gibt es auch an die Gelenkzone gegenläufige Anforderungen: Eine breite Gelenkzone reduziert zwar die Materialbeanspruchungen, die Schädigungen zur Folge haben können, führt allerdings im Gegenzug zu geometrischen Instabilitäten in der Bewegung, wenn ein bestimmtes Verhältnis von Steifigkeit zu Breite unterschritten wird.

Zunächst wurden kleinere Flectofolds mit einer Größe von 420 mm Länge der Mittelrippe zwischen den beiden seitlichen Klappen und 520 mm Seitenspannweite im Vakuuminfusionsverfahren hergestellt. Das Flectofold-Laminat bestand aus Glas-

fasermatten, Epoxidharz und einer Deckfolie aus PVC ⌐31A.

Der Lagenaufbau bzw. die Materialzusammensetzung dieser ersten Prototypen ⌐31A erwies sich jedoch als ungeeignet für größere Flectofolds. Die Gewichtslast der Flügel stieg proportional zur Größe, sodass das Material im Gelenkbereich verstärkt werden musste, um eine entsprechende Tragfähigkeit zu gewährleisten. Aufgrund der zunehmenden Materialdicke stieg die Steifigkeit des Laminats im Gelenkbereich überproportional an, was zu Materialversagen führte. Basierend auf einer großen Anzahl an Ermüdungsversuchen an kleinen Materialproben, bei denen sowohl die Anordnung und Orientierung der Glasfasermatten als auch die Funktionalität von Schichten aus anderen Materialien untersucht wurde, wurden die zweite Generation größerer Flectofolds mit einer Länge der Mittelrippe

⌐**31** *Laminataufbau des Flectofolds, hergestellt im Vakuuminfusionsverfahren (Länge/Breite 420/520 mm)* *(A) und Heißpressverfahren (Länge/Breite 850/720 mm (B).*

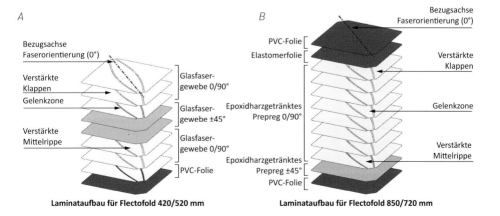

A

Bezugsachse Faserorientierung (0°)

Verstärkte Klappen
Gelenkzone
Verstärkte Mittelrippe

Glasfasergewebe 0/90°
Glasfasergewebe ±45°
Glasfasergewebe 0/90°
PVC-Folie

Laminataufbau für Flectofold 420/520 mm

B

Bezugsachse Faserorientierung (0°)

PVC-Folie
Elastomerfolie

Epoxidharzgetränktes Prepreg 0/90°

Epoxidharzgetränktes Prepreg ±45°
PVC-Folie

Verstärkte Klappen
Gelenkzone
Verstärkte Mittelrippe

Laminataufbau für Flectofold 850/720 mm

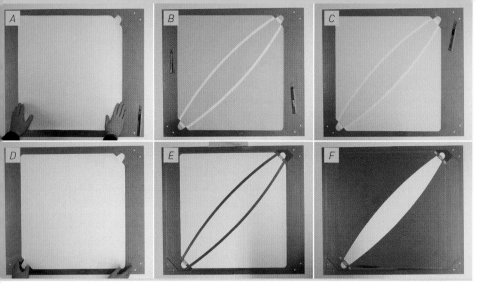

⌐32 *Materialschichten des Laminats, geschichtet auf einer Metallplatte: (A) Flexible 45°-Mittellage aus Glasfaser-Prepreg (mit gelbgrüner Schutzfolie),*

(B) Versteifende 90°-Lagen aus Glasfaser-Prepreg (mit grüner Schutzfolie), (C) Glasfaser-Prepreg ohne Schutzfolie, (D) Kaschierfolie aus PVC, (E) Platzierung der

Metallschablonen für die Gelenkzonen, (F) Platzierung der Metallschablonen zum Ausgleich der Dickenunterschiede in Flügeln und Mittelrippe

von 850 mm und einer Seitenspannweite von 720 mm hergestellt. Sie bestehen aus vorimprägnierten Glasfasermatten (Prepregs) und einer Elastomerfolie **⌐31B**, die unter erhöhten Temperaturen verpresst wurden. Die verschiedenen Lagen, wie in **⌐31B** dargestellt, werden auf einer ebenen Metallform – einem einfachen Stahlblech – aufeinandergestapelt und dann in einer Heißpresse miteinander verpresst **⌐32, 33**. Die Falzlinien, die als Gelenkzonen dienen, werden im Pressvorgang direkt durch Metallschablonen eingedrückt. Eine Nachbearbeitung ist

abgesehen von der Endkonturbearbeitung nicht notwendig. Das Heißpressverfahren erlaubt wegen der kurzen Zykluszeit auch die serielle und kostengünstige Herstellung einer größeren Anzahl an Flectofolds. Die so hergestellten Flectofolds wurden in Prüfständen bis zu 2.000 Lastwechseln ausgesetzt, um den Verschleiß bei vielfacher Beanspruchung zu untersuchen **⌐34**. Außerdem wurden die Demonstratoren hinsichtlich ihrer Brennbarkeit getestet (Baunorm), was wichtig für die Zulassung für den Einsatz an Gebäuden ist.

⌐33 *Heißpressverfahren des geschichteten Materialaufbaus*

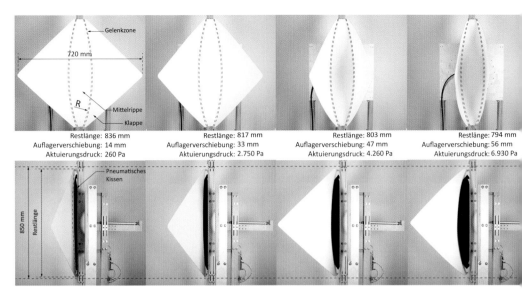

Restlänge: 836 mm
Auflagerverschiebung: 14 mm
Aktuierungsdruck: 260 Pa

Restlänge: 817 mm
Auflagerverschiebung: 33 mm
Aktuierungsdruck: 2.750 Pa

Restlänge: 803 mm
Auflagerverschiebung: 47 mm
Aktuierungsdruck: 4.260 Pa

Restlänge: 794 mm
Auflagerverschiebung: 56 mm
Aktuierungsdruck: 6.930 Pa

⌐34 *Flectofold-Prüfstand*
und Leistungskontrolle
auf Verschleiß

Anpassungsfähigkeit der Geometrie und Planungsmethoden

Ein wichtiger Aspekt für die technische Anwendung des Flectofolds ist die Entwicklung von Planungsmethoden, die die geometrische Anpassungsfähigkeit und die Anwendbarkeit auf Freiformfassaden erfassen. So wurde der Flectofold-Mechanismus auf seine Anwendbarkeit für gleichsinnig oder gegensinnig gekrümmte (synklastische oder antiklastische) Oberflächengeometrien getestet. In einem ersten Schritt wurde ein Algorithmus entwickelt, der eine gegebene doppelt gekrümmte Gebäudeoberfläche in viele kleinere Vierecke mit ähnlicher Größe unterteilt. In einem zweiten Schritt muss die Unterteilung so angepasst werden, dass sich die Flectofolds in die richtige Richtung falten, d. h. die Faltrichtung wird durch eine gewisse antiklastische Krümmung definiert. Die antiklastischen vierseitigen Flächenelemente können dann in die Flectofold-Geometrie mit den gekrümmten Falten übertragen werden ⌐35.

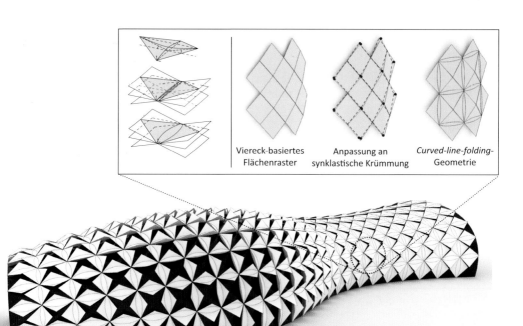

Viereck-basiertes
Flächenraster

Anpassung an
synklastische Krümmung

Curved-line-folding-
Geometrie

⌐**35** *Überprüfung der
Anpassungsfähigkeit des
Flectofold-Moduls an*

*komplexe, doppelt ge-
krümmte Geometrien.*

Steuerung und Aktuierung

Für den Großdemonstrator im Rosensteinmuseum, der die Anpassungsfähigkeit der Fassadenverschattung an gekrümmte Flächen zeigt, wurde eine 6 m auf 6 m große, antiklastisch gekrümmte Fläche mit 36 Flectofold-Modulen mit einer Abmessung von 1.100 mm (Länge Mittelrippe) / 1.220 mm (Seitenspannweite) belegt ⌐**37, 38, 39**. Jedes Flectofold-Modul verfügt über ein Luftkissen hinter der Mittelrippe als pneumatischen Aktuator, der unter geringem Druck (0,04–0,06 bar; zum Vergleich: Fahrradreifen ca. 3,5 bar) die steifere Mittelrippe elastisch biegt und damit die Faltbewegung veranlasst.

Um die elastische Biegung der Mittelrippen exakt und individuell zu kontrollieren, wurde ein präzises pneumatisches Kontrollsystem ⌐**36** entwickelt, das eine dynamische Druckeinstellung ohne Zeitverzögerung ermöglicht. Hierfür wurden Proportional-Druckregelventile verwendet, die ein Eingangsspannungssignal im Bereich von 0 bis 10 V in einen Ausgangsdruck im Bereich von 0 bis 2 bar übertragen können. Die Spannungsregelung erfolgt über eine maßgeschneiderte Leiterplatte, auf der die 36 digitalen Potentiometer angebracht sind. Jeder Flectofold ist mit einem Potentiometer verbunden, welches ein einstellbares Spannungssignal an das zugehörige genau kalibrierte Druckventil überträgt. Über einen Mikrocontroller wurde mit der Hauptsteuerungssoftware kommuniziert, und Eingangsdaten wurden über ein digitales Kommunikationsprotokoll an die einzelnen Potentiometer gesendet. Mithilfe eines weiteren Mikrocontrollers wurde die drahtlose und webbasierte Kommunikation mit der Steuerungssoftware ermöglicht.

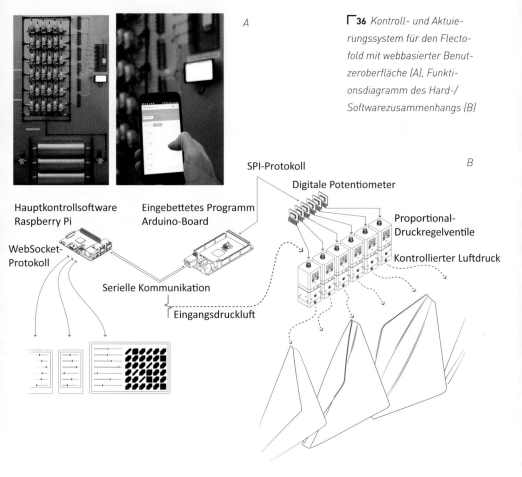

A

┌36 *Kontroll- und Aktuie-*
rungssystem für den Flecto-
fold mit webbasierter Benut-
zeroberfläche (A), Funkti-
onsdiagramm des Hard-/
Softwarezusammenhangs (B)

SPI-Protokoll

B

Digitale Potentiometer

Hauptkontrollsoftware
Raspberry Pi

Eingebettetes Programm
Arduino-Board

Proportional-
Druckregelventile

WebSocket-
Protokoll

Kontrollierter Luftdruck

Serielle Kommunikation

Eingangsdruckluft

Ein Kompressor, der ca. 40 m entfernt von dem Großdemonstrator und der Steuereinheit installiert wurde, lieferte bei der Museumsausstellung einen kontinuierlichen Strom an Druckluft. Durch die räumliche Trennung von Kompressor und Aktuatoren wurden die Kompressorgeräusche von den Elementen entkoppelt. Um eine ausreichend große Druckluftspeicherkapazität zu gewährleisten sowie konstante Druckniveaus aufrechtzuerhalten und plötzliche Luftversorgungsmängel bei gleichzeitiger Betätigung mehrerer Komponenten zu verhindern, wurden drei miteinander verbundene Druckluftbehälter nahe dem Demonstrationsbereich installiert.

Dieses System ermöglichte eine präzise und individuelle Kalibrierung des Aktuierungsdrucks für die einzelnen Flectofold-Module. Die resultierenden Bewegungen der Flectofolds wurden von dem Programm mit dem Eingangsdruck abgeglichen, sodass der Druck definiert werden konnte, bei dem die einzelnen Flectofold-Module vollständig geschlossen sind.

Der Demonstrator im Rosensteinmuseum war für eine aktive und webbasierte Steuerung durch Nutzer ausgelegt, sodass einzelne Flectofolds über mobile Anwendungen, z. B. von Smartphones oder Tablets aus, aktuiert werden konnten. Im Prinzip kann die Bewegung aber auch problemlos an Sensordaten wie Licht, Geräusche, Bewegung etc. gekoppelt werden.

37 Frontalansicht des
Flectofold-Großdemon-
strators in der Sonderaus-
stellung „Baubionik – Biologie beflügelt Architektur"
im Staatlichen Museum
für Naturkunde Stutt-
gart, Schloss Rosenstein

38 Rückansicht des
Flectofold-Großdemonstrators

39 Vorderansicht des
Flectofold-Großdemonstrators

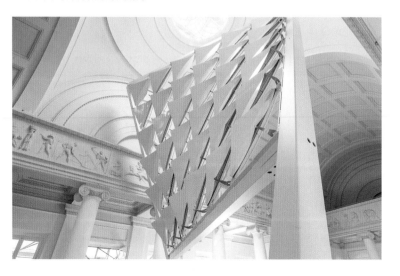

Ausblick

Großdemonstratoren wie der Flectofold mit 36 Elementen im Rosensteinmuseum stellen einen wichtigen Zwischenschritt auf dem Weg von der Grundlagenforschung in die Baupraxis dar. Über die Grundlagenforschung zum Materialaufbau hinaus erfordert der Bau eines solchen Demonstrators die beispielhafte Lösung aller konstruktiven und steuerungstechnischen Aspekte. Der Demonstrator legt somit offen, wo weiterer Forschungs- und Entwicklungsbedarf besteht. Außerdem visualisiert er das architektonische Potenzial dieser neuen Bauweise Γ40 und leistet einen wichtigen Beitrag zur öffentlichen Kommunikation von Grundlagenforschung. Ziel ist es, Gebäudeverschattungen zu schaffen, die sich an wechselnde Umgebungsbedingungen anpassen können, gleichzeitig aber robust und wirtschaftlich sind.

40 *Visualisierung eines möglichen Anwendungsszenarios des Flectofolds für die Verschattung von Freiformarchitektur in einer heißen und trockenen Klimazone, wo der Nutzen eines solchen Systems bestmöglich zum Tragen kommt.*
(A) Außenansicht,
(B) Detailansicht,
(C) Innenansicht.

C

LEICHTE ALLESKÖNNER: STRUKTUR STATT MASSE

Jan Knippers / Thomas Speck

Wir bauen unsere Häuser aus Mauerwerk, Beton und Stahl. Diese Werkstoffe verwenden wir, weil wir ihre Festigkeit sicher vorhersagen können. Schon Holz ist für Ingenieure sehr kompliziert. Seine Festigkeit ist in Richtung der Holzfasern und quer dazu sehr unterschiedlich und zudem abhängig von der Feuchtigkeit. Diese komplizierten mechanischen Eigenschaften sind einer der wesentlichen Gründe, warum Holz im modernen Bauen nach wie vor eine untergeordnete Rolle spielt, obwohl seine Verwendung ökologisch unstrittig vorteilhaft ist. Die einfache und sichere Vorhersage und Berechnung der Festigkeitseigenschaften spielt also bei der Entwicklung und Anwendung von Baustoffen eine zentrale Rolle. Deshalb werden Baustoffe mit möglichst einheitlichem Gefüge und damit einfach zu beschreibenden Eigenschaften bevorzugt. Diese Kriterien sind für die Natur völlig irrelevant. Im Verlauf der Evolution haben sich Materialien und Strukturen entwickelt, bei denen die Orientierung, Schichtung und Packungsdichte von Fasern, die Abstufung von Hohlräumen oder die Einlagerung von Zwischenschichten kleinräumig und vielfältig ausdifferenziert sind. Typisch ist ein hierarchischer Aufbau über mehrere Größenordnungen von der Ebene des Organismus bis hinab zur Ebene der Moleküle. Jedes Strukturelement besteht aus kleineren Elementen, die aus ähnlichen Grundbausteinen aufgebaut sind. Diese Elemente bestimmen nicht nur die mechanischen Eigenschaften der Struktur, sondern transportieren gleichzeitig Nährstoffe und Wasser, katalysieren chemische Reaktionen, erkennen Signalstoffe und sind zu vielfältigen „Self-X-Funktionen" in der Lage, wie z. B. Selbstorganisation, Selbstadaptivität, Selbstheilung und Selbstreinigung. Im Ergebnis entstehen hochkomplexe Materialsysteme und Strukturen, die durch fein abgestimmte chemische und physikalische Eigenschaften an völlig unterschiedliche Anforderungen angepasst sind. Bei der Schale der Kokosnuss geht es einerseits darum, dass die Frucht nicht zerstört wird, wenn sie vom Baum fällt, andererseits soll sie monatelanges Verdriften im Meerwasser unbeschadet überstehen S. 60. Unsere heimischen Pflanzen müssen nicht nur Winterstürme, sondern auch Frostwechsel und zunehmend auch längere Trockenperioden aushalten S. 74. Das Außenskelett des Seeigels muss Fressfeinde abwehren und den mechanischen Beanspruchungen im Riff trotzen S. 54 usw.

Vergleichbare Strukturbildungsprinzipien sind in Architektur und Bautechnik weitgehend unbekannt. Bis vor Kurzem standen weder die Berechnungsmethoden noch die Fertigungsmöglichkeiten zur Verfügung, die eine technische Umsetzung der Haupteigen-

schaften natürlicher Konstruktionen ermöglichen, nämlich die kleinräumige Anpassung von Materialeigenschaften und die geometrische Differenzierung von Bauteilen auf unterschiedlichen Größenskalen. Dies hat sich in den letzten Jahren durch die Einführung von computerbasierten Fertigungsverfahren grundlegend geändert. Heute wird z. B. überall auf der Welt daran geforscht, wie das ursprünglich für den Modellbau entwickelte 3-D-Drucken im großen Maßstab für Konstruktionen des Bauwesens genutzt werden kann. Im Mittelpunkt der Überlegungen steht dabei der Baustoff Beton, der schichtweise mit computergeführten Düsen aufgebracht wird. Dabei kann das Mischungsverhältnis der verschiedenen Baustoffkomponenten gezielt variiert werden. Sand und Kies bringen die Festigkeit, Hohlkugeln aus Ton oder Glas erhöhen die Wärmedämmung und reduzieren das Gewicht S. 84. Das schichtweise Einbringen dieser Komponenten mit mehreren Düsen ermöglicht eine zielgerichtete und kleinräumige Anpassung der Betoneigenschaften, genauso wie das bei Knochen oder anderen mineralischen Strukturen, wie z. B. Seeigelstacheln, in der Biologie der Fall ist. Wie aber können weitere Eigenschaften natürlicher Strukturen in die Technik übertragen werden, wie z. B. die Stoßdämpfung von Kokosnussschalen und Baumrinden oder die Frostwechselbeständigkeit vieler heimischer Pflanzen? Die Untersuchung biologischer Ideengeber kann wertvolle Anregungen für die Entwicklung leistungsfähiger neuer Werkstoffe geben, die gleichzeitig mehrere und sich teilweise widersprechende Anforderungen erfüllen, und dabei dem Grundprinzip aller biologischen Konstruktionen folgen, nämlich der sparsamen Verwendung von Ressourcen. Man könnte Darwins bekanntes „survival of the fittest" (Überleben des Bestangepassten) auch umformulieren zu „survival of the cheapest" (Überleben des Billigsten). Für Lebewesen ist es nämlich ein großer evolutionärer Vorteil, unter möglichst geringem Aufwand von Stoffwechselenergie und von Materialressourcen möglichst leistungsfähige Materialverbünde und Strukturen zu bilden.

Hohe Belastungen sicher überstehen

Stefanie Schmier / Georg Bold / Gerald Buck / Katharina Klang / Christoph Lauer / Nicu Toader / Oliver Gericke / Walter Haase / Immanuel Schäfer / Siegfried Schmauder / Werner Sobek / Klaus G. Nickel / Thomas Speck

Wirken Kräfte – z. B. Zug- oder Druckkräfte – auf ein Objekt ein, entsteht eine mechanische Belastung. Diese Kräfte können konstant (statisch), wechselnd oder stoßartig (dynamisch) auftreten. Solche Belastungen treten sowohl bei Gebäuden als auch bei Tieren und Pflanzen alltäglich auf. Dabei können Architekten und Materialforscher von Tieren und Pflanzen lernen und deren evolutionär bewährte Konzepte auf Gebäude oder Gebäudeteile übertragen, was besonders für extreme Belastungssituationen von Interesse ist. So ist beispielsweise eines dieser bewährten Rezepte der Natur, bei Überlast einen Teil des Ganzen zu opfern, um das Überleben zu gewährleisten, in der Architektur bisher kaum bekannt.

Beispiele aus der Natur

Seeigel – das kontrollierte Versagen

Seeigel sind sicherlich eine der erfolgreichsten Tiergruppen der Evolutionsgeschichte. Sie leben seit mehr als 500 Millionen Jahren auf diesem Planeten und kommen heutzutage nahezu in jedem marinen Lebensraum vor, ob in tropischen oder arktischen, flachen oder tiefen Gewässern. In unseren Breiten machen Menschen mit Seeigeln zumeist schmerzhafte Erfahrungen. Die dünnen Stacheln des Tiers bohren sich mühelos in den Fuß und brechen dabei ab. Wegen ihrer Brüchigkeit sind sie sehr schwer zu entfernen und können zusätzlich sogar Gift enthalten. Jedoch sind Seeigel viel mehr als eine lästige Begleiterscheinung am Strand. Sie stellen – bei genauer Betrachtung – ein Wunderwerk der Natur dar und dienen als Quell der Inspiration für bionische Anwendungen.

Schon auf den ersten Blick fällt ihr ästhetischer, hochsymmetrischer, fünfzähliger Aufbau auf ⌐41. Beim zweiten Blick offenbaren die Tiere einige erstaunliche Fähigkeiten. Sie besitzen selbstschärfende Zähne, mit ihren Saugfüßchen finden sie unter Wasser auch auf glitschigem Grund Halt und ihre Stacheln sind wahre Allzweckwerkzeuge. Sie werden ebenso zum Laufen wie zum Festklemmen in Riffen und Felsspalten eingesetzt und natürlich zur Verteidigung gegen Feinde, wie beispielsweise räuberische Fische oder Menschen.

Doch nicht alle Seeigel besitzen dünne und brüchige Stacheln. Der Lanzenseeigel (*Phyllacanthus imperialis*) und der Griffelseeigel (*Heterocentrotus mammillatus*) haben fingerdicke und bis zu 10 cm lange Stacheln mit hoher mechanischer Stabilität ⌐42. Damit die Tiere unter dem Gewicht ihrer eigenen Stacheln nicht zerdrückt werden und sich

mühelos im Wasser bewegen können, sind die Stacheln hochporös. Ihr Baumaterial Magnesium-Calcit (ein Karbonatmineral, dessen $MgCO_3$-Anteil zwischen 2 und 15 mol% variiert) ist hierzu von winzigen, erst unter dem Mikroskop sichtbaren Poren durchsetzt. Dadurch wird ein Hohlraumnetzwerk in den Stacheln geschaffen.

Leichtbau bei hoher Stabilität ist das Ziel vieler Ingenieure und scheint bei diesen beiden Seeigelarten optimal zu sein. Aus diesem Material würde ein Ingenieur jedoch niemals einen Werkstoff entwerfen, da Calcit aufgrund seines kristallinen Aufbaus und seiner guten Spaltbarkeit leicht zerbricht und zudem nur eine geringe Härte besitzt. Eigentlich müsste das Ergebnis ein brüchiger Stachel sein, der selbst bei kleinster Krafteinwirkung zerfällt. Paradoxerweise ist aber das Gegenteil der Fall. Die betrachteten Seeigelstacheln erweisen sich trotz ihres Leichtbaus als stabil und äußerst bruchzäh, d. h., man muss viel Energie aufwenden, um sie zu zerbrechen. Diese Eigenschaften sind für die Tiere überlebenswichtig, da die Stabilität der Stacheln sie gegen Fressfeinde schützt.

41 *Skelett eines regulären Seeigels. Die Skelettform ist abgeflacht kugelförmig und zeigt deutlich die fünfzählige Symmetrie.*

42 *Griffelseeigel (Heterocentrotus mammillatus, oben) und Lanzenseeigel (Phyllacanthus imperialis, unten) besitzen stabile, bis 10 cm lange Stacheln.*

Phyllacanthus imperialis

Heterocentrotus mammillatus

Makrostruktur (mm-Skala)   *Mikrostruktur (µm-Skala)*   *Nanostruktur (nm-Ska*

⌐**43** *Ausgewählte Hierarchie-*
ebenen der untersuchten
Seeigelstacheln

⌐**44** *Im Längsschnitt (rechts)*
ist der Stachelaufbau des
Griffelseeigels zu sehen.
Die roten Wachstumsschich-
ten sind dabei wie eine
Matroschka (links) ineinander
gestapelt. Die poröse Struk-
tur des Stachels und
die dichteren Wachstums-
schichten sind im Quer-
schnitt (ganz rechts) gut
erkennbar. Man sieht hier
zudem, dass die Poro-
sität zum Zentrum des
Stachels hin zunimmt.

 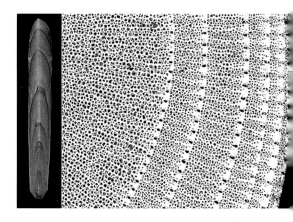

Die Stacheln von Griffelseeigeln und Lanzenseeigeln verhalten sich unter Druckbelastung zwar verschieden, brechen aber beide nach Auftreten des ersten Risses nicht vollständig zusammen. Stattdessen spalten sich aus den oberen Stachelsegmenten stetig kleinere Bruchstücke ab, während der untere Stachelbereich lange unbeschadet bleibt und daher weiterhin Lasten tragen kann. Dieses Verhalten ist für spröde Materialien untypisch. Man stelle sich eine Tasse vor, die den Aufprall auf den Boden weitgehend unbeschadet übersteht.

Das Geheimnis für dieses mechanische Verhalten liegt im hierarchischen Aufbau der Stacheln ⌐**43**. Ein hierarchischer Aufbau ist ein Aufbau, der sich über mehrere Größenordnungen erstreckt und vom Molekül bis zum Gesamtgebilde auf jeder Größenebe-

ne spezielle Strukturierungen besitzt, die zu den hervorragenden mechanischen Eigenschaften beitragen. Ein solcher Aufbau ist typisch für natürliche Strukturen, sei es nun bei Seeigelstacheln, beim menschlichen Knochenbau oder bei der Schale der Kokosnuss.

Griffelseeigelstacheln besitzen schematisch den Aufbau einer russischen Matroschka, wobei die roten Wachstumsschichten durch die ineinander gestapelten Puppen symbolisiert werden ⌐**44**. Diese massiven Schichten führen zu einer Kraftableitung. Dadurch bricht das Stachelsegment stufenweise von einer Wachstumsschicht zur nächsten.

Die Stacheln des Lanzenseeigels zeigen hingegen einen röhrenförmigen Aufbau, welcher von innen nach außen weniger porös wird ⌐**45**. Beim Zusammendrücken bricht

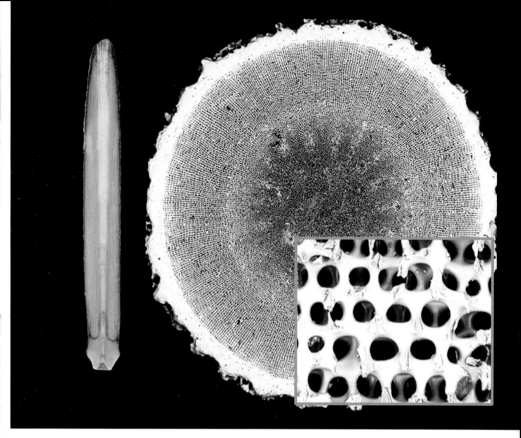

┌45 *Sowohl im Längsschnitt
(links) als auch im Quer-
schnitt des Stachels des
Lanzenseeigels ist der
röhrenförmige Aufbau gut
zu erkennen. Die poröse
Architektur der Stacheln
wird in der Detailvergröße-
rung unten rechts sichtbar.*

zuerst die dichte äußere Schicht, und die
schaumartige innere Schicht dient als Puffer,
wie die Knautschzone beim Auto. Auch auf
dem mikroskopischen Maßstab gibt es bei
beiden Stachelarten Mechanismen, die die
Ausbreitung von Rissen erschweren und ein
direktes Versagen somit meist verhindern.
Auf diese Art und Weise schaffen es die Stacheln von Griffelseeigel und Lanzenseeigel
trotz der vielen Schwächen des Grundbau-
stoffs Calcit, ein mechanisch erstaunlich
stabiles Gebilde aufzubauen, von dem der
Mensch einiges für architektonische Bauteile lernen kann.

Stoßdämpfung bei Baumrinden

Die Rinde von Bäumen (die in dieser Betrachtung die Borke mit einschließt) erfüllt viele Aufgaben gleichzeitig, z. B. den Transport von Stoffwechselprodukten sowie den Schutz vor Austrocknung, vor hohen Temperaturen bei Waldbränden, vor Schadinsekten und Krankheitserregern sowie vor mechanischer Beschädigung. Damit ist die Rinde als Barriere nach außen die wichtigste Schutzschicht eines Baums. Einen guten Schutz benötigt vor allem das Kambium. Das Kambium ist die Wachstumszone des Baums, eine hauchdünne, nur wenige Zelllagen dicke Schicht unmittelbar zwischen Rinde und Holz. Sie sorgt dafür, dass der Baum nach innen Holz bilden kann und dass sich nach außen die Rinde immer wieder erneuert. Wird das Kambium zu stark beschädigt, stirbt der gesamte Baum ab. Starke Beschädigungen der Rinde können durch Abrieb (also durch eine mechanische Belastung) entstehen, wenn z. B. während eines Sturms die Stämme zweier Bäume aneinanderreiben oder wenn bei Steinschlag oder einer Schlammlawine große Felsbrocken auf den Stamm aufschlagen. Je nach Herkunftsgebiet und den dort im Verlauf der Evolution entstandenen Schutz-

funktionen unterscheiden sich die Rinden verschiedener Baumarten oft deutlich, was z. B. ihre Dicke oder ihren Aufbau angeht. Die Rinde einer Baumart, die in Gebieten ohne regelmäßige Waldbrände vorkommt, muss das Kambium nicht vor hohen Temperaturen schützen, und die Rinde von Baumarten aus flachen Gegenden muss das Kambium nicht vor Steinschlägen schützen, wie sie in Gebirgen auftreten.

Wenn man also untersuchen möchte, wie Baumrinden das Kambium bei Steinschlägen vor Stößen durch Felsbrocken schützen, schaut man sich am besten die Rinden von Baumarten an, welche in Gebirgsregionen mit regelmäßigen Steinschlägen vorkommen, wie z. B. in der Sierra Nevada in Kalifornien (USA). In dieser Region ist der Riesenmammutbaum (*Sequoiadendron giganteum*) beheimatet **46**. Nicht wenige Exemplare dieser Baumart können aber auch beispielsweise in Baden-Württemberg bestaunt werden, wo sie seit Mitte des 19. Jahrhunderts gerne als Parkbäume angepflanzt werden. Riesenmammutbäume können ein Alter von mehr als 3.000 Jahren erreichen und fast 100 m hoch werden. Ihr Stamm nimmt dann vor allem in Bodennähe beachtliche Ausmaße an (Stammdurchmesser bis zu 17 m) und ihre Rinde kann im unteren Stammbereich fast einen ganzen Meter dick werden!

Bereits vor langer Zeit haben Forscher herausgefunden, dass die Rinde des Riesenmammutbaums das Kambium bei den in der Sierra Nevada häufigen Waldbränden hervorragend vor hohen Temperaturen schützen kann. Auch als Stoßdämpfer bei Steinschlägen macht sie eine herausragende Figur. Dies hat vor allem drei Gründe: Zum einen besticht die Rinde des Riesenmammutbaums durch ihre schiere Dicke **47**. Wo es viel (Rinden-)Material gibt, kann ein Aufprall auch besser gedämpft werden. Aber

47 *Ausgesägtes Rindenstück des Riesenmammutbaums. Die dicke faserige Rinde besteht aus mehreren miteinander verwobenen Schichten.*

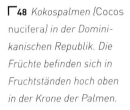

⌐48 *Kokospalmen (Cocos nucifera) in der Dominikanischen Republik. Die Früchte befinden sich in Fruchtständen hoch oben in der Krone der Palmen.*

⌐49 *Eine Kokosnuss, wie wir sie aus dem Supermarkt kennen. Die beiden äußeren Fruchthüllen (Fxokarp und Mesokarp) sind entfernt. Im Endokarp sind die drei Keimöffnungen sichtbar, aus denen der Keimling herauswachsen kann.*

erst die Kombination mit zwei weiteren Eigenschaften ergibt die insgesamt hervorragende mechanische Schutzfunktion. So ist die Rinde des Riesenmammutbaums sehr faserig. Lange stabile Fasern durchziehen die Rinde längs des Stammes. Dies kann man sehr gut an abgeblätterten Stücken der Baumrinde erkennen.

Im Gegensatz zu vielen anderen Baumarten, bei denen sich die Rinde z. B. in kleinen Stücken oder blättrig ablöst, sorgen, die langen Fasern beim Riesenmammutbaum dafür, dass sich seine Rinde in langen, „ausgefranst" wirkenden Stücken löst. Diese Rindenfasern können Stöße umleiten und über ein größeres Rindenvolumen verteilen, sodass die Stöße nicht unmittelbar bis auf das empfindliche Kambium durchschlagen. Der dritte Grund für den hervorragenden Aufprallschutz liegt in der lockeren, aber dennoch gut verwobenen Schichtung der Rinde. Miteinander verwobene Schichten von abwechselnd dichten und weniger dichten Lagen der Rindenfasern

sorgen dafür, dass Stöße noch besser über die angrenzenden Bereiche verteilt werden, als es ohne diese Schichtung möglich wäre. Zusammengenommen ergibt sich aus diesen drei Eigenschaften, dass die Rinde des Riesenmammutbaums bei einem Aufprall zwar stark nachgibt und die Aufprallenergie über ein großes Rindenvolumen verteilt, der Aufprall das Kambium deshalb aber nicht ernsthaft schädigen kann. Diese Eigenschaften legen es nahe, dass Forscher und Ingenieure aus dem Aufbau der Rinde des Riesenmammutbaums lernen können. Mit dem so gewonnenen Wissen können Gebäude und Bauteile entwickelt werden, die bei einem Aufprall, wie durch einen Steinschlag, Unfälle mit Lastwagen oder entgleisten Zügen, besser geschützt sind.

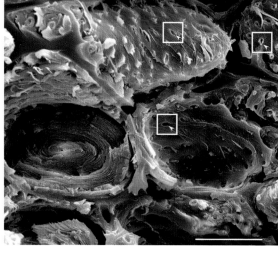

⌐50 *Eine halbierte Kokos-*
nuss zeigt, wie die Frucht
aussieht, bevor die beiden
äußeren Schichten ent-
fernt werden. Der Same ist
geschützt durch die drei
Schichten der Fruchtwand.

⌐51 *Detailaufnahme des*
Kokosnuss-Endokarps mit
dem Rasterelektronen-
mikroskop, bei der die ver-
dickten Wände der Stein-
zellen gut sichtbar sind.

Die Zellen selbst sind
abgestorben. Die Struk-
turen, die aussehen wie
kleine Punkte (mar-
kiert durch drei Pfeile),
sind die Verbindungen
zwischen den Zellen.
Maßlinie 0,02 mm.

Stoßdämpfung bei der Kokosnuss

Früchte erfüllen in der Natur eine wichtige Funktion, da durch sie die Samen ausgebreitet werden. Aus den Samen können bei günstigen Umweltbedingungen und gut überstandener Ausbreitung Keimlinge wachsen und eine neue Generation Pflanzen entsteht. Damit die Samen bis zur Keimung unversehrt bleiben, bilden viele Früchte Schutzschichten aus. Diese bewahren die Samen vor äußeren Einflüssen, wie z. B. UV-Einstrahlung, Krankheitserregern, Hitze, Trockenheit oder mechanischer Schädigung. Die Frucht der Kokospalme (*Cocos nucifera*) ist eine Steinfrucht und keine Nuss, wie der umgangssprachliche Name „Kokosnuss" vermuten lässt. Das liegt daran, dass ihre Fruchtwand aus drei Schichten besteht und nur die innerste Schicht verholzt ist ⌐50. Im Falle einer Nussfrucht wären alle Schichten verwachsen und verholzt, wie es beispielsweise bei der Haselnuss (*Corylus avellana*) der Fall ist. Die äußerste Schicht der Ko-

kosnuss ist das ledrige Exokarp, gefolgt vom faserigen Mesokarp und der innersten Schicht, dem harten und festen Endokarp. Diese drei Schichten umgeben den Samen in ihrem Inneren. Zum Export werden die äußeren beiden Fruchtwandschichten (Exo- und Mesokarp) entfernt. Der Same mit dem für den Verzehr geeigneten Kokosfleisch und der Kokosmilch, die eigentlich Nährstoffe für den Keimling enthalten, ist dann nur noch vom verholzten Endokarp umgeben. Deswegen sehen Kokosnüsse im Supermarkt anders aus als die, die noch an der Palme hängen ⌐48–50.

Die tropische Kokospalme wächst an Flussufern und in Küstenregionen. Die Kokosnüsse hängen in der Krone der Palme und fallen bei Reife aus bis zu 30 m Höhe auf den Boden oder ins Wasser. Die schwimmfähigen Früchte können mehrere Monate im Salzwasser überleben und werden häufig an fremden Stränden, weit entfernt von der Mutterpflanze, wieder angespült. Wenn sie dann nicht noch von Tieren (z. B. Affen,

Elefanten oder den als „Palmendieben" bezeichneten Krebsen) gefressen oder von Menschen gefunden und verzehrt werden, steht einer Keimung nichts mehr im Wege. Welchen mechanischen Belastungen ist eine Kokosnuss nun aber ausgesetzt? Die erste mechanische Herausforderung liegt beim unbeschadeten Überstehen des Falls von der Palme. Die Kokosnuss erreicht bei einem freien Fall aus 30 m Höhe eine Geschwindigkeit von über 80 km/h. Eine weitere kritische Situation tritt auf, wenn die schwimmende Kokosnuss in der Brandungszone oder am Strand gegen Felsen geschleudert wird. Bei den Stürzen und Schlägen darf die Fruchtwand nicht aufplatzen, da ansonsten Pilzsporen und Bakterien oder andere Krankheitserreger zum Samen vordringen können und eine Keimung verhindern. Und schließlich lockt das nährstoffreiche weiße Kokosfleisch (botanisch: Endosperm) im Samen Fressfeinde an, sodass die Fruchtwand den Samen auch vor deren scharfen Zähnen oder Scheren schützen muss.

Die dreischichtige Fruchtwand der Kokosnuss ist für solche Belastungen gut gerüstet. Das ledrige Exokarp, das außerdem die Verdunstung regelt und den Zutritt von Salzwasser bei Ausbreitung im Meer verhindert, hält die faserige Schicht des Mesokarps zusammen. Diese beiden Schichten dämpfen einen großen Anteil des Aufpralls (bzw. der dabei auftretenden kinetischen Energie) ab, indem das Gewebe zusammengedrückt wird und sich danach wieder entspannt. Dies wird durch (visko-)elastische und plastische Verformung möglich, ähnlich wie bei der Rinde des Riesenmammutbaums. Das harte und feste Endokarp sorgt dabei dafür, dass nicht auch noch der Same zusammengedrückt wird, wodurch der Embryo im Innern geschädigt werden könnte. Durch diese harte Schale wird die verbleibende Wucht des Aufpralls weiter reduziert, wobei kleine Risse im Endokarp entstehen können. Diese Risse bleiben für den Samen unproblematisch, solange sie das Endokarp nicht komplett durchdringen. Dies wird durch den Aufbau dieser harten und festen Schicht gewährleistet. Sie besteht zum größten Teil aus sogenannten Steinzellen. Diese stark verholzten Zellen sind dicht gepackt und miteinander verzahnt, sodass es sehr schwer ist, sie auseinanderzubrechen ⌐51.

Außerdem findet man im Endokarp noch Leitgefäße, die Transportkanäle der Pflanzen, durch welche Wasser und Nährstoffe transportiert werden. Diese sind im Vergleich zu der kompakten Steinzellmatrix hohle „Gänge". Sie verlaufen parallel zur Außenseite des Endokarps. Da Risse bevorzugt entlang dieser weniger dichten Stellen verlaufen, wird verhindert, dass sie direkt zum Samen durchdringen und dieser geschädigt wird. Stattdessen laufen sich Risse innerhalb der harten Schicht sozusagen tot, ohne das gesamte Endokarp zu durchdringen. Damit bildet das leicht geschädigte, aber dennoch geschlossene Endokarp weiterhin eine Schutzschicht um den Samen. Vollständig undurchdringlich darf die Fruchtwand jedoch auch nicht sein, da der Keimling die schützende Hülle bei Keimung durchbrechen muss. Dafür gibt es an der Seite des harten Endokarps, an der die Frucht an der Palme hing, drei Keimlöcher. An diesen Stellen ist das Endokarp deutlich dünner, sodass die junge Kokospalme durch sie hindurchwachsen kann.

Umsetzung in die Technik

Schon diese drei Beispiele zeigen: Die Natur liefert ein reichhaltiges Reservoir an cleveren Strukturen und Mechanismen, die es ermöglichen, extremen mechanischen Einwirkungen zu trotzen und somit hohen Belastungen standzuhalten. Technische Anwendungsbereiche für Materialien mit solchen Eigenschaften sind sehr gefragt, und die Frage liegt auf der Hand: Warum analysiert man diese während vieler Millionen Jahre bewährten biologischen Systeme nicht und überträgt sie auf technische Anwendungen, wie beispielsweise als Leichtbau- oder Brandschutzmaterial für das Bauwesen?

Eine Übertragung in die Technik erscheint logisch, besonders wenn man an Themen wie Ressourcensparen oder Sicherheit denkt. In der Realität ergeben sich jedoch durchaus einige Schwierigkeiten, wenn man versucht, das aus der Natur Gelernte in technische Produkte umzusetzen. Die größte Herausforderung in der Bionik ist zumeist nicht das Verstehen des eigentlichen Mechanismus, welcher in der Natur verwendet wird, sondern dessen Abstraktion und erfolgreiche Übertragung in technische Anwendungen.

Vom Seeigel zum Multifunktionswerkstoff – numerische Simulation als Bindeglied zwischen Natur und Technik

Durch den Stand der heutigen Technik lassen sich die verschiedenen Materialien und Strukturen der biologischen Vorbilder in Computermodellen abbilden und auch ihr Zusammenspiel simulieren. Ebenso ist es möglich, in diesen Simulationen die natürlichen Materialien durch fortgeschrittene technische Werkstoffe zu ersetzen, die maßgeschneiderte Eigenschaften für ihre jeweilige Anwendung haben. Der Wechsel von natürlichen Materialien zu technischen Werkstoffen ist für die erfolgreiche Übertragung unabdingbar. Simulationen erlauben eine weitere Abstraktion, die notwendig ist, um eine definierte technisch nutzbare Struktur überhaupt herstellen und deren Anwendbarkeit testen zu können. Durch Simulationen sind solche Testläufe wesentlich kostengünstiger zu realisieren, als wenn Modelle gebaut und experimentell getestet werden müssten.

Für Simulationen benötigt man digitale Bilder der biologischen Strukturen, wie z. B. des äußeren und inneren Aufbaus der Seeigelstacheln. Dazu dienen etwa hochaufgelöste Röntgenbilder, welche mithilfe eines Computertomografen erstellt werden. Dies ermöglicht Einblicke in das Innere des Seeigelstachels, ohne ihn zu zerstören. Aus solchen Bildern kann dann ein dreidimensionales (3-D) virtuelles Modell des Seeigelstachels und seines inneren Aufbaus erstellt werden ⌐52. Mit diesen Strukturmodellen, die im Computer erstellt werden und die reale Form und den tatsächlichen inneren Aufbau möglichst exakt abbilden, lassen sich nun z. B.

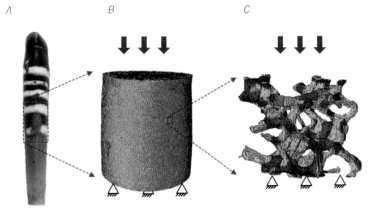

A B C

52 Ein Stück eines Grif-
felseeigelstachels (A, rot
markierter Bereich) wurde
mithilfe von Röntgenaufnah-
men in ein Computermodell
umgewandelt. An diesem
Modell wurden am Compu-
ter Druckversuche simu-
liert (B). Um einen besseren
Eindruck vom Verhalten der
Struktur (z. B. des Hohlraum-
netzwerkes) unter Belastung
zu bekommen, wurden zu-
sätzlich kleinere Bereiche
aus dem Seeigelstachel
verwendet und Druckver-
suche simuliert (C). Die roten
Pfeile zeigen die Krafteinwirkung, die Dreiecke darunter
symbolisieren die Lagerung
(Auflagepunkte des Modells).
Anhand der verschiedenen
Farben lassen sich unter-
schiedliche Spannungs-
werte ablesen. Rote und
grüne Bereiche sind stärker
belastet, blaue und türkise
Bereiche sind kaum belastet.

A

B

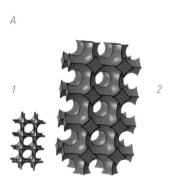

1

2

53 Vereinfachte Modelle der
Feinstruktur eines Seeigelstachels, erstellt durch para-
metrisiertes Modellieren (A).
Im rechten Modell (2) sind
die Stegdicken bei gleich-
bleibendem Porenvolumen
im Vergleich zum linken
Modell (1) vergrößert.
3-D-gedruckte Leichtbau-
strukturen aus Kunst-
stoff nach dem Vorbild
des Seeigelstachels (B).

Druckversuche simulieren und die dabei auftretenden Beanspruchungen untersuchen. Der hierarchische Aufbau der biologischen Strukturen stellt bei der Erstellung der Computermodelle eine große Herausforderung dar. Vereinfachungen, z. B. durch Weglassen einiger der kleineren Strukturebenen, können dabei helfen, die Simulationen zu beschleunigen und so virtuelle Testserien im Computer überhaupt erst zu ermöglichen. Dadurch werden nur die wesentlichen Konstruktionsprinzipien der Seeigelstachelmikrostruktur in die Simulation übernommen, die aber für eine Übertragung der gewünschten Funktionen in technische Lösungen (häufig) genügen. An diesen Modellen lässt sich der Einfluss unterschiedlicher Strukturen, wie beispielsweise der Porengrößen oder der Dicke der Wachstumsschichten, auf die Stabilität des Seeigelstachels am Computer untersuchen. Mithilfe von 3-D-Druckern können diese vereinfachten Modelle gedruckt werden, d. h., die Computermodelle können aus der virtuellen Umgebung herausgelöst werden, um für reale Versuche, aber auch als Anschauungsbeispiele und als Demonstratoren für die Architektur genutzt zu werden ⌐53. Diese Vorgehensweise wird auch zur Modellerstellung der weiteren Vorbilder aus der Natur, wie der Kokosnuss und der Mammutbaumrinde, genutzt. In einem zukünftigen Schritt ist geplant, die Ergebnisse der einzelnen Computersimulationen zur Stabilität des Seeigelstachels oder bezüglich der Dämpfungseigenschaften der Baumrinde in ein vereinheitlichtes Modell zu überführen. Dadurch soll es möglich werden, die unterschiedlichen Eigenschaften, wie niedriges Gewicht und gutmütiges Bruchverhalten beim Seeigelstachel und die hervorragenden Dämpfungseigenschaften der Baumrinde, zu kombinieren und in eine technische Nutzung zu übertragen.

Vom Seeigelstachel zum Keramik-Demonstrator

Das Gefriergussverfahren

Die gewonnenen Erkenntnisse werden in „Demonstratoren" genannten ersten Prototypen technisch umgesetzt. Eine der bei der Herstellung von Demonstratoren nach dem Vorbild der Seeigelstacheln verwendeten Herstellungsmethoden nennt sich „freeze casting", auf Deutsch „Gefrierguss" ⌐54. Sie basiert auf dem gerichteten Einfrieren eines Keramik-Wasser-Gemisches und bildet beim zunehmenden Durchfrieren eine orientierte Porenstruktur aus, welche der des Seeigelstachels sehr ähnlich werden kann.

Zur Herstellung von Keramiken mithilfe des Gefriergussverfahrens wird keramisches Mikropulver in Suspension gebracht. Die bis zu einem Mikrometer großen Keramikpartikel werden dabei im Wasser in der Schwebe gehalten und am Absinken gehindert. Dieses Gemisch wird auch „keramischer Schlicker" genannt ⌐54A. Anschließend wird dem Schlicker aus definierter Richtung Wärme entzogen, was zum gerichteten Einfrieren führt. Hierdurch bilden sich orientierte Eiskristalle aus, welche in ihren Zwischenräumen die Keramikpartikel anhäufen und verdichten ⌐54B. Legt man nun ein Vakuum an und heizt die Probe langsam auf, so wird das Wasser durch Sublimation entfernt ⌐54C (Sublimation = Übergang von Eis in Wasserdampf ohne Flüssigphase). Das zurückbleibende verfestigte Keramikpulver, welches die Struktur der ehemaligen Eiskristalle abbildet, wird durch einen Brennvorgang gehärtet ⌐54D.

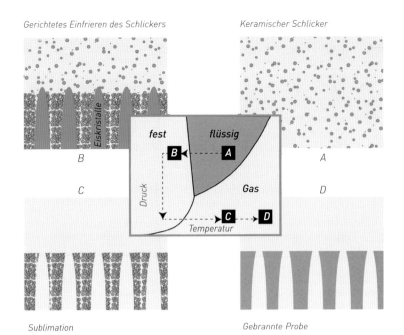

Gerichtetes Einfrieren des Schlickers

Keramischer Schlicker

Eiskristalle

B

A

C

D

fest *flüssig*

B ← A

Druck

Gas

C → D

Temperatur

Sublimation

Gebrannte Probe

┌**54** *Schematische Darstellung*
des Gefriergussverfahrens
(freeze casting)

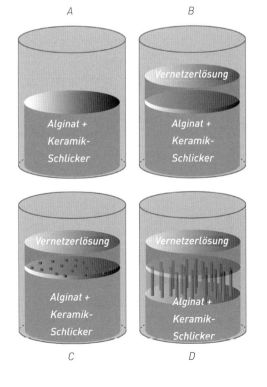

A

B

┌**55** *Schematische*
Darstellung des Herstel-
lungsverfahrens durch
ionotrope Gelbildung

Alginat +
Keramik-
Schlicker

Vernetzerlösung

Alginat +
Keramik-
Schlicker

Vernetzerlösung

Alginat +
Keramik-
Schlicker

Vernetzerlösung

Alginat +
Keramik-
Schlicker

C

D

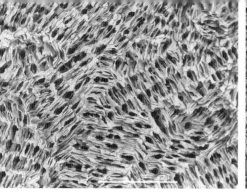
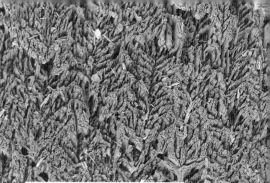

A   ⌐**56** *Strukturen, die*   *Auftreten in Aufsicht (A),*   B
beim Gefriergussverfah-   *dendritische Wachstums-*
ren entstehen: chaotische   *struktur im Seitenanschnitt*
Porenstruktur mit lamel-   *(B), Maßlinie 1 mm*
larem bis säulenartigem

Über verschiedenste Stellschrauben im Herstellungsprozess hat man die Möglichkeit, Einfluss auf Porengröße, Porengeometrie und die interne Vernetzung zu nehmen. Einflussmöglichkeiten zur Gestaltung der Porenstruktur bieten sich beispielsweise durch die Steuerung der Einfriergeschwindigkeit, das verwendete Lösungsmittel oder die Zugabe von diversen Zusatzstoffen.

⌐**57** *Kleinste röhrenförmige*
(kapillare) Strukturen, wie
sie durch ionotrope Gel-
bildung hergestellt wer-
den können, Querschnitt
(A) und Längsschnitt (B),
Maßlinie 1 mm

Die ionotrope Gelbildung

Die ionotrope Gelbildung ist ein zweites Verfahren zur Herstellung gerichteter Strukturen ⌐**55**.
Im ersten Schritt wird Natrium-Alginat (Produkt einer Braunalge) in Wasser gelöst und mit einer stabilen Keramik-Suspension versetzt ⌐**55A**. Diese als „Mixed Sol" bezeichnete Lösung wird in ein Herstellungsgefäß gegeben und mit einer Vernetzerlösung (z. B. Calciumchlorid $CaCl_2$) überschichtet ⌐**55B**. Durch den Vernetzer setzt ein Strukturierungsprozess des Alginats ein, in dem das Calcium (als Komplex) in das Alginat eingebaut wird ⌐**55C**, wodurch sich gerichtete, durchgängige kleine Röhrchen (Kapillaren) bilden ⌐**55D**. Nach vollständigem Ablauf des Strukturierungsprozesses wird

A   B

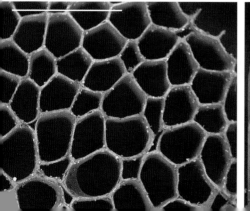
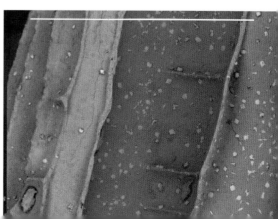

der gelatinöse Körper verfestigt und getrocknet. Im letzten Schritt wird, wie beim Gefrierguss, der Keramik-Gel-Körper auf hohe Temperatur erhitzt (gesintert), wodurch der organische Anteil ausgebrannt wird und eine Keramik mit kapillaren Porenstrukturen zurückbleibt.

Erste mechanische Versuche mit durch ionotrope Gelbildung hergestellten kapillaren Strukturen zeigen ein ähnliches Bruchverhalten, wie es bei den Seeigelstacheln zu beobachten ist. Dies zeigt, dass eine Übertragung des Bruchverhaltens auf Strukturen in technischen Werkstoffen prinzipiell möglich ist. Um jedoch die beobachteten Eigenschaften der natürlichen Vorbilder zu erhalten, sind noch weitere Untersuchungen vonnöten.

Während die beim Gefriergussverfahren entstehenden Strukturen relativ stark an den inneren Aufbau des Seeigelstachels erinnern ⌐56, sind die aus dünnen Röhrchen, sogenannten Kapillaren, aufgebauten Strukturen der ionotropen Gelbildung, eher mit Gefäßstrukturen im Holz von Bäumen oder im Endokarp der Kokosnuss vergleichbar ⌐57. Hinsichtlich der linearen Ausrichtung erinnern sie an die Fasern in der Rinde des Mammutbaums. Durch diesen Ansatz soll zum einen der Einfluss der Porengeometrie auf die mechanischen Eigenschaften untersucht werden, zum anderen bietet eine durchgehende kapillare Struktur die Möglichkeit, eine gute Durchlässigkeit (Permeabilität) in ein Material einzubringen. Durch die Kombination beider Herstellungsmethoden könnte somit ein Leichtbauwerkstoff entwickelt werden, der neben hervorragenden mechanischen Eigenschaften auch eine Permeabilität in definierter Richtung aufweist.

Gradientenbeton

Beton wird aus einem Gemisch von Zement, Wasser, Zuschlagstoffen (z. B. Kies) und Zusatzmitteln hergestellt. Dieses Gemisch ist anfangs flüssig und härtet dann zu einem sehr festen „künstlichen Stein" aus. Heutzutage ist Beton als Baustoff so geläufig, dass es schwerfällt, sich vorzustellen, wie ohne ihn im großen Maßstab gebaut werden könnte. Doch genau dies kann drohen, wenn nicht bald radikale Änderungen im Einsatz der verwendeten Ressourcen vorgenommen werden.

Bevor wir zu diesen Fragen kommen, soll zunächst ein kurzer Rückblick auf die Geschichte dieses „Jahrhundertbaustoffs" gegeben werden: Möglicherweise wurde Beton bereits vor 5.000 Jahren beim Bau der ägyptischen Pyramiden eingesetzt. Hauptsächlich wurden hier Steinblöcke verbaut, die bis zu 15 t wiegen konnten. Eine Hypothese des Materialforschers Joseph Davidovits legt nahe, dass wenigstens ein Teil dieser Blöcke nicht in einem Steinbruch abgebaut wurde und dann zur Baustelle transportiert wurde. Stattdessen könnten die Ägypter die Blöcke direkt am vorgesehenen Ort aus Kalksteinbeton hergestellt haben. Davidovits vermutet, dass für diese Betonprodukte ein sehr weicher Kalksandstein mit hohem Gehalt des Tonminerals Kaolinit verwendet wurde. Der Kalksandstein wurde aus Steinbrüchen gewonnen, erhitzt und anschließend mit alkalischem Wasser zu einem wässrigen Schlamm verarbeitet. Dieser Schlamm wurde direkt auf der Baustelle der Pyramiden in Schalungen gegossen und so in seine Form gebracht. Nachdem die Blöcke einer Reihe ausgehärtet waren, könnte sofort die Schalung für die darüberliegende Reihe hergestellt und mit Beton gefüllt worden sein. So passten die Blöcke perfekt aufeinander und sichern bis heute die Standsicherheit der Pyramiden. Die Römer verwendeten unter dem Namen „opus caementitium" eine andere Form des hier betrachteten Baustoffs. Dieser sehr langlebige römische Beton wurde aus drei Bestandteilen hergestellt: Zuschlagstoffen wie feinem Kies oder grobkörnigem Sand, einem Bindemittel (aus Branntkalk, vulkanischer Asche und pulverisierten Steinen) und Wasser. Mit diesem Material wurden im gesamten Römischen Reich Aquädukte und Straßen, aber auch ausgewählte Gebäude gebaut. Ein berühmtes Beispiel hierfür ist das Pantheon in Rom, ein Tempel aus Beton, dessen kuppelförmiges Dach einen Durchmesser von erstaunlichen 43 Metern aufweist. Dieses sehr gut erhaltene Bauwerk war bis Ende des 19. Jahrhunderts die größte freispannende Konstruktion, die je gebaut wurde. Sie wird noch heute als Kirche genutzt.

Nach dem Fall des Römischen Reichs ging das Wissen um die Herstellung von Beton verloren und wurde erst gut 1.400 Jahre später wiederentdeckt.

Das Zeitalter des modernen Betons begann im 19. Jahrhundert, als Joseph Aspdin im Jahr 1824 ein neues Bindemittel für die Betonherstellung entwickelte, den sogenannten Portlandzement. Kurz darauf folgte 1849 die Idee von Joseph Monier, Metall in Betonbauteile einzubetten, um diese zu verstärken. Von diesem Zeitpunkt an verbreitete sich die Anwendung von Beton rasch in der ganzen Welt. Straßen, Brücken, Fabriken, Wohnhäuser und später auch Hochhäuser konnten mit diesem Jahrhundertbaustoff schneller, langlebiger und kostengünstiger errichtet werden als je zuvor.

Der Siegeszug des Betons hält auch heute noch an. Momentan liegt der jährliche Verbrauch von Beton weltweit bei einem Kubikmeter pro Erdenbürger. Dies geht einher mit einer immer weiter und schneller

wachsenden Erdbevölkerung und steht in scharfem Kontrast zu den knapper werdenden Rohstoffen, die für die Herstellung von Beton benötigt werden. Zu diesen Rohstoffen zählen natürliche Zuschlagstoffe wie beispielsweise Sand und Kies, Zement, bestehend aus Kalkstein, Mergel, Schiefer, Eisenerz, Tonerde und Flugasche, und zuletzt natürlich auch große Mengen an Wasser und Energie. Selbst Sand ist knapp, denn nur bestimmte Arten von Sand sind für die Betonherstellung geeignet – Wüstensand zählt in der Regel nicht dazu, da die Sandkörner hier durch Windverwehung rundgeschliffen sind.

Wenn man bedenkt, dass die Bauindustrie in Zentraleuropa heutzutage für 60 % des jährlichen Ressourcenverbrauchs und für mehr als 50 % des gesamten Müllaufkommens verantwortlich ist, wird deutlich, welche Verantwortung Architekten und Bauingenieure für die Erhaltung unseres Planeten tragen und wie wichtig die Frage des verwendeten Materials ist.

Ein Ansatz, den Ressourcenverbrauch und das Müllaufkommen drastisch zu reduzieren, ist das Bauen mit leichten und sortenrein recycelbaren Bauteilen. Ein wichtiger Schritt in diese Richtung ist die Herstellung von Bauteilen mit gradierten Materialeigenschaften. Man spricht dann von einem Gradienten, wenn eine Materialeigenschaft – beispielweise die Menge an leichten Zuschlagstoffen – nicht überall im Bauteil gleich ist, sondern sich in mindestens einer Richtung stetig ändert ⌐58. Hierdurch können die Materialeigenschaften eines Bauteils an jedem Punkt genau an die jeweiligen Anforderungen (z. B. das Abtragen großer Lasten) angepasst werden. Das Ergebnis ist ein äußerst effizientes, sortenrein recycelbares Bauteil mit minimaler Masse. Ende des 20. Jahrhunderts wurde das Prinzip des funktional gradierten Betons

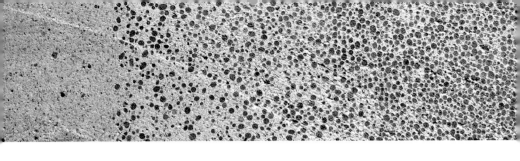

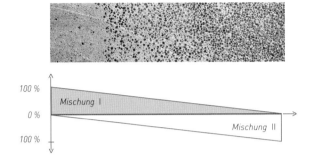

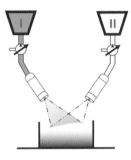

100 %
0 %
Mischung I
Mischung II
100 %

⌐58 *Erzeugung eines Dichte-gradienten innerhalb eines Betonbauteils mithilfe eines Sprühnebel-Verfahrens, bei dem das Verhältnis zwei-er Mischungen im Herstel-lungsprozess variiert wird*

erstmals durch Werner Sobek formuliert und wird seitdem am „Institut für Leicht-bau Entwerfen und Konstruieren" (ILEK) der Universität Stuttgart kontinuierlich weiter-entwickelt. Ein Team aus Bauingenieuren und Architekten erforscht den Entwurf, die Materialeigenschaften und die Herstel-lungsmethoden von funktional gradierten Betonbauteilen. Für die Gestaltung und Konstruktion solcher Bauteile müssen ne-ben herkömmlichen Berechnungsmetho-den auch ganz andere Betrachtungsweisen wie z. B. die Theorie der Schäume heran-gezogen werden. Neben dem Abtragen von

Lasten können solche Bauteile auch weitere Funktionen wie Wärmedämmung, eine Er-höhung des Feuerwiderstands oder einen gezielten Feuchtetransport übernehmen. Somit ermöglicht funktional gradierter Beton die Integration von üblicherweise getrennten Systemen eines Gebäudes, wie der tragenden Struktur, der Hülle und der Gebäudetechnik, und kann damit zu einem neuen ästhetischen Ausdruck der gebauten Umwelt führen.

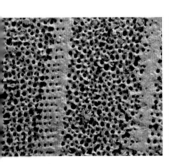

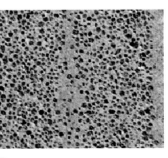

⌐59 *Veränderung der Dichte im Stachel eines ausgewach-senen Griffelseeigels (A) und in einer Gradienten-betonprobe (B)*

A

B

Auch in der Natur finden sich viele Beispiele für Materialgradienten. Diese können als Inspiration für den Entwurf von Gradientenbauteilen herangezogen werden. Eine mögliche Inspirationsquelle ist beispielsweise auch hier die innere Struktur von Seeigelstacheln. Solche Stacheln weisen einige sehr interessante Merkmale auf: ein sehr geringes Gewicht, die Fähigkeit zur Absorption großer Energiemengen und die hierarchische Struktur ihres Skeletts S. 55. Wie im ersten Teil dieses Kapitels beschrieben, bestehen die Stacheln der Seeigel aus einem Magnesium-Calcit-Skelett, dessen Porosität zwischen 10 und 80 % variiert. Auf der Basis der inneren Struktur der Seeigelstacheln wurden am ILEK Betonproben mit gradierter Porosität hergestellt und auf ihre Druckbelastbarkeit untersucht ⌐59. Das Gewicht dieser Betonproben war nicht nur um 35 % geringer als das von Proben aus normalem Beton – sie konnten auch zehnmal mehr Energie absorbieren als Betonproben, die nicht aus gradiertem Material bestanden.

Funktional gradierte, multifunktionale Betonbauteile bieten somit ein großes Potenzial für eine radikale Reduktion des Materialverbrauchs beim Bauen und ermöglichen gleichzeitig ein sortenreines Recyceln von Bauteilen beim Rückbau eines Gebäudes. Funktional gradierter Beton zeigt damit einen interessanten Lösungsweg für die ökologischen und gesellschaftlichen Probleme, die aus Ressourcenknappheit und Überbevölkerung erwachsen.

Skalierung – die Herausforderung des Vergrößerns

Der entscheidende Schritt beim bionischen Arbeiten ist die Abstraktion des biologischen Vorbildes, um gezielt Funktionsprinzipien aus dem Tier- und Pflanzenreich auf das technische Produkt zu übertragen. Dabei ist ein wichtiger Teil des Abstraktionsprozesses, die Größenverhältnisse zwischen Vorbild und technischer Übertragung zu beachten. Wie schon geschildert, sind viele der für eine bestimmte Funktion wichtigen biologischen Strukturen in der Größenordnung von einigen Mikrometern. Die Körnung des Betons liegt allerdings in der Größenordnung einiger Millimeter bis Zentimeter, also um einen Faktor von 1.000 bis 10.000 größer. Somit ist ein Übertrag im Verhältnis 1:1 rein technisch nicht möglich. Zudem lässt sich eine Verschlechterung der mechanischen Eigenschaften durch das einfache Vergrößern natürlicher Strukturen beobachten. Dies lässt sich am einfachsten an einem Beispiel erklären. Schauen wir uns den Riesenbambus (*Dendrocalamus giganteus*) an. Er erreicht maximal eine Höhe von 40 m bei einem Basisdurchmesser von 35 cm. Wäre er so groß wie der Stuttgarter Fernsehturm mit 216 m, müsste der Durchmesser natürlich auch vergrößert werden. Im Verhältnis 1:1, d. h. bei linearer Erhöhung aller Dimensionen, entspräche dies einem Durchmesser von 1,89 m. Da das Volumen dabei aber überproportional ansteigen würde, würde der vergrößerte Bambus schon unter seinem Eigengewicht zusammenknicken. Erst ab einem Basisdurchmesser von 4,4 m würde er theoretisch wieder stabil sein und zumindest sein Eigengewicht tragen können ⌐60. Allein durch dieses einfache Beispiel, bei dem die Windbelastung – bei Pflanzen die dominierende Beanspruchung – nicht berücksichtigt wurde, wird offensichtlich, dass man die physikalischen Randbedingungen unbedingt im Auge behalten muss. Da es aber nicht möglich ist, alle physikalischen Randbedingungen mit einfachen Formeln zu beachten, gibt es in den Materialwissenschaften eine Theorie, die von dem schwedischen Mathematiker und Ingenieur Waloddi Weibull aufgestellt wurde. Diese handelt von den mechanischen Eigenschaften von sogenannten „spröden", d. h. brüchigen Materialien, wie beispielsweise Glas, Keramik und Porzellan. Ausschlaggebend für das Versagen eines Bauteils aus sprödem Material sind statistisch vorhandene Fehler im Werkstoff (z. B. Luftbläschen in einer Glasscheibe). Skaliert man nun das Bauteil auf seine doppelte Größe (d. h. verdoppelte Länge, Breite und Höhe), so verachtfacht man dadurch sein Volumen. Mit dem Volumen steigt aber auch die Wahrscheinlichkeit, Fehler zu finden, was das Bauteil anfälliger gegenüber Versagen macht.

Auch in der Tierwelt findet man einige „Skalierungsbeispiele", bei denen ähnliche Strukturen mit gleicher Funktion, aber unterschiedlicher Größe auftreten. So z. B. die Oberschenkelknochen von Säugetieren. Sie tragen bei allen Säugetieren das Gewicht des Körpers. Wissenschaftliche Untersuchungen an Oberschenkelknochen verschieden großer Säugetiere zeigen, dass die mechanischen Eigenschaften nicht der Weibull-Theorie folgen. Sie versagen stattdessen im Vergleich zu ihrer Größe alle bei ähnlicher Belastung. Der Grund hierfür liegt vermutlich darin, dass die Knochen sich zusätzlich zu ihrer Größe noch in ihrem inneren Aufbau unterscheiden (z. B. in der Anordnung der Knochenbälkchen).

Beim Stachel des Griffelseeigels findet sich ein anderes Beispiel der Skalierung ⌐61. Das Wachsen des Stachels hinterlässt charakteristische Wachstumsschichten, die als rötliche Linien im Querschnitt zu sehen sind. Jede dieser Linien war einmal zu einem früheren Zeitpunkt, als der Seeigel noch kleiner war, die äußere Schicht des Stachels. Damit ähnelt diese Struktur den Jahresringen der Bäume, obwohl die Wachstumslinien bei Seeigeln vermutlich nicht jährlich auftreten. Inwieweit dieses Skalierungsbeispiel aus der Tierwelt in die Technik übertragen werden kann, ist derzeit eine Frage in der aktuellen Forschung. Es gilt also, weiterhin neugierig zu bleiben!

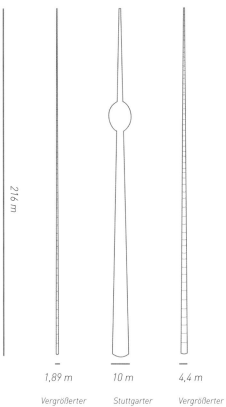

216 m

1,89 m

10 m

4,4 m

Vergrößerter
Riesenbambus
im Verhältnis 1:1

Stuttgarter
Fernsehturm

Vergrößerter
Riesenbambus unter
Berücksichtigung der
Eigenlast

┌**60** *Das Problem der
Skalierung: Pflanzenhalme
sind bekannt für ihre Leicht-
baueigenschaften. Der Riesenbambus (Dendrocala-
mus giganteus) kann eine
Höhe von 40 m erreichen,
bei einem basalen Halm-
durchmesser von 35 cm.
Vergrößert man ihn jedoch
auf die Höhe des Stuttgarter
Fernsehturms, so müsste er
verhältnismäßig dicker gebaut werden als im Original,
um ein Knicken des Turmes
allein schon durch sein Eigengewicht zu vermeiden.*

┌**61** *Ein großer und kleiner Stachel des Griffelseeigels. Die roten Linien sind
Wachstumslinien. Es ist gut
erkennbar, dass der größere Stachel vor drei Wachs-
tumsschüben genau so
groß war wie der kleinere.*

1 cm

Gefrieren – aber richtig

Rena T. Schott / Lukas Eurich / Arndt Wagner / Anita Roth-Nebelsick / Wolfgang Ehlers

Pflanzen, die in Gebieten mit kalten Wintern wachsen, nutzen zahlreiche Strategien, um mit niedrigen Temperaturen und sich abwechselnden Gefrier- und Auftauereignissen zurechtzukommen. Eine dieser Strategien besteht darin, abzusterben und mit unterirdischen Speicherorganen oder als Samen zu überwintern. Zahlreiche Arten bauen ihre oberirdischen Pflanzenteile jedoch nicht ab. Vielmehr existieren dichte Wälder selbst in Gegenden mit sehr kalten Wintern und tief verschneite Bäume sind ein vertrautes Bild. Frostharte Bäume und Sträucher können sogar immergrün sein wie z. B. die meisten Nadelbäume, Buchsbaum oder Rhododendron ⌐62. Auch verschiedene Bambusarten sind wie viele andere Gräser „frostfest". Gleiches gilt für einige Kletterpflanzen wie den Efeu und selbst für diverse krautige Pflanzen wie den Winterling oder die beliebten Schneeglöckchen. Diese sind zwar sommergrün, erscheinen aber sehr früh im Jahr und blühen zu einer Zeit, in der Schneefall und Frost noch durchaus wahrscheinlich sind.

Frostschäden vermeiden – kann man von Pflanzen lernen?

Viele winterharte Pflanzen können problemlos mit Temperaturen unter dem Gefrierpunkt zurechtkommen und überstehen auch Temperaturschwankungen, die in rascher Folge sich abwechselnde Frost- und Tauperioden verursachen. Dagegen sind Frostschäden an Bauwerken und Straßen überaus häufig. Ein Problem besteht darin, dass sich Wasser während des Gefrierens ausdehnt, wodurch Schäden durch Frostsprengung verursacht werden können. Außerdem zieht Eis flüssiges Wasser an, d. h., ein Eiskörper, der Verbindung zu einem Reservoir aus noch flüssigem Wasser hat, kann sich entsprechend vergrößern. Dieser Prozess kann beispielsweise zu Schlaglöchern in Straßen führen, wenn nicht entsprechende Gegenmaßnahmen getroffen werden. Solche Phänomene wirken auch auf natürliches Gestein ein und sind ein wichtiger Teil der Verwitterungsprozesse. Das Potenzial von Frostereignissen, an Baumaterialien Schaden anzurichten, ist dementsprechend ebenfalls groß.

Lassen sich von Anpassungsleistungen winterharter Pflanzen technisch interessante Ideen zur Verbesserung der Frostfestigkeit von technischen Baumaterialien ableiten? Hierzu muss man zuerst verstehen, was in Pflanzen während eines Frostes passiert. Tatsächlich kann eine Pflanze im Inneren einfrieren, ohne dass sie Schaden nimmt. Wie läuft dies im Einzelnen ab? Und kann man daraus tatsächlich Erkenntnisse und Anregungen für technische Umsetzungen gewinnen?

⌐62 *Verschiedene frost-harte Pflanzen im Winter. Links oben: Buchsbaum (Buxus sempervirens). Links unten: Efeu (Hedera helix). Rechts oben: Rhodo-dendron (Rhododendron). Rechts unten: Winterjasmin (Jasminum nudiflorum).*

Erste Entdeckungen – „Eislinsen" in Pflanzen

Im Jahre 1869 untersuchte der französische Forscher Édouard Ernest Prillieux krautige Pflanzen, das Schöllkraut (*Chelidonium majus*) und eine Beinwellart (*Symphytum*), die als Frühlingsblüher in der Lage waren, Nachtfröste zu überstehen. Die Pflanzen wurden bei nächtlichem Frost welk, erholten sich aber vollkommen, wenn am folgenden Morgen das Thermometer wieder stieg. Prillieux untersuchte die gefrorenen Pflanzen mikroskopisch und fand heraus, dass sich in Hohlräumen innerhalb der Blattstiele (Petiolen) große Eislinsen (zumeist drei) nahe

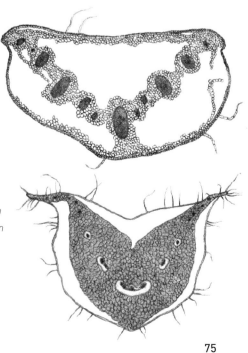

⌐63 *Verformungen des lebenden Gewebes in den Blattstielen von Schöll-kraut (Chelidonium majus; oben) und einer Beinwell-art (Symphytum; unten) im Querschnitt in historischen Darstellungen von Prillieux (1869). Die Verformungen werden durch Bildung von extrazellulären Eiskörpern hervorgerufen. Die graue Masse stellt das durch Wasserentzug stark ge-schrumpfte Gewebe dar.*

der Innenwand der Stieloberfläche bildeten ⌐**63**. Dieses Phänomen wurde dann fast 140 Jahre später mit modernen Methoden genauer untersucht. Hierzu wurde ein Kryo-Rasterelektronenmikroskop verwendet, mit dem Proben in gefrorenem Zustand studiert werden können. Tatsächlich wurde auch bei weiteren Pflanzen, z. B. beim Weißklee (*Trifolium repens*) und beim Kalifornischen Mohn (*Eschscholzia californica*), das gleiche Verhalten bei Frost entdeckt. Die Pflanzen können somit die Bildung von Eiskörpern an anatomisch vorbestimmten, für die Pflanze offensichtlich unproblematischen Stellen im Stiel initiieren.

Dieser Vorgang wird als extrazelluläre Eisbildung bezeichnet. Er ist mittlerweile für viele frostharte Pflanzen in den unterschiedlichsten Organen und Geweben dokumentiert worden. Eis bildet sich in speziellen Zwischenräumen in Knospen, Blättern, Blattstielen und in den wasserleitenden Elementen des Holzes. Dieses extrazelluläre Eis ist unschädlich. Gefährlich hingegen ist die Bildung von Eiskristallen im Zellinneren, die unbedingt vermieden werden muss, da sie zum Absterben der Zellen führen kann. Zur Vermeidung solcher Schäden ist die extrazelluläre Eisbildung deshalb ein wichtiger Faktor. Sie ist nicht nur unschädlich, sondern sogar von Vorteil, wie das Beispiel Weißklee zeigt.

Eis bildet sich in einem Hohlraum

Wasser wird angezogen

Eis hat einen großen Hohlraum gebildet

Eis schmilzt; Tauwasser wird absorbiert

⌐**64** *Schematische Darstellung der Bildung eines extrazellulären Eiskörpers*

Entstehung und Funktion der extrazellulären Eiskörper

Der Blattstiel des Weißklees besitzt im ungefrorenen Zustand einen schmalen Spalt im Gewebe, direkt unterhalb der Epidermis (der „Haut") des Blattstiels. Wasser, das sich in diesem schmalen Spalt befindet, gefriert bei sinkenden Temperaturen früher als der Inhalt der lebenden Zellen, da diese gelöste Substanzen enthalten. Wie auch bei der Verwendung von Streusalz sinkt dadurch der Gefrierpunkt, sodass der Zellinhalt nicht schon bei 0 °C gefriert. Wenn sich eine erste Eisschicht in dem Spalt bildet, entzieht diese den lebenden und noch ungefrorenen Zellen Wasser. Der extrazelluläre Eiskörper wächst somit auf Kosten

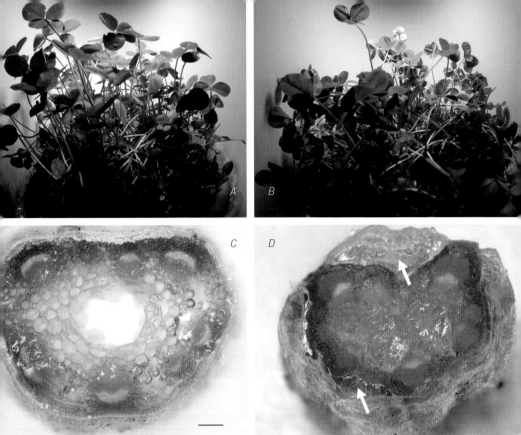

┌65 *Weißklee* (Trifolium repens) *im frischen (A) und gefrorenen Zustand (B) in einem Versuchskühlschrank und die jeweiligen Querschnitte der Blattstiele im frischen (C) und gefrorenen Zustand (D). Das Eis hat sich vor allem am Rand außerhalb der Zellen zwischen Epidermis und Rindengewebe gebildet (Pfeile). Maßlinie 0,2 mm.*

des Wassergehaltes der lebenden Blattstielzellen und dehnt sich entsprechend aus **┌64**. Die lebenden Zellschichten werden dabei dehydriert, d. h. entwässert. Der Eiskörper wirkt somit gewissermaßen als Trocknungsmittel. Durch den Wasserverlust erhöht sich die Konzentration gelöster Substanzen in den Zellen stark, denn diese bleiben in den Zellen. Der Prozess endet, wenn die wasseranziehende Wirkung des Eises mit dem durch die zunehmende Konzentration gelöster Stoffe in den Zellen steigenden Wasserhaltevermögen ins Gleichgewicht kommt. Die lebenden Zellen weisen nun einen verringerten Wassergehalt sowie eine hohe Konzentration an gelösten Stoffen auf, wodurch erstens ihr Gefrierpunkt stark sinkt und zweitens im Falle eines Gefrierens bei noch tieferen Temperaturen keine gefährlichen Eiskristalle mehr auftreten.

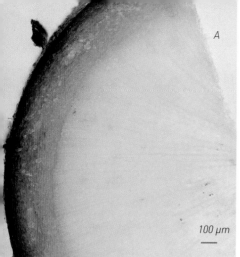
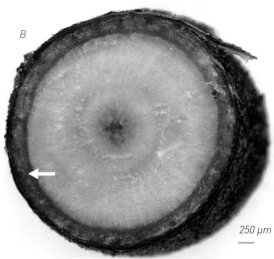

A   B

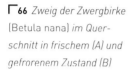

100 µm   250 µm

⌐**66** *Zweig der Zwergbirke* *Extrazelluläre Eiskörper*
(Betula nana) im Quer- *sind (B) in der Rinde*
schnitt in frischem (A) und *zu sehen (Pfeil).*
gefrorenem Zustand (B)

Vielmehr wird die Zelle dann „vitrifiziert" – sie gefriert ohne Kristallbildung – und kann wieder auftauen, ohne durch das Gefrieren Schaden genommen zu haben. Die Entwässerung (Dehydratation) der lebenden Zellen entspricht einem Welkprozess ⌐**65**. Mit steigender Temperatur tauen die extrazellulären Eiskörper, die Zellen absorbieren das Tauwasser und die Pflanze richtet sich bei ca. 5 °C langsam wieder auf. Der Prozess ist komplett reversibel und kann beliebig oft wiederholt werden.

Extrazelluläre Eisbildung ist somit sehr nützlich und schützt lebende Zellen vor gefährlicher Eiskristallbildung im Zellinneren. Die Nutzung eines Eiskörpers außerhalb der Zellen als Trocknungsmittel ist geradezu genial. Nicht nur der von uns untersuchte Weißklee macht sich das zunutze, sondern alle frostharten Arten, die daraufhin bislang untersucht wurden. In Holzpflanzen beispielsweise sammelt sich extrazelluläres Eis nicht nur im Holzkörper, sondern auch in den Zellzwischenräumen (Interzellularen) der Rindenschicht ⌐**66**.

Auch Sporenpflanzen verfügen über diese Fähigkeit. So bildet sich Eis bei dem frostharten Winterschachtelhalm in dem umfangreichen Kanalsystem, das die Pflanzenachsen längs durchzieht ⌐**67**.

Niedrige Temperaturen können jedoch auch auf andere Weise schädlich wirken und der außergewöhnlich hohe Wasserentzug stellt einen starken Trockenstress dar. Besonders empfindlich sind die Zellmembranen, die dafür extra geschützt werden müssen. Tatsächlich können auch frostharte Pflanzen nicht ohne Akklimatisierung Frösten ausgesetzt werden, d. h., sie müssen schrittweise an niedrigere Temperaturen „gewöhnt" werden. Dies bedeutet, dass sich die Pflanze bei langsam fallenden Temperaturen auf den Winter einstellt. Während der Akklimatisierung finden physiologische Umstellungen statt. So ändert sich während dieser Phase beispielsweise die Zusammensetzung der Zellmembranen. Das unerwartete Auftreten von Nachtfrösten inmitten von Warmperioden kann daher auch frostharte Pflanzen schädigen.

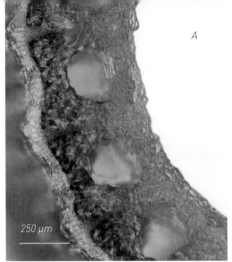
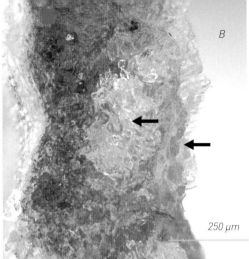

A

B

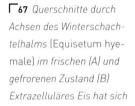

250 µm

250 µm

┌67 *Querschnitte durch Achsen des Winterschachtelhalms* (Equisetum hyemale) *im frischen (A) und gefrorenen Zustand (B) Extrazelluläres Eis hat sich* *hier in den Kanälen gebildet, die die Pflanzenachse längs durchziehen (oberer schwarzer Pfeil), sowie am Rand der Markhöhle (unterer schwarzer Pfeil).*

Insbesondere mehrjährige Pflanzen unterliegen somit ständigen Veränderungen und Anpassungen. Neben dem Umbau der Zellmembranen gibt es noch weitere Schutzmaßnahmen. So werden auch – je nach Pflanzenart unterschiedliche – spezielle Proteine gebildet, die wie Frostschutzmittel wirken und die Eisbildung weit unter den Gefrierpunkt verschieben *(supercooling)*. Insbesondere lebende Zellen im Holz weisen diese Fähigkeit auf. Daneben spielt auch der Wassergehalt des jeweiligen Pflanzenteils vor dem Gefrieren eine Rolle. Dauert die Frostperiode zu lange, kann die Pflanze wegen des Wasserentzugs in den Zellen vertrocknen. Kübelpflanzen sind im Winter zusätzlich noch der Gefahr ausgesetzt, dass ihre Wurzeln erfrieren, da diese nicht über einen solchen Schutzmechanismus verfügen. Normalerweise sind die Wurzeln durch Erde und Schnee vor tiefem Frost geschützt.
Trotz all dieser Anpassungen kann jede Pflanzenart Minustemperaturen aber nur bis zu einem bestimmten artspezifischen Punkt aushalten. Wird es deutlich kälter, gefriert die Pflanze weiter bzw. komplett durch und stirbt je nach Temperatur ganz oder teilweise ab.

Die grundlegenden Prozesse des Schutzes vor Frostschäden mittels gezielter Eisakkumulation sind vorwiegend physikalischer Natur. Da pflanzliches Gewebe genau wie viele Baumaterialien ein poröses Material ist, sollten sich die Vorgänge physikalisch mit entsprechenden Modellen untersuchen und darstellen lassen und können so als Ideengeber für Frostschutz bei technischen Materialien dienen.

Ein physikalisches Modell

Wie lassen sich solche Beobachtungen aus der Natur erfassen und in ein physikalisches Modell übertragen? Ingenieure versuchen, die Prozesse, die innerhalb der Pflanze ablaufen, in ein Modell zu „übersetzen", also zu abstrahieren. Dieses theoretische Modell wird mithilfe von mathematischen Gleichungen beschrieben und ermöglicht eine rechnerische Untersuchung der Vorgänge. Diese lassen sich dann am Computer simulieren. Gelingt es, mit einem solchen anwendungsorientierten Modell die relevanten Prozesse für die betrachtete Problemstellung abzubilden, kann dies zu einem vertieften Erkenntnisgewinn – auch in der Biologie – beitragen und ermöglicht sogar aussagekräftige Vorhersagen.

Bei der anwendungsorientierten Modellbildung müssen nicht alle Eigenschaften und Mechanismen einer frostbeständigen Pflanze berücksichtigt werden. Man konzentriert sich auf diejenigen, die entscheidend für das zu untersuchende Phänomen und seine technische Umsetzung sind. In dem hier betrachteten Fall sind das insbesondere all jene Eigenschaften, die dazu beitragen, dass die Pflanze frostbeständig ist, d. h., bei kalten Temperaturen im Winter nicht abstirbt. Dabei wird grundsätzlich unterschieden zwischen im Bauplan begründeten strukturellen und physiologischen Eigenschaften der Pflanze. Ein spezielles Augenmerk wird hier auf die von der Struktur beeinflussten Mechanismen gelegt, da die physiolo-gischen Eigenschaften von Pflanzen in der Regel nur sehr schwer auf Baumaterialien übertragen werden können. Dementsprechend finden diese keine Berücksichtigung bei der gewählten Modellbildung.

Der Modellansatz ist einer der fundamentalsten Schritte, da hier der Bogen gespannt wird vom extrem komplexen realen System der Pflanze (Natur) zu einer idealisierten, vereinfachten Modellvorstellung mit einer angemessenen mathematischen Beschreibung, die für eine technische Umsetzung nutzbar ist.

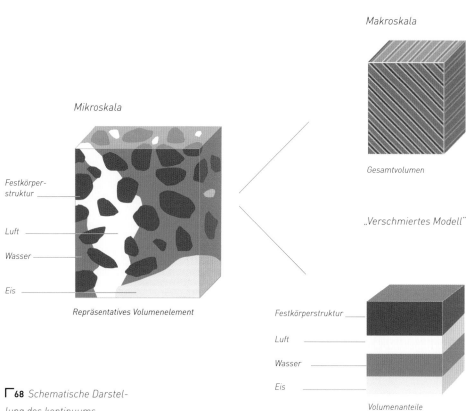

Makroskala

Gesamtvolumen

„Verschmiertes Modell"

Mikroskala

Festkörper-
struktur

Luft

Wasser

Eis

Repräsentatives Volumenelement

Festkörperstruktur

Luft

Wasser

Eis

Volumenanteile

┌**68** *Schematische Darstellung des kontinuums-
mechanischen TPM-Modells*

Simulationen:
Durchführung virtueller Experimente

Allerdings ist auch eine vereinfachte Betrachtung von Frostprozessen in pflanzlichem Gewebe noch immer so komplex, dass die Aufgabe nicht mehr mit dem Stift auf einem Blatt Papier gelöst werden kann. Die Modellgleichungen werden in der Regel einem numerischen Lösungsverfahren in genäherter Weise (Approximation) zugänglich gemacht, damit sie von einem Computer gelöst werden können. Wenn man nun unter Zuhilfenahme eines Computers Berechnungen ausführen lässt, die das Systemverhalten simulieren, kann man die Ergebnisse des idealisierten Modells mit dem realen System vergleichen. Ein solcher Ver-

gleich kann dann verwendet werden, um das Modell zu überprüfen und zu eichen. Wenn das Modell geeicht (kalibriert) ist und im Idealfall die gleiche Materialantwort liefert wie das reale System, kann man auch virtuelle Experimente durchführen, die dann nicht mehr im Labor, sondern auf einem Computer ablaufen. Das ist insbesondere dann von großem Interesse, wenn die Experimente technisch schwierig umsetzbar, sehr zeitaufwendig oder sehr teuer sind. Wie sieht ein solches Pflanzenmodell konkret aus? Der verwendete Modellansatz für frostbeständige Pflanzen basiert auf der „Theorie Poröser Medien (TPM)", einer kontinuumsmechanischen Theorie für Mehrphasenmaterialien, in welcher das Material nicht auf der mikroskopischen Skala,

▛**69** *Wasserversorgung und Wasserfluss in einem Blatt. Blau: Bereiche mit geringer Wasserdurchlässigkeit. Türkis: Bereiche mit mittlerer Wasserdurchlässigkeit. Grün: Bereiche mit hoher Wasserdurchlässigkeit, was dem Verlauf der Leitbündel entspricht. Die roten Pfeile geben die Sickergeschwindigkeit des Wassers an.*

sondern im Sinne einer makroskopischen Betrachtung beschrieben wird. Für frostresistente Pflanzen heißt das konkret, dass das Material mikroskopisch aus verschiedenen Bestandteilen aufgebaut ist. So gibt es beispielsweise die tragende Festkörperstruktur, die im Wesentlichen aus dem verholzten Anteil besteht, sowie Lufteinschlüsse und enthaltenes Wasser in den Poren. Dieses Porenwasser kann bei Temperaturen von unter 0 °C gefrieren, dann ist das Wasser in Form von Eis in den Poren vorhanden. Bei der makroskopischen Betrachtung wird angenommen, dass diese ortsgebundenen Komponenten, z. B. das Wasser bzw. Eis in

den Poren, zu Beginn der Simulation über das gesamte Volumen des porösen Körpers „verschmiert" sind. Dies ist der Schritt der Homogenisierung. Das bedeutet, dass im makroskopischen TPM-Modell jede Komponente zunächst gleichzeitig an jedem Ort vorhanden ist. Der Anteil einer Komponente wird dabei durch den Volumenanteil erfasst, den diese Komponente einnimmt. In Abbildung ▛**68** ist der Modellansatz für pflanzliche Materialien schematisch dargestellt. Für jede dieser Komponenten kann man Bilanzgleichungen aufstellen. Diese stellen Erhaltungsgleichungen der physikalischen Größen Masse, Impuls, Drall und Energie dar. In diesen Erhaltungsgleichungen sind auch sogenannte Produktionsterme enthalten, die gegenseitige Interaktionen und Austauschvorgänge beschreiben können. So bleibt z. B. in einem geschlossenen Gebiet die Gesamtmasse des Wassers erhalten, allerdings kann dieses flüssig oder eisförmig vorhanden sein.

Ein weiterer Schritt ist die Vervollständigung des Modells durch materialspezifische Gleichungen. Sie beschreiben das spezielle Materialverhalten und die darin ablaufenden Prozesse, beispielsweise das Gefrieren des Wassers innerhalb der Pflanze oder die Durchlässigkeit für Wasser in einem Blatt. Abbildung Γ69 zeigt beispielhaft die Strömungsvorgänge bei der Wasserversorgung eines Blatts.

Vom Verständnis zum Transfer

Um das große Ziel der Übertragung von Funktionen der biologischen Vorbilder in bioinspirierte technische Produkte erreichen zu können, ist die Zusammenarbeit von Biologen und Ingenieuren essenziell wichtig. Für den hier beschriebenen Fall können die Biologen ein Verständnis der Struktur der Pflanzen und der in ihnen ablaufenden Prozesse liefern. Auf dieser Basis versuchen Ingenieure, in enger Kooperation mit den Biologen ein auf physikalischen Gesetzmäßigkeiten basierendes Modell zu entwickeln, welches mit mathematischen Methoden beschrieben und numerisch gelöst werden kann.

Auf diese Weise lassen sich die ablaufenden Prozesse und ihre strukturellen Voraussetzungen genau analysieren und verstehen. Bis das Ziel erreicht ist und die gewonnenen Erkenntnisse technisch nutzbar werden, gibt es allerdings noch viele offene Fragen zu klären, die sowohl für die Biologie als auch für die Anwendung interessant sind. Dies betrifft beispielsweise die Rolle von Gewebestrukturen mit unterschiedlicher Porosität (Durchlässigkeit), die Anordnung der Porenräume oder auch die Frage, warum sich das Eis bevorzugt an bestimmten Stellen bildet. Die interessanten Fragen für Forscher und Entwickler gehen so schnell nicht aus!

Die Natur als Ideengeber für moderne Fertigungstechniken

Frederik Wulle / Daria Kovaleva / Hans Christof / Karl-Heinz Wurst / Armin Lechler / Alexander Verl / Werner Sobek / Walter Haase / Götz T. Gresser / Pascal Mindermann

Die Natur schafft komplexe, effiziente Strukturen bei minimalem Materialverbrauch. Die dabei verwendeten Bauprinzipien mit intelligentem Einsatz von Materialien und deren spezifischen Eigenschaften lassen sich in die moderne Fertigungstechnik übertragen. Ziel ist, deutlich leichtere funktionale Bauteile ressourcensparend herzustellen ⌐70. In diesem Kapitel zeigen wir, wie dieser bionische Transfer durch die Weiterentwicklung von Fertigungsverfahren wie der Fasertechnik (Pultrusion), dem 3-D-Druck, der Betonteileherstellung und einer Kombination dieser drei Techniken abläuft.

Ideengeber für den Leichtbau von morgen

Neben artspezifischen Anpassungen sind in der Natur generelle morphologische Prinzipien zu erkennen. Dazu gehört die belastungsgerechte Anordnung von Materialien in einer biologischen Struktur. In der Technik werden häufig homogene Werkstoffe verwendet. Das bedeutet, dass die Dichte in einem Bauteil überall gleich ist. Doch dies ist in der Natur fast nie der Fall, da dort auf allen Größenmaßstäben Materialanhäufungen und Porositäten wiederzufinden sind. Der Oberschenkelknochen eines Menschen ⌐71 ist hierfür ein berühmtes Beispiel. Er besitzt im Inneren eine Stabstruktur, die sich der Belastung stetig anpasst. Dort, wo lokal hochbelastete Stellen auftreten, sorgen spezielle Zellen, die sogenannten Osteoblasten, für eine Verstärkung des Knochens, während andere Zellen, die Osteoklasten, Material an niederbelasteten Orten abbauen. Hierbei bewirkt die Ausrichtung der Stäbchen in eine bestimmte Richtung eine Erhöhung der Festigkeit. In anderen biologischen Strukturen können solche Effekte auch durch hochbelastbare Fasern erzeugt werden. Diese werden entlang der Zugrichtung ausgerichtet und in einer festen Verbindung in das Grundmaterial, die sogenannte Matrix, eingebettet. Dabei sind die Faserbündel in Bambusstängeln hervorragend auf Zug belastbar, während das ebenfalls verholzte Grundgewebe, in das die Faserbündel eingebettet sind, sehr gut Drucklasten aufnehmen kann. Neben ihren hervorragenden mechanischen Eigenschaften hinsichtlich Zug, Druck sowie Biegung und Schwingungsdämpfung haben Bambusstängel noch weitere Funktionen wie z. B. den Transport von Wasser und Fotosyntheseprodukten sowie bei manchen Bambusarten mit grünen Stängeln auch die Fotosynthese selbst. Insgesamt stellen Bambusstängel also extrem leistungsfähige multifunktionale Verbundstrukturen dar ⌐72. Das Ziel unseres bionischen Projekts ist es, bestehende Fertigungstechnologien, wie etwa die Faserverstärkung im 3-D-Druck, die Herstellung von Faserbauteilen oder die

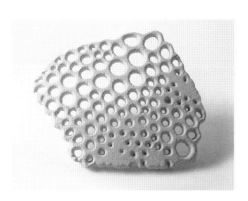

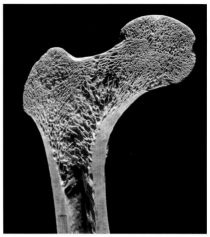

70 *Funktional gradiertes Betonschalensegment, hergestellt durch eine spezielle Sandgusstechnik*

71 *Belastungsgerechte Struktur des Oberschenkelknochens eines Menschen*

von funktional gradiertem Beton (d. h. Beton mit veränderlicher Dichteverteilung S. 70), an die biologischen Vorbilder anzupassen und damit die entsprechende Technologie weiterzuentwickeln. Gelingt das, könnte die Effizienz enorm gesteigert werden. Ein Beispiel sind die porösen Betonstrukturen, durch die bei Gebäuden bis zu 60 % der Betonmenge eingespart werden kann!

72 *Drei Beispiele von komplexen pultrudierten (d. h. im Strangziehverfahren hergestellten) Profilen. Rohrstrukturen im Vergleich mit „technischen Pflanzenhalmen".*

Fertigungstechnologien I – Pultrusion

Viele Strukturen in der Natur sind faserverstärkt oder lassen einen faserartigen Aufbau erkennen. Angefangen von Muskeln, deren Sarkomere dafür sorgen, dass wir unsere Gliedmaßen bewegen können, bis hin zu Bäumen, deren besondere Widerstandsfähigkeit gegen Wind und andere mechanische Beanspruchungen darauf beruht, dass die Zellwände des Holzes im Wesentlichen aus zwei Komponenten bestehen: Zellulose und Lignin. Die Mikrofasern aus Zellulose sind extrem zugfest. Die zweite Komponente, das Lignin, bildet den wesentlichen Teil der Matrix, in die die Zellulosefasern eingebettet sind. Es sorgt zum einen dafür, dass die Fasern alle an ihrem Platz bleiben, und ist zum anderen für die Druckstabilität der Zellwände verantwortlich. Diese Verbundmaterialstruktur in den Zellwänden von Holzfasern und Leitbahnen (Tracheiden) führt dazu, dass Bäume nicht nur ihr Eigengewicht tragen können, sondern noch viel höhere Belastungen aushalten,

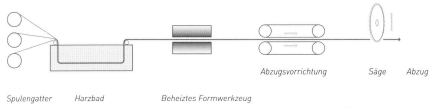

Abzugsvorrichtung   Säge   Abzug

Spulengatter   Harzbad   Beheiztes Formwerkzeug

⌐73 *Schema der Pultrusion*

wie sie bei Stürmen durch Windbiegung auftreten. Dass eine Kombination aus Fasern mit der umhüllenden Matrix einen stabilen Baustoff ergibt, haben Menschen schon früh erkannt und sich z. B. beim Bau von Lehmhütten mit Strohfaserverstärkung zunutze gemacht.

Bis heute wird dieses Prinzip mit immer besseren Materialien dazu genutzt, immer leichtere und festere Werkstoffe zu schaffen. So wird die sehr hohe Zugfestigkeit von Fasern aus Glas oder Kohlenstoff heute in zahlreichen technischen Anwendungen dazu verwendet, hochfeste Bauteile herzustellen, z. B. für die Luft- und Raumfahrt, die Automobilindustrie oder die Bauindustrie. Neben komplexen Bauteilen, deren Produktion teilweise sehr aufwendig hergestellte Formwerkzeuge erfordert, werden durch Strangziehverfahren (Pultrusion) Profile aus Faserverbundwerkstoffen als kostengünstige Alternative zu Profilen aus Stahl oder anderen Werkstoffen verwendet. Die Pultrusion (aus dem Englischen „pull through" = „durchziehen") ist das einzige Verfahren, das eine kontinuierliche Herstellung von Faserverbundprofilen in industriellem Maßstab ermöglicht. Hierbei werden Verstärkungsfasern zusammen mit einem Matrixmaterial in ein beheiztes Werkzeug gezogen. Bei dem Matrixmaterial handelt es sich entweder um Kunstharze, welche unter Temperatureinfluss zu nicht schmelzbaren Kunststoffen reagieren, oder um schmelzbare Kunststoffe, welche nachträglich wieder verformt werden können. Im Formwerkzeug werden die Fasern in die gewünschte Form gebracht und durch die Reaktion des Kunstharzes in ihrer Form fixiert ⌐73. Auf

diese Weise können Profile in beliebigen Längen hergestellt werden. Die Struktur dieser technischen Profile ähnelt im Grundaufbau der Wandstruktur einer Holzfaserzelle mit zugfesten Fasern, die in eine druckstabile Matrix eingebettet sind. Weil alle Fasern entlang der Profilachse ausgerichtet sind, können solche Profile sehr hohen Zugbelastungen standhalten.

Anstelle eines beheizten Formwerkzeugs ist es mit speziellen Kunstharzen auch möglich, die Aushärtung durch die Bestrahlung mit Licht zu aktivieren. Hierfür wird ein spezieller, nicht sichtbarer Teil des Lichtes im kurzwelligen ultravioletten (UV) Bereich verwendet. Diese energiereiche UV-Strahlung, vor der wir uns im Sommer schützen müssen, um keinen Sonnenbrand zu bekommen, kann technisch genutzt werden, um die Moleküle im Kunstharz dazu anzuregen, lange Ketten zu bilden. So entsteht ein ausgehärteter, mechanisch sehr stabiler Kunststoff ⌐75. Durch dieses Verfahren können auch Strukturen mit sehr komplexen Formen hergestellt werden, die vielseitig eingesetzt werden können (z. B. für Möbelstücke).

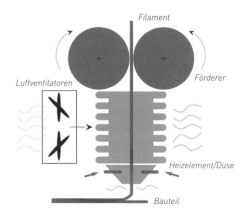

Filament

Luftventilatoren

Förderer

Heizelement/Düse

Bauteil

74 *Das Fused-Deposition-Modeling-Verfahren ist ein Schmelzschichtverfahren, das Bauteile aus einem Kunststofffilament aufbaut. Das Filament wird durch einen Antrieb in den Druckkopf gefördert und dort beheizt, bis es schmilzt. Der flüssige oder viskose Kunststoff wird dann durch eine Düse ausgebracht. Bei der horizontalen Düsenbewegung legt der Druckkopf Stränge ab. Durch eine stufenweise erfolgende Vertikalbewe-* *gung wird ein Bauteil Schicht für Schicht erstellt. Hierbei verhindert ein Kühlkörper, dass die Hitze des Heizelementes das Filament zu früh aufheizt, wodurch es* *nicht mehr förderbar wäre. Die Bewegung des Druckkopfes wird auf Grundlage eines computerbasierten Modells mittels schichtweisen Abfahrplans erstellt.*

Fertigungstechnologien II – faserverstärktes Fused-Deposition-Modeling (FDM)

Es ist wohl der Traum eines jeden Ingenieurs: die Herstellung von Bauteilen mit jeder beliebigen Form. Bei konventionellen Fertigungsverfahren wie Gießen, Fräsen oder Drehen gibt es bestimmte Rahmenbedingungen, die beispielsweise die Herstellung einer Hohlkugel oder sehr komplexer ver-

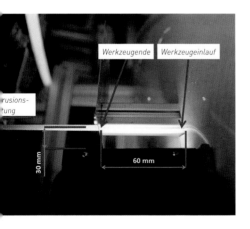

Werkzeugende Werkzeugeinlauf

rusions-
ung

30 mm

60 mm

75 *UV-Pultrusion mit Glasfasern*

winkelter Bauteile nicht erlauben. Durch die Entwicklung der additiven Fertigung, auch 3-D-Druck genannt, entstanden neue, bislang ungeahnte gestalterische Freiheiten. Im Gegensatz zu subtraktiven Verfahren wird bei der additiven Fertigung kein Rohmaterial abgetragen, sondern Material aufgetragen oder hinzugefügt. Die Grundlage für die Fertigung ist meist ein computerbasiertes 3-D-Modell des gewünschten Endprodukts. Aus dem Modell wird später ein Abfahrplan, ein sogenannter NC-Text, für die Steuerung des Druckkopfes im 3-D-Drucker erzeugt. Durch das schichtweise Aufeinanderlegen und Verbinden von Material im 3-D-Drucker entsteht somit ein reales Bauteil. Neben dem ursprünglichen Einsatzgebiet der additiven Fertigung, dem Prototypenbau im Fahrzeug- und Maschinenbau, werden leistungsfähigere 3-D-Drucker zunehmend auch industriell eingesetzt. Beispielsweise werden seltene Maschinenersatzteile oder Zahnfüllungen heute bereits additiv gefertigt. Sogar Bauteile der Flugzeugturbinen des neuen Airbus A350 werden mittels additiver Fertigung hergestellt. Auch in der

Medizintechnik wird daran geforscht, Organe oder organisches Gewebe zu drucken. Heute gibt es eine Vielzahl additiver Fertigungsverfahren, die sich hinsichtlich des Ausgangsstoffs (flüssig, pulverförmig, fest), des Materials (Kunststoff, Metall, Keramik etc.) und im Fertigungsprozess (Verkleben, Aufschmelzen mit dem Laser oder Heizelement) unterscheiden. Als ein weitverbreiteter Vertreter beruht das „Fused-Deposition-Modeling-Verfahren" (FDM) auf dem Ablegen eines heißen und zähflüssigen dünnen Kunststoffstranges (Filament) ⌐74. Mit dieser Technik ist selbst die Herstellung geschlossenporiger Strukturen möglich, wie sie in der Natur häufig vorkommen. Poröse materialsparende Strukturen, wie beispielsweise ein Seeigelstachel S. 70, können somit zum Vorbild für den Leichtbau in der Technik werden. Neben biologischen Strukturen können auch spezielle belastungsgerechte Bauteile gefertigt werden, die durch mathematische Algorithmen in ihrer Anordnung optimiert sind. Diese Freiheit in der Fertigung kann auch dazu genutzt werden, komplexere leichte und stabile Bauteile herzustellen, die mehrere Funktionen in sich vereinen und gleichzeitig Ressourcen sparen.
Additiv gefertigte Kunststoffbauteile weisen jedoch nicht immer die notwendige Festigkeit für den Einsatz in hochbelasteten Komponenten auf. Eine bereits in der Biologie bekannte Möglichkeit zur Verbesserung der Festigkeit ist die Faserintegration. Im Vergleich zu anderen additiven Fertigungstechniken ist mit dem FDM-Verfahren die Integration von Endlosfasern möglich, da während des Auftragens des thermoplastischen Filaments eine Faser im Druckkopf mitgeführt werden kann. Endlosfasern lassen sich belastungsgerecht ausrichten und ermöglichen somit eine höhere Festigkeit des Bauteils. Die Festigkeit von faserver-

stärktem Kunststoff ist im Hinblick auf dessen Gewicht im Vergleich z. B. zu Stahl sehr groß, wodurch sehr viel leichtere Bauteile mit gleicher Stabilität hergestellt werden können. Es ist damit möglich, hochbelastbare Bauteile mit fast beliebiger Formgebung für Anwendungen im Maschinenbau und Bauwesen herzustellen.

Fertigungstechnologie III – funktional gradierte Leichtbau-Betonstrukturen

Beton ist der weltweit verbreitetste Werkstoff und mit einem jährlichen Verbrauch von 1,5 t pro Person nach Wasser der meistverbrauchte Stoff S. 68. Aufgrund seiner Festigkeit und Langlebigkeit ist Beton aus unserer gebauten Umwelt nicht wegzudenken – er findet seine Anwendung sowohl im Hochbau als auch im Brücken- und Straßenbau. Es gibt jedoch zwei Probleme bei der Betonherstellung, die seine Umweltverträglichkeit stark einschränken. Zum einen verursacht die Produktion von Zement, einem der Hauptbestandteile von Beton, hohe Emissionen des Treibhausgases CO_2. Zum anderen führt die Verwendung standardisierter Schalungselemente beim Betonieren dazu, dass mehr Beton verbraucht wird, als aus statischen Gründen notwendig wäre. Insbesondere in Anbetracht des rasanten Bevölkerungswachstums und des daraus resultierenden steigenden Betonverbrauchs werden diese Probleme umso dringlicher. Es stellt sich die Frage: Wie kann man mit weniger Material mehr bauen?
Die Bildung biologischen Gewebes ist ein material- und somit energieintensiver Prozess. Deshalb sind im Prozess der Evolution Optimierungsstrategien entstanden, um mit möglichst wenig Material und Energie funktionierende Strukturen auszubilden. Dies wird möglich durch eine gezielte Aus-

wahl und Verteilung der Bestandteile eines Gewebes oder Organs entsprechend ihrer Funktionsanforderungen. Die daraus entstehenden funktional gradierten Strukturen (an die Funktion angepasste Dichteverteilung) sind in allen mechanisch belasteten natürlichen Geweben und Organen wie Baumstämmen, Knochen, Vogelschnäbeln und Außenskeletten von Tieren an Land und im Wasser anzutreffen. Die funktional gradierten Strukturen kombinieren geringen Energieverbrauch mit komplexen Funktionen wie mechanischer Stabilisierung, Stoßdämpfung, Temperaturregulierung und – bei Pflanzenstämmen – Flüssigkeitstransport. Materialersparnis und Multifunktionalität machen sie zu hervorragenden Inspirationsquellen für Ingenieure und Architekten. Die technischen Entsprechungen dieser biologischen Strukturen bezeichnet man als Gradientenwerkstoffe. Sie wurden erstmalig 1984 in der Raumfahrt als veränderliche Materialkomposition zwischen Keramik und Metall verwendet, um die Temperaturbeständigkeit tragender Flugzeugteile zu erhöhen. Später hielten Gradierungen zwischen Keramiken und Metallen, Metallen und Metallen sowie Keramiken und Polymeren in weiteren technischen Anwendungsfeldern Einzug. Die integrale Betrachtung von Materialauswahl, -verarbeitung und -verteilung ist charakteristisch für die Produktion

⌐**76** *Mit einer automatisierten Spritztechnik hergestellter funktional gradierter Betonwürfel*

von Gradientenwerkstoffen und erfordert hoch spezialisierte Herstellungstechnologien. Dieses aus der Raumfahrt bekannte Prinzip wurde auf die Bauindustrie übertragen, wobei Anforderungen an tragende Bauteile, Materialeigenschaften von Beton und Rahmenbedingungen von Herstellungstechnologien von großen Bauteilen berücksichtigt wurden.

Die Gestaltung funktional gradierter Betonbauteile beginnt mit der Entwicklung des sogenannten „Gradientenlayouts", welches die Material- bzw. Porositätsverteilung entsprechend der äußeren Beanspruchungen im Bauteil beschreibt. Das „Gradientenlayout" dient als Grundlage zur Herstellung von Betonbauteilen mittels zweier

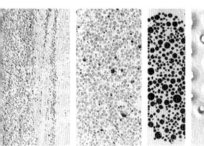
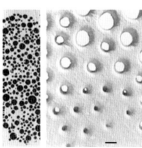

⌐**77** *Funktional gradierter Beton in verschiedenen Größenordnungen, Maßlinie 1 cm*

verschiedener Verfahren. Das Sprühverfahren ermöglicht die gezielte Gradierung der Betondichte. Durch die Verwendung einer Spritzanlage mit zwei Düsen, die mit je einer Betonvormischung unterschiedlicher Dichte gefüllt sind, wird eine Gradierung der Betondichte innerhalb des Bauteils im gewünschten Verhältnis erreicht S. 70 ⌐58. Das Gießverfahren wiederum erlaubt die Gradierung der räumlichen Betonstruktur durch die gezielte Verteilung der Porosität des Werkstoffes. Dazu wird eine räumliche Schalungsstruktur erstellt, die nach dem Betonguss vollständig aufgelöst werden kann und Hohlräume innerhalb des Bauteiles zurücklässt. Durch beide Verfahren können auf präzise und wiederholbare Weise räumlich gradierte Bauteile aus Beton hergestellt werden. Im Vergleich zu herkömmlichen Massivbauteilen aus Beton zeigen diese Masseneinsparungen von bis zu 60 % und Emissionsreduktionen von bis zu 35 %. Außerdem kann man sie sehr gut recyceln ⌐76,77.

Multimaterialtechnik: der Weg zur neuen Bausteintechnologie

In der Natur können Objekte aus demselben Material unterschiedliche Eigenschaften aufweisen, je nachdem in welcher Form und Struktur sie vorliegen. Ein Beispiel hierfür ist die Verwendung von massiven oder porösen Strukturen. Durch diese biologischen „Baustrategien" können enorme Eigenschaftsvariationen von Werkstoffen mit ein und demselben Material erzeugt werden. Solche Variationen sind aufgrund der Herstellungsmöglichkeiten in der Technik meist sehr aufwendig. Da kein Material existiert, das für alle technischen Anwendungen geeignet ist, wurde bisher versucht, für spezielle Aufgaben möglichst passende Materialien und Fertigungstechniken auszuwählen und diese immer weiter zu optimieren. Häufig wird dabei ein Bauteil nicht nur aus einem Werkstoff hergestellt, sondern es wird ein Materialverbund gewählt. Dies hat den Vorteil, dass verschiedene Eigenschaften oder Funktionen bestimmten Elementen des Verbundes zugeordnet werden können. Klassischerweise werden dazu Schicht-, Teilchen- oder Faserverbünde

⌐78 Verbindungselement aus faserbewehrtem Kunststoff-Beton-Verbund im Zugtest

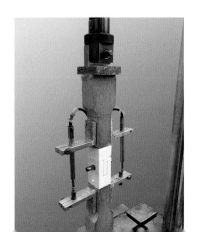

verwendet. Dieser Aufteilung in Einzelma-
terialien sind strukturell und produktions-
technisch nahezu keine Grenzen gesetzt.
Die beschriebenen Fertigungsverfahren
werden beständig weiterentwickelt, sodass
die Eigenschaften bestimmter Materialien
miteinander kombiniert werden und neue
Verbundwerkstoffe entstehen.

Im Hinblick auf die Festigkeit ist es häufig
notwendig, Bauteile herzustellen, die sowohl
hohe Zug- als auch Druckkräfte und damit
auch Biegebelastungen ertragen können, bevor sie versagen. Beton kann hohem Druck
widerstehen, ist jedoch auf Zug kaum belastbar. Deshalb werden Betonbauteile im
Bauwesen meist mit Elementen verstärkt,
die hohe Zugbelastungen ertragen (Bewehrung). Herkömmlicherweise wird hierzu
Stahl verwendet. Fasern aus Kohlenstoff
oder Basalt können dabei durch geringeres
Eigengewicht und kleinere Bauteildimensi-
onierung zum Leichtbau beitragen. Zudem
können Faserverstärkungen von Betonbauteilen mit großer räumlicher Komplexität
hergestellt werden ⌐79. Bei der Fertigung
von faserverstärkten Betonbauteilen gibt
es für Geometrie, Oberflächengenauigkeit
und Krafteinleitung bestimmte Rahmenbedingungen. Diese Einschränkungen können
durch die additive Fertigungstechnik mit
Thermoplasten gelöst werden. Die Technologie erlaubt es, die Fasern der Bewehrung
zu integrieren und Freiformteile herzustellen, die in den Betonguss wie ein Implan-
tat eingelegt werden. Kunststoffimplantate
können dabei die Aufgabe des Aneinander-
fügens von Segmenten übernehmen. Die
Problematik der geringen Fertigungstole-
ranzen bei Segmentverbindungen wird durch

⌐79 *Poröse Struktur eines*
Seeigelstachels (1.000-fach
skaliert), in Negativform
gedruckt, mit Beton auf-
gegossen und erhitzt

eine flexible Verformung des Kunststoffes
umgangen. Somit können Bauteilsegmente
gefertigt werden, deren Verbindungsstücke
speziell an den dort herrschenden Belas-
tungsfall angepasst sind ⌐78. Dabei wird
stets das Ziel verfolgt, interessante biologische Strukturen und Bauprinzipien in die
Technik zu übertragen, um die Fertigungstechniken für effizientere funktionale Leicht-
baustrukturen weiterzuentwickeln.

Rosenstein-Pavillon: eine leichte Betonschale nach dem Vorbild biologischer Strukturen

Daria Kovaleva / Oliver Gericke / Frederik Wulle / Pascal Mindermann / Werner Sobek / Alexander Verl / Götz T. Gresser

Natürliche Tragstrukturen, die sich über Millionen von Jahren entwickelt haben, zeigen auf, wie große Lasten mit sehr wenig Material aufgenommen werden können. Dies wird durch die Anpassung von Struktureigenschaften an ein vorherrschendes Lastprofil erreicht. Wenn es gelingt, diese Prinzipien auf vom Menschen gestaltete Strukturen zu übertragen, kann der Ressourcenverbrauch in der Bauindustrie signifikant reduziert werden. Als ein Beitrag dazu wurde der Rosenstein-Pavillon ⌐80 anhand bioinspirierter Optimierungsstrategien entwickelt, um die Potenziale ressourceneffizienten Bauens aufzuzeigen.

Prinzipien biologischer Tragstrukturen

Unter dem Motto *Struktur statt Masse* zeigten mehrere Exponate im Ausstellungsraum *Leichte Alleskönner* der Ausstellung *Baubionik* im Rosensteinmuseum in Stuttgart, wie biologische Organismen bestimmte Funktionen unter Einsatz möglichst weniger Ressourcen effizient erfüllen können, indem sie die Eigenschaften ihres Gewebes an funktionale Anforderungen anpassen. Die Fähigkeit, mechanische Beanspruchungen abzutragen, bildet dabei keine Ausnahme: Mit dem Ziel einer optimalen Materialausnutzung können tragende Gewebe beispielsweise eine variable Dichte und Ausrichtung aufweisen, die der Größe und Richtung vorherrschender Beanspruchungen entsprechen. Dieses Prinzip der „funktionalen Gradierung" lässt sich bei vielen lebenden Organismen beobachten, deren Zellen sich je nach Belastungsart, Bestandteilen und Bildungsprozessen zu unterschiedlichen Strukturen ausbilden. Das Verständnis solcher Beziehungen zwischen Struktur und Funktion kann helfen, effektive Gebäudekomponenten und -systeme zu entwickeln.

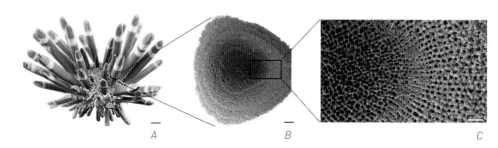

A   B   C

Für die Entwicklung von Strukturen, die hauptsächlich Druckbeanspruchungen ausgesetzt sind, wurden Prinzipien hochmineralischer biologischer Strukturen herangezogen, insbesondere das Skelettgewebe von Seeigeln und deren Stacheln. Die innere poröse Struktur – das Stereom – der Stacheln der Seeigelart *Heterocentrotus mammillatus* zeigt, wie eine sichtbar strukturierte Gradierung der Porosität vom Zentrum bis zur Außenhülle des Stachels abnimmt. Es ist bemerkenswert, dass die erhebliche Variation der Porosität von 0 bis zu 90 % allein aus der Kombination zweier variabler Parameter – Durchmesser der mineralischen

Γ**80** *Aufnahme des Pavillons im Ausstellungsraum
des Naturkundemuseums
Schloss Rosenstein*

Streben und Größe der Poren – erreicht wird Γ**81**. Im Allgemeinen weisen Bereiche hoher Dichte kleinere Poren und dickere Streben auf und umgekehrt. Um das Potenzial dieses Konstruktionsprinzips für ressourceneffiziente Betonstrukturen zu erforschen, wurde es mit wissenschaftlichen Methoden abstrahiert und in der Konstruktion einer gewichtsoptimierten Betonschale mit funktional gradierter Porosität umgesetzt.

Γ**81** *Aufnahme eines
Seeigels der Spezies H.
mammillatus (A), Balken
≙ 1 cm; Nahaufnahme des
Querschnitts eines Sta-*

*chels (B), Balken ≙ 250 µm;
Nahaufnahme des Ste-
reoms mit variierender
Porosität und Richtung
(C), Balken ≙ 100 µm.*

Abstraktion des Funktionsprinzips

Um das Prinzip der funktionalen Gradierung für technische Zwecke anwendbar zu machen, ist es wichtig, die Abhängigkeit zwischen Struktureigenschaften und funktionalen Anforderungen definieren oder bestimmen zu können.

Bei der Gestaltung von Tragstrukturen kann dazu eine Abhängigkeit zwischen der Dichte einer Struktur (Porosität) und der Höhe vorherrschender Beanspruchungen definiert werden. Zunächst werden die Informationen über das Tragverhalten anhand von gegebenen Materialeigenschaften und Lastfällen simulativ ermittelt. Weiterhin werden die bestimmten Spannungswerte in Materialeigenschaften (Dichte) oder auch geometrische Merkmale (Querschnittsform) umgewandelt ⌐82. Wie bei verschiedenen lebenden Organismen wird die Struktur im Einzelfall durch spezifische Materialeigenschaften, Herstellungsverfahren und die Gesamtheit der Funktionsanforderungen maßgebend beeinflusst.

Bei der Anwendung dieses Prinzips auf die Tragkonstruktion der Betonschale waren die wesentlichen Einflussfaktoren: die Eigenschaften des Betons, die verwendeten Produktionstechnologien sowie die funktionalen Anforderungen an das Ausstellungsobjekt.

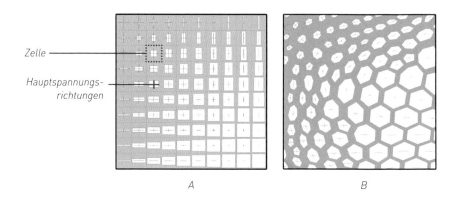

Zelle

Hauptspannungs-
richtungen

A   B

⌐82 *Abstrahiertes Modell*
einer funktional gradierten
Porosität mit rechteckigen (A)
und hexagonalen Zellen (B)

Umsetzung im architektonischen Entwurfsprozess

Inspiriert von biologischen tragenden Geweben, wurde der Pavillon als räumliche Struktur konzipiert, deren Eigenschaften an statische Anforderungen angepasst und in Form einer funktional gradierten Porosität visualisiert wurden. Die in der Natur häufig auftretende Einheit von Form und Funktion ist das Ergebnis natürlicher Morphogenese. Dieser Prozess bildete daher auch die Grundlage für die Gestalt des Pavillons, in dem Form, Struktur und Material als unteilbare Einheit wahrgenommen werden sollten. Diese Vorgehensweise fand eine Analogie in einem rechnergestützten Entwurfsprozess, bei dem die drei Hauptschritte eines Entwurfsprozesses – Formentwicklung, Strukturanalyse und Materialverteilung – in eine digitale Umgebung integriert wurden. Anforderungen, Einschränkungen und Randbedingungen wurden gruppiert und jedem Modul zugeordnet ⌐**83**.

⌐**83** *Arbeitsablauf vom Entwurf bis zur Herstellung des Pavillons*

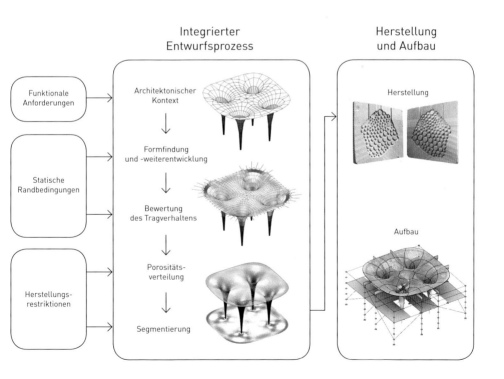

Integrierter
Entwurfsprozess

Herstellung
und Aufbau

Funktionale
Anforderungen

Statische
Randbedingungen

Herstellungs-
restriktionen

Architektonischer
Kontext

Formfindung
und -weiterentwicklung

Bewertung
des Tragverhaltens

Porositäts-
verteilung

Segmentierung

Herstellung

Aufbau

Kontext des Pavillons

Um die architektonische Relevanz des ressourceneffizienten Bauens zu verdeutlichen, wurde der Pavillon als neuartiges räumliches Objekt im Kontext des Ausstellungsraums konzipiert. Einerseits wurde die Struktur in die neoklassische Umgebung des Museums integriert, indem die Stützen im Rhythmus der architektonischen Hauptelemente des Raumes positioniert wurden und die Höhe der Struktur entsprechend der Oberkante der Türen und Fenster definiert wurde ⌐**84**. Andererseits wurde die Typologie einer Schale gewählt, um den Kontrast zwischen dem alten massiven Trägersystem des neoklassischen Museums und dem leichten Charakter zukünftiger Architektur zu betonen. Darüber hinaus wurde die Grundfläche so frei wie möglich gehalten, um eine angemessene Anordnung anderer Exponate zu ermöglichen und eine bessere Besucherführung zu gewährleisten. Die genannten Designkriterien führten zur Form und Struktur des Pavillons als Neuinterpretation der Gewölbekonstruktion. Der Pavillon wurde folglich als Schale konzipiert, die sich zur Decke hin trichterförmig öffnet und von vier Stützen getragen wird ⌐**84**.

Entwurfsprozess

Der Entwurf sollte eine möglichst ausdrucksstarke Kombination von strukturellen und ästhetischen Aspekten erreichen, die durch die Konvergenz von Form und Tragverhalten anhand einer gradierten Materialverteilung repräsentiert wird. Nach der Definition räumlicher und funktionaler Randbedingungen wurde eine Ausgangsgeometrie der Schale entwickelt; anschließend wurde ihr Tragverhalten unter gegebenen Materialparametern und Lastfällen analysiert. Aufgrund der schwachen Tragfähigkeit des Betons unter Zugbeanspruchungen wurde ein umlaufendes Vorspannseil entlang des oberen Randes der Schale vorgesehen. So konnte ein vornehmlich druckbeanspruchter Membranspannungszustand in der Struktur erreicht werden. Das Tragverhalten wurde analysiert und grafisch visualisiert, um die entsprechende Materialverteilung zu antizipieren. Anschließend wurde das ermittelte Spannungsfeld als Input für die Modellierung der funktional gradierten Porosität verwendet.

⌐**84** *Axonometrie des Ausstellungsraums mit dem Pavillon*

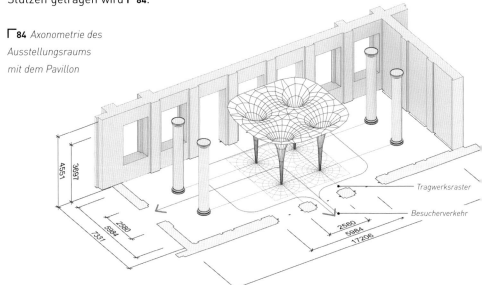

Tragwerksraster

Besucherverkehr

Materialisierung der funktional gradierten inneren Struktur

Im Anschluss wurde der Spannungszustand in der Struktur über die gesamte Fläche der Schale durch eine gradierte Porosität materialisiert. Basierend auf den Spannungswerten, wurde die Oberfläche in Bereiche (Zellen) unterteilt, deren Größe und Ausrichtung mit denen des Spannungsfeldes korrelierten ⌐85A. Dann wurden das Zentrum jeder Zelle als das Zentrum einer Pore und die Kanten als Betonstreben definiert ⌐85B. Schließlich wurde die Dicke der einzelnen Streben festgelegt, um die jeweils erforderlichen Querschnittsflächen zu erreichen ⌐85C.

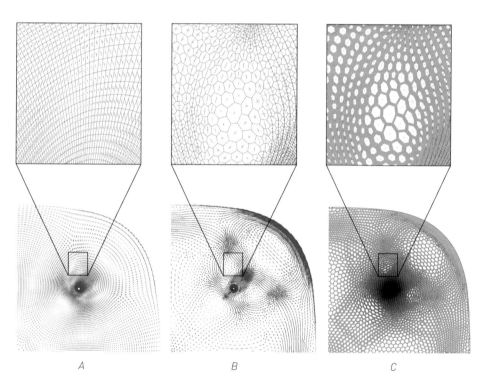

A   B   C

⌐85 *Materialisierung des Spannungsfeldes der Schale. Ausgangsnetzmodell mit Spannungsvektoren (A), Zellenbelegung nach Größen und Richtungen der Hauptspannungsvektoren (B), Modellierung der erforderlichen Querschnitte nach Größe der korrespondierenden Hauptspannungen (C)*

Segmentierung

Die Ausstellung war auf einen Zeitraum von sechs Monaten beschränkt. Außerdem waren die realisierbaren Bauteilgrößen durch Produktion, Transport und Aufbau begrenzt. Deshalb wurde die Struktur aus 69 Einzelsegmenten hergestellt, wobei aufgrund der vierfachen Symmetrie der Schale nur 18 Segmente einzigartig waren ⌐**86**. Die Lasten sollten durch kontinuierliche Kontaktfugen zwischen den Segmenten übertragen werden. Um die Porositätsverteilung mit dem Layout der Segmentierung in Einklang zu bringen, wurden die Fugen jeweils in den dichten Bereichen der Segmente angeordnet und nicht in hochporösen Bereichen.

⌐**86** *Segmentierungslayout*

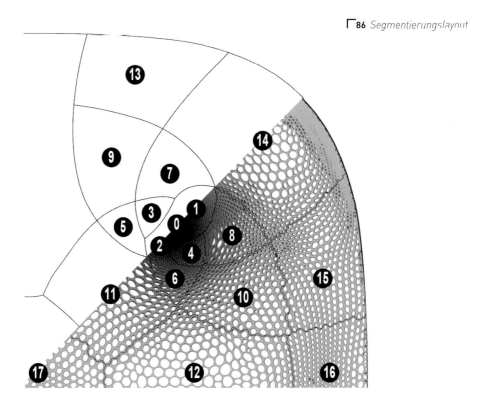

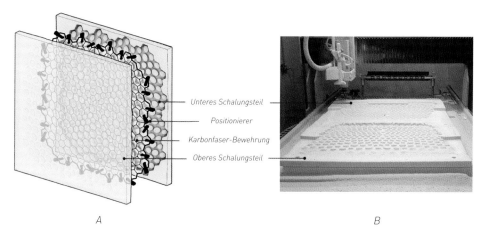

Unteres Schalungsteil

Positionierer

Karbonfaser-Bewehrung

Oberes Schalungsteil

A

B

⌐**87** *Schalungs- und Bewehrungsanordnung für ein Segment (A) und Schalung während der Bearbeitung durch eine CNC-Fräsmaschine (B)*

Herstellung

Alle 69 Schalensegmente wurden mit 18 unterschiedlichen Schalungen hergestellt, die jeweils bis zu viermal wiederverwendet werden konnten. Um unvorhergesehenen Belastungen vorzubeugen, wurden alle Segmente zusätzlich mit Karbonfasern verstärkt. Darüber hinaus wurde in den Rand jedes Segments ein System von Verbindungsbauteilen integriert, um die präzise Positionierung von zwei benachbarten Segmenten während der Montage und deren Fixierung bis zum Vorspannen des umlaufenden Seils zu gewährleisten. Um alle diese Produktionsanforderungen zu integrieren, wurden für jedes der 18 Segmente zunächst zweiteilige doppelgekrümmte Schalungen mit einem System von Kanälen und Kavitäten für das Gießen, Bewehren und Positionieren auf einer CNC-Fräsmaschine hergestellt ⌐**87**. Parallel dazu wurden Präzisionspositionierer als Einbauteile im 3-D-Druckverfahren hergestellt. Im nächsten Schritt wurden mit Harz getränkte Karbonfaser-Rovings (Faserbündel) entlang jedes Betonstabs verlegt, mithilfe von Abstandhaltern in der Mitte gehalten und an den Positionierern befestigt. Beim Ablegen des Rovings entsteht eine integrale textile Verstärkung. Nach dem Vernetzen des Harzes wurde die Schalung mit einem Trennmittel beschichtet, zusammengesetzt und mit Beton gefüllt. Aufgrund der hohen Frühdruckfestigkeit des Betons von 40 MPa nach 24 Stunden konnten die Segmente bereits einen Tag nach dem Gießen ausgeformt werden. Anschließend konnte die Schalung für die Produktion anderer Segmente des gleichen Typs wiederverwendet werden.

Aufbau

Die Segmente wurden einzeln und somit platzsparend zum Rosensteinmuseum transportiert, wo die Schale direkt vor Ort zusammengesetzt wurde. Dazu wurde ein Lehrgerüst aus Holz verwendet, das aus vier Spanten auf einem Stahlgerüst und aus Positionierungshilfen für die untersten Stützensegmente bestand. Zuerst wurden die Segmente, die das innere Gewölbe bildeten, beginnend an den Säulen und nach oben fortschreitend, platziert ⌐**88A**. Dann wurden die angrenzenden Segmente positioniert und in ihrer Lage fixiert. Sobald das zentrale Segment montiert war, wurden die auskragenden Bereiche montiert ⌐**88B**. Abschließend wurde das Vorspannseil entlang der oberen Außenkante eingeführt und vorgespannt, damit sich das angestrebte Tragverhalten der Schale – vornehmlich eine Druckbeanspruchung – einstellte ⌐**88C**. Die Vorspannung des Seils wurde auch während der Ausstellung regelmäßig kontrolliert.

⌐**88** *Aufbau der Struktur auf der Unterkonstruktion (A), Fixieren der Struktur während des Aufbaus (B), Spannschloss und Sensoren zur Vorspannung des umlaufenden Seils (C), Nahaufnahme einer Segmentfuge mit Schraubverbindung (D)*

Funktionsintegration:
tragende Struktur +
Gebäudehülle

Optimierung der Trag-
fähigkeit + Integration
der Gebäudetechnik

⌐**89** *Vision eines funktional
integrierten Gebäudesystems
am Beispiel eines Bahnhofs*

Ausblick

Die Hauptaufgabe des Projekts bestand darin, die Relevanz bioinspirierter Gestaltungs-
strategien sowohl für Tragwerke als auch für
die Architektur im Allgemeinen aufzuzeigen.
Die Anpassung mechanischer Eigenschaften
an statische Anforderungen findet ihre Anwendung bei der Herstellung von gewichts-
minimierten Bauteilen wie Decken, Balken
oder Stützen sowie bei anderen Strukturen
wie Schalen oder Brücken. Darüber hinaus
können durch eine funktionale Gradierung
weitere Funktionen wie Wärmedämmung,
Flüssigkeits-/Luftzirkulation, akustische
Dämmung oder andere bauphysikalische
Anforderungen in einem Bauteil integriert
werden. Durch Porositätsgradienten zwischen den dichten Deckschichten und den
porösen Kernbereichen von Außenwänden
und Dächern ist es beispielsweise möglich, sowohl tragende als auch dämmende
Eigenschaften zu erreichen.
Die frühzeitige Einbettung dieser Prinzipi-
en in einen digitalen Entwurfsprozess kann
Projektteams helfen, die Ressourceneffizienz zu einem integralen Bestandteil der
Entwurfsarbeit zu machen. Parallel dazu
könnte die Entwicklung neuer integrierter Entwurfs- und Produktionsmetho-
den – unterstützt durch Fortschritte in
der Materialwissenschaft – schließlich
zur Entwicklung neuartiger struktureller
Systeme führen, die die Bandbreite der
Entwurfslösungen für eine nachhaltige
gebaute Umwelt erweitern.

ELEGANZ UND LEICHTIGKEIT: BIOINSPIRIERTE KUPPELN

Jan Knippers / Thomas Speck

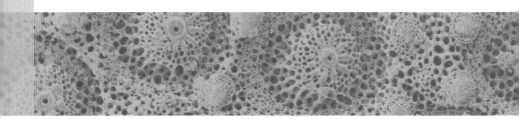

Seit Jahrhunderten streben Baumeister nach immer leichteren Konstruktionen. Hierzu wurden die Formen von Kuppeln, Gewölben und Schalen immer genauer an den Kraftfluss angepasst. Auf diese Weise entstanden zu verschiedenen Zeiten Gebäude von einzigartiger architektonischer Ausdruckskraft, wie die Kathedrale von Notre Dame in Paris (ab 1163), die Sagrada Familia in Barcelona (ab 1882) sowie die Oper in Sydney (eröffnet 1973) zeigen. Voraussetzung hierfür war neben einem genauen Verständnis der statischen Verhältnisse vor allem ein hoch entwickeltes Bauhandwerk, das die Herstellung kraftflussgerecht geformter Flächentragwerke ermöglichte.

Die Bedingungen für das Bauen haben sich im Laufe des letzten Jahrhunderts jedoch grundlegend geändert. Heute ist Material billig, Arbeit hingegen teuer. Baukonstruktionen werden heute deshalb mit dem Ziel entwickelt, den Arbeitsaufwand für die Herstellung möglichst gering zu halten. Im Ergebnis ist die Formenvielfalt verarmt. Es entstehen immer gleiche „Kisten", die aus möglichst vielen identischen Bauteilen bestehen. Ob dabei etwas mehr oder weniger Material verbraucht wird, ist eher zweitrangig.

Wie lassen sich nun aber unter den heutigen Bedingungen kraftflussgerecht geformte, lastangepasste und damit ressourceneffiziente Flächentragwerke herstellen, die der Architektur neue Gestaltungsspielräume eröffnen? Die Natur kann hierzu wertvolle Anregungen liefern. Schalen und Außenskelette schützen die inneren Organe von Seeigeln, Schnecken, Muscheln, Insekten und vielen anderen Tieren vor Wasserdruck, Fressfeinden und zahlreichen anderen potenziell gefährlichen Umwelteinflüssen. Dabei hat sich im Verlauf der Evolution eine unglaubliche Vielfalt an Formen und Konstruktionsprinzipien herausgebildet, die an die unterschiedlichsten Lebensbedingungen der Tiere angepasst sind. Alle folgen dabei dem Grundprinzip der Evolution, nämlich dem möglichst effizienten Umgang mit Ressourcen.

Wie entstehen solche natürlichen Schalenkonstruktionen? In der Natur gibt es unterschiedliche Bildungsprinzipien, deren Untersuchung technische Entwicklungen in verschiedenste Richtungen anstoßen kann.

Dazu zwei Beispiele: Das Außenskelett von Seeigeln besteht aus einzelnen Platten. Die Seeigelschale wächst, indem neue Platten gebildet werden. Gleichzeitig nimmt aber auch jede bereits gebildete Platte an Größe zu. Der modulare Aufbau der Schalen sorgt dafür, dass die Platten einerseits unabhängig von ihren Nachbarplatten wachsen können, andererseits aber sicher und doch etwas nachgiebig – teilweise über spezielle Verzahnungen – mit diesen verbunden sind. Diese Verzahnungen wiederum gehen mit einer speziellen Anordnung der Platten auf der Schale einher. Was lässt sich davon in die Architektur übertragen? Die Seeigelkonstruktion inspirierte die Bautechnik zur Herstellung komplex geformter Schalentragwerke aus vorgefertigten Platten aus Holz, Beton oder anderen Werkstoffen. Gegenüber einer vollständig auf der Baustelle geformten Schale ist eine Herstellung aus solchen vorgeformten Einzelteilen weit weniger aufwendig. Auch für die Ausbildung der Fugen sowie die Anordnung und Verbindung der Platten lassen sich wertvolle Hinweise vom Seeigel ableiten.

Ein gänzlich anderes Konstruktionsprinzip verwenden Schnecken. Ihre Schale wächst, indem die Schnecke an der Öffnung des Gehäuses kontinuierlich neues Material anlagert. Zunächst fügt die Schnecke eine kunststoffartige, anfangs weiche Schicht an den Schalenrand, die sie mit ihrem Körper formt. Anschließend härtet die Schicht aus und wird mit einem mineralischen Material von innen verstärkt. Dieser additive Bauprozess von Schneckenschalen kann als Vorbild für die Weiterentwicklung der 3-D-Drucktechnik für Gebäudehüllen dienen. Ideal wäre es, wenn wie bei der Schnecke zunächst das formgebende Modellmaterial und anschließend die statisch tragende Schicht frei im Raum in einem kontinuierlichen Prozess gebildet werden könnte. Auf diese Weise könnte man auf aufwendige Schalungen und Stützstrukturen verzichten, die Schalentragwerke in der Baupraxis heute nahezu unbezahlbar machen. Auch unter dem Gesichtspunkt der Nachhaltigkeit wäre ein Verzicht auf Schalungen und Stützstrukturen wünschenswert.

Die Analyse der Wachstums- und Strukturbildungsprozesse der Gehäuse von Seeigeln und Schnecken führt also zu zwei unterschiedlichen Ansätzen, wie die Herstellung von fließenden Strukturformen in Zukunft wieder wirtschaftlich möglich sein könnte. Diese Beispiele zeigen einmal mehr, dass es sich lohnt, sich auch eher unscheinbare Lebewesen genau anzusehen – manchmal enthüllt sich nicht nur Schönheit, sondern auch die Funktionalität erst auf den zweiten Blick.

Bauprinzipien und Strukturdesign von Seeigeln – Vorbilder für bioinspirierte Konstruktionen

Tobias B. Grun / Malte von Scheven / Florian Geiger / Tobias Schwinn / Daniel Sonntag / Manfred Bischoff / Jan Knippers / Achim Menges / James H. Nebelsick

Im Laufe der Evolution haben sich Seeigel an unterschiedlichste Lebensräume im Meer angepasst. Besonders auffällig sind Entwicklungen im Bau ihrer Skelette, die zum Teil sehr spezifisch an die Umweltbedingungen gekoppelt sind. Die Schalen müssen vielen Anforderungen gerecht werden, um z. B. Strömungen, Sturmereignissen und Räuberangriffen zu widerstehen. Dabei lassen sich durchaus auch grundlegende Bauprinzipien in den Schalen erkennen, welche als Inspiration für die Entwicklung innovativer Mechanismen für technische Konstruktionen dienen können. Hierbei steht vor allem die Entwicklung leistungsfähigerer Schalentragwerke unter dem Aspekt einer ressourceneffizienten Nutzung und architektonischer Ästhetik im Vordergrund.

Hart und elegant – Formenvielfalt der Skelette

Stachelige Meeresbewohner

Seeigel erhielten ihren Namen nicht von ungefähr ⌐90. Durch ihre meist kugelige und von Stacheln überdeckte Gestalt gleichen diese rein marinen Vertreter der Stachelhäuter ihrem an Land lebenden Namensvetter auf den ersten Blick. Seeigel kommen in allen Meeren und Tiefen vor. In marinen Ökosystemen sind sie eine wichtige Schlüsselgruppe, da sie eine rasche Algenausbreitung und eine für das Ökosystem schadhaft hohe Besiedelung von anderen Tieren im Riff und auf dem Meeresboden eindämmen und dabei selbst auch ein wichtiges Element in der Nahrungskette darstellen. Das Erscheinungsbild verschiedener Seeigelarten kann, abhängig von ihrem Lebensraum, sehr unterschiedlich sein. Grob kann man Seeigel in die regulären und die irregulären Formen unterteilen. Die meist kugelförmigen regulären Seeigel ⌐90, 92 sind häufig vom Strandurlaub bekannt, wobei sie durch ihre schmerzhaften Stacheln in Erinnerung bleiben können. Die irregulären Vertreter ⌐91, 93 sind oft abgeflacht und leben vor allem verborgen und unauffällig im Sand eingegraben. Eine besondere Gruppe irregulärer Seeigel bilden die Clypeasteroiden[1]. Diese Seeigelgruppe zeichnet sich durch ihre sehr stabile modulare Leichtbauweise, ihre leistungsfähigen Plattenverbindungen und eine beeindruckende Formenvielfalt aus.

[1] *Zu den Clypeasteroida zählen die Sanddollars (im engeren Sinn), die Sea Biscuits und die Zwergseeigel. Einen allgemein akzeptierten deutschen Namen für die Gruppe gibt es leider nicht. Der Einfachheit halber sprechen wir hier von Sanddollars (im weiteren Sinn), wenn wir die Clypeasteroiden meinen.*

Seeigel technisch gesehen

Seeigel besitzen ein streng hierarchisch organisiertes Skelett aus Kalk (Calciumcarbonat, Calcit, $CaCO_3$), welches aus vielen, teilweise mehreren Hundert, individuellen und oft effektiv miteinander verbundenen Platten besteht. Ähnlich wie ein Außenskelett umgibt und schützt das Skelett der Seeigel die inneren Organe. Es ist aber von Gewebe bedeckt und damit ein Innenskelett. Die Platten selbst sind aus dem Stereom, einem hochporösen, netzgitterartigen System von ineinandergreifenden Stäbchen, den Trabekeln, aufgebaut ⌐97.

Das Skelettsystem bietet aus technischer Sicht zwei beeindruckende Eigenschaften: Durch seine hohe Porosität wird das Gewicht der Seeigelschale stark reduziert, gleichzeitig aber ist die Leichtbaukonstruktion so stabil, dass das Seeigelskelett sogar heftigen Beanspruchungen während eines Sturmes standhalten kann. Eine weitere Errungenschaft der Seeigel ist ihr modular und aus vielen Einzelelementen aufgebautes Skelett, welches eine faszinierende Bandbreite an Formen hervorbringen kann.

⌐90 *Der reguläre Seeigel* Diadema antillarum *wird seinem Namen auf faszinierende Weise gerecht: Er besitzt bis zu 30 cm lange Stacheln, die er zur Verteidigung gegen Fressfeinde einsetzt. Die Stacheln schrecken Räuber so effektiv ab, dass der Raum zwischen ihnen von Fischen sogar als Kinderstube genutzt wird.*

Vorgefertigte modulare Konstruktionen spielen auch in der Bautechnik eine wichtige Rolle, da sie meist günstig herzustellen sind und sich ihr Aufbau recht schnell verwirklichen lässt. Seeigel aus der Gruppe der Sanddollars bestehen aus Platten, die meist fest über Skelettfortsätze und Bindegewebe miteinander verbunden sind ⌐97. Eine weitere Besonderheit liegt in ihrem Inneren verborgen: Durch ihre teils starke Abflachung haben diese Arten innere Stützapparate ausgebildet, welche die Ober- und Unterseite des Skeletts miteinander verbinden und so eine tragfähige

Brücke innerhalb des Skeletts bilden. Es lassen sich im Allgemeinen drei Typen solcher internen Stützstrukturen unterscheiden Γ93. (1) Der auch als Sea Biscuit bekannte *Clypeaster rosaceus* weist ausgeprägte und wandartig aufgebaute, frei stehende Pfeiler auf. Diese im Vergleich wenig abgeflachte Art ist mit etwa 20 cm Länge einer der wohl größten Vertreter der Clypeasteroiden. Der Sea Biscuit lebt meist auf dem Sediment, wo er sich gelegentlich unter Felsen versteckt und mit Algen, Muschelschalen und dergleichen maskiert, um sich vor Fressfeinden zu schützen Γ91. (2) Der im Vergleich dazu winzige, meist nur wenige Millimeter messende Zwergseeigel *Echinocyamus* besitzt Stützen, welche über ihre gesamte Länge mit der äußeren Schale in Verbindung stehen. Das Skelett dieses ausschließlich im Boden lebenden Winzlings ist so widerstandsfähig, dass es massenweise fossil gefunden wird und dabei kaum Beschädigungen aufweist. (3) Sanddollars, hierzu zählen die mitunter stark abgeflachten Gattungen von *Leodia*, *Melitta* und *Dendraster*, leben vollkommen oder zumindest teilweise eingegraben im Sand. Diese oft scheibenähnlichen Seeigel besitzen ein netzartig verzweigtes Stützsystem aus dünnen Wänden, welches vor allem an den Rändern der Skelette stärker ausgebildet ist.

Formenvielfalt und ihr (r)evolutionärer Hintergrund

Die segmentierten Schalenskelette der Sanddollars weisen eine große Formenvielfalt auf, die von hochgewölbt bis stark abgeflacht, von im Längsschnitt kreisrund bis elliptisch und von klein bis groß reicht. Die Skelette können dabei als sehr kräftige Schalen ausgebildet und ihre Platten durch interne Stützapparate zusätzlich verstärkt sein. Diese Vielfalt der Seeigelskelette spiegelt die Anpassungen der Tiere an ihre spezifischen Lebensräume wider. Trotz der immensen Variation innerhalb der Seeigel lassen sich gemeinsame Grundelemente des Seeigelskeletts erkennen. So besitzen z. B. heute lebende (rezente) Seeigel trotz der großen Formunterschiede genau

⌐91 *Der Sea Biscuit* Clypeaster rosaceus *hat sich mit Algen, Schalenbruchstücken und Sediment maskiert, um sich zu tarnen und damit vor Fressfeinden zu schützen.*

⌐92 *Reguläre Seeigel sind meist kugelig rund und zeigen eine ausgeprägte Fünffachsymmetrie. Die Formvariation innerhalb der regulären Seeigel ist bereits verblüffend, aber nicht zu vergleichen mit der der irregulären Seeigel. Von oben nach unten sind Vertreter der Gattung* Tripneustes *(mit Stacheln),* Tripneustes *(Skelett ohne Stacheln),* Arbacia *und* Paracentrotus *(Skelett ohne Stacheln) abgebildet. Maßlinie 1 cm.*

20 Plattenreihen. Auch die Anordnung der Segmente, bei der sich jeweils drei Platten in einem Punkt treffen, lässt sich bei den Seeigeln wiederfinden. Aus technischer Sicht lässt sich hinter der enormen Formvariation der Seeigel ein theoretisches Strukturmodell erkennen, welches sich im Laufe der Evolution nicht grundlegend verändert hat. In der Architektur und im Bauwesen sind sowohl der Aspekt der Formenvielfalt durch Anpassung als auch die Idee eines abstrakten Modells von großer Bedeutung, da Gebäude in der Regel so geplant werden, dass sie den Anforderungen der Nutzer, den spezifischen Gegebenheiten des Ortes und anderen Anforderungen gerecht werden müssen – allein daraus ergibt sich eine große Vielfalt der Gebäude. In der Architekturplanung werden zunehmend computerbasierte Methoden verwendet, mit deren Hilfe auf Grundlage von Bauprinzipien digitale Modelle entwickelt werden, welche geometrische Variation durch die Veränderung von bestimmten Parametern erzeugen. Kombiniert mit entsprechenden Methoden der Tragwerksanalyse, lässt sich dadurch am Computer sogar eine Evolution von Tragwerken simulieren, die zu leistungsfähigeren Ergebnissen führt, als traditionell geplante Konstruktionen es könnten.

⌐93 Irreguläre Seeigel aus der Gruppe der Sanddollars (Clypeasteroiden) sind bilateral symmetrisch, haben also eine linke und eine rechte Körperhälfte.

Die Form und Krümmung der Schalen sind sehr variabel und die internen Stützapparate verstärken das Kalkskelett maßgeblich. Links: Clypeaster rosaceus;

Mitte: Echinocyamus pusillus;   *Maßlinie (grau) 1 cm,*
rechts: Leodia sexiesperforata;   *Maßlinie (rot) 1 mm.*
oben: mit Stacheln;
Mitte: Skelett ohne Stacheln,
unten: Längsschnitt.

Schalentragwerke und deren Vorbilder in der Natur

Unter „Schalentragwerken" versteht man in der Architektur flächige, doppelt gekrümmte Konstruktionen, welche aufgrund ihrer Form besonders leistungsfähig sein können und daher oft bei Bauten mit großen Spannweiten Verwendung finden. Historische Beispiele hierfür sind Kuppeln, wie beispielsweise im Pantheon in Rom (fertiggestellt um 128 n.Chr.), welche es ermöglichten, mit den damaligen technischen Verfahren große Flächen zu überspannen. Auch gibt es viele Beispiele aus der modernen Architektur, in denen freigeformte, doppelt gekrümmte Schalen einen hohen ästhetischen Wert besitzen, wie beispielsweise das von Félix Candela entworfene L'Oceanogràfic in Valencia (eröffnet 2003) ⌐94. Durch die doppelte Krümmung werden Kräfte ausschließlich in der Schalenebene übertragen. Das führt zu einem vorteilhaften Tragverhalten und einer optimalen Ausnutzung des Materials und lässt daher relativ schlanke und leichte Konstruktionen zu. Die Herstellung

solcher Tragwerke ist infolge ihrer Größe, ihrer unregelmäßigen Geometrie und ihrer doppelten Krümmung oft mit großem Aufwand verbunden. Aus diesem Grund gehen aktuelle Bestrebungen dahin, Schalen aus vorgefertigten Elementen herzustellen, welche vor Ort nur noch zusammengefügt werden müssen. Dies wurde bereits im Forstpavillon der Landesgartenschau in Schwäbisch Gmünd (2014) in Form eines Prototyps realisiert ⌐95. Die Schalen der Sanddollars sind in vielerlei Hinsicht den Schalen in der Architektur nicht unähnlich. So entsprechen die Platten der Seeigel auf niedrigerer hierarchischer Ebene den Segmenten der Schalentragwerke. Die relativ dünnen Seeigelschalen haben ein ähnliches Tragverhalten wie Schalenkonstruktionen in der Architektur und können daher als wichtiger Ideengeber für die Modulanordnung in segmentierten Schalentragwerken dienen. Außerdem können sie Vorbild für die Entwicklung besonders leistungsfähiger

Modulverbindungen sein. Während Module in traditionellen technischen Konstruktionen oft einheitliche Formen aufweisen, zeigen die Platten der Seeigelschale beträchtliche Unterschiede in ihrer Geometrie und Krümmung. Die Anordnung der Platten folgt dabei aber einem strikten Grundbauplan, indem sich immer drei Platten in einem Punkt treffen ┌96. Durch die Variation der Plattenform sowie der Verzahnung kann allein schon die Anordnung der Platten eine leistungsfähige Schalenkonstruktion erzeugen und ist damit eine wichtige Grundlage für bioinspirierte Schalentragwerke.

Die Verbindungen zwischen den Modulen stellen meist Schwachstellen segmentierter Schalenkonstruktionen dar, da an diesen Übergängen die materielle und geometrische Kontinuität unterbrochen ist. Infolgedessen muss entweder die Kraftübertragung in der Fuge oder die Anordnung der Fugen selbst optimiert werden, um leistungsfähigere segmentierte Schalen bauen zu können. Seeigel aus der Gruppe der Sanddollars geben dabei wichtige Hinweise, wie diese Optimierung aussehen kann: Sie besitzen nämlich eine Kombination aus mechanischer Verzahnung ┌97 und Einlagerung von weicherem und elastischerem Gewebe innerhalb des Skeletts, wodurch eine leistungsfähige Fuge entsteht.

Durch interne Stützsysteme sind die obere und untere Schalenhälfte des Seeigelskeletts miteinander fest verbunden ┌93, 98. Kräfte können zwischen den beiden Schalenhälften übertragen werden und sorgen dadurch für eine gleichmäßige Verteilung der Kräfte innerhalb der Schale. Hierdurch wird das

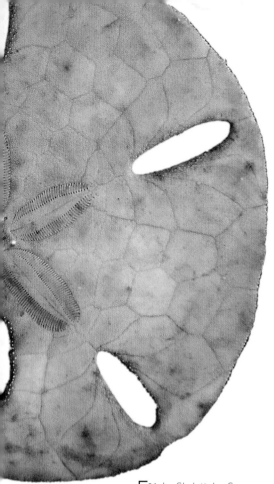

Γ96 *Im Skelett des See-igels Leodia sexiesperfora-ta treffen sich jeweils drei Platten in einem Punkt.*

Skelett insgesamt mechanisch weniger beansprucht. Schalentragwerke sind aus technischer Sicht Konstruktionen, die bei geringer Wandstärke große Flächen über-spannen und dabei gänzlich ohne Stützen auskommen. Dem Verzicht auf Stützsysteme sind allerdings auch statische Grenzen ge-setzt, insbesondere dann, wenn es sich um flache und wenig gekrümmte Schalenbe-reiche handelt. Speziell hier sind Anordnung und Geometrie der internen Stützapparate der clypeasteroiden Seeigel von Interesse, da sie Wege zur statischen Optimierung bei gleichzeitiger Einsparung von Baumateri-al aufzeigen.

Zwar gibt es heute bereits weitgespannte und freitragende Schalentragwerke, doch ist ihre Herstellung oft mit einem ver-gleichsweise hohen Material- und Kosten-aufwand verbunden. Von dem Verständnis der Struktur und des Tragverhaltens des Seeigelskeletts sowie der Übertragung ausgewählter Bauprinzipien in die Technik erhoffen sich Ingenieure und Architekten einen besseren Einblick in die Optimierung von Schalentragwerken. Ziel ist, Schalen-konstruktionen zu entwickeln, welche aus einzelnen vorgefertigten Bausegmenten bestehen. Das soll nicht nur den Material- und Ressourcenverbrauch senken, sondern auch vollkommen neue und leistungsfähige Leichtbaukonstruktionen ermöglichen. Die clypeasteroiden Seeigel weisen viele – für die Architektur wichtige – Eigenschaften auf, wie beispielsweise leistungsfähige Plat-tenverbindungen und interne Stützmecha-nismen. Daher stehen sie aktuell im Fokus biomimetischer Untersuchungen, von denen sich Paläontologen, Biologen, Ingenieure und Architekten neue Konzepte erhoffen, die ei-nerseits revolutionär in Form und Funktion sind und andererseits das Verständnis über den Bau, die Funktion und die Entwicklungs-geschichte der Seeigel erweitern.

97 Rasterelektronenmikroskopische Aufnahme der Stereomfortsätze an einer einzelnen Platte, welche eine leistungsfähige Verbindung der Platten erzeugen

98 Computertomografische Aufnahme eines internen Stützpfeilers des Seeigels Clypeaster rosaceus

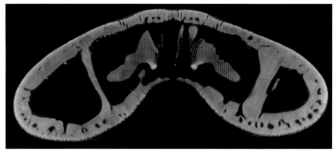

⌐99 Computertomografie-Scan (CT-Scan) und Voxel-modell des Skeletts des See-igels Clypeaster rosaceus. *Oben: Eine Scheibe des CT-Scans des Seeigel-skeletts (je heller der Voxel, desto dichter ist das Material) Mitte: Außenansicht des Voxelmodells. Unten: Schnitt durch das Voxelmodell mit farblicher Darstellung der Materialbeanspruchung (rot = hohe Beanspruchung)*

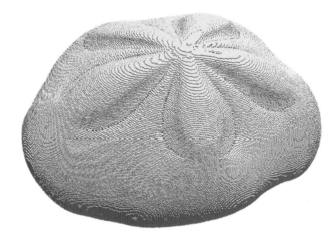

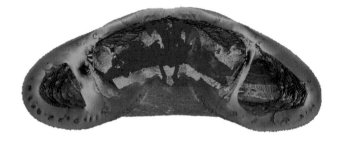

Seeigel in 3-D

Um den inneren Aufbau und das mechanische Tragverhalten der Seeigelschalen zu untersuchen, wurden computertomografische Aufnahmen verschiedener Seeigel erstellt. Dabei erhält man Bilddateien, welche die Materialverteilung in einer sehr dünnen Scheibe des Seeigels zeigen ⌐99. Die Helligkeit jedes Bildpunkts repräsentiert dabei die Dichte des Materials, wobei sich an schwarzen Punkten kein Material befindet und mit steigender Dichte die Punkte heller werden.

Auf Basis dieser scheibchenweisen Darstellung der Geometrie und Dichteverteilung der

Seeigelschale wird ein dreidimensionales Voxelmodell (Würfelmodell) erzeugt. (Ein „Voxel" ist ein Bildpunkt im dreidimensionalen Raum, entsprechend dem „Pixel" in zweidimensionalen Darstellungen.) Dabei werden teilweise Voxel aus mehreren Bildpunkten von hintereinanderliegenden Bildern zu einem größeren Voxel zusammengefasst, um die Auflösung und damit den späteren Rechenaufwand zu reduzieren. Es werden nur Voxel erzeugt, deren Helligkeit über einer vorgegebenen Schwelle liegt. Im Anschluss werden Voxel entfernt, die nicht mit der eigentlichen Seeigelschale verbunden sind, und abschließend die für die statische

Berechnung notwendigen mechanischen Lasten und Randbedingungen definiert.

Die dreidimensionalen Voxelmodelle der Seeigel ermöglichen die Untersuchung des mechanischen Verhaltens der Seeigelschalen in Simulationen. Das mechanische Verhalten lässt sich hierbei durch ein mathematisches Modell beschreiben. Die Gleichungen ähneln denen des hookeschen Gesetzes zur elastischen Verformung von Festkörpern, mit dem sich Federdehnungen berechnen lassen. Sie beschreiben jedoch nicht das Verhalten einer einzelnen Feder unter Krafteinwirkung, sondern das eines dreidimensionalen, kontinuierlichen Körpers.

Die entsprechende wissenschaftliche Disziplin wird als Kontinuumsmechanik bezeichnet. Sie ist die Grundlage für Computersimulationen, die heute in vielen industriellen Bereichen durchgeführt werden und beispielsweise eine Simulation des Crashverhaltens von Fahrzeugen erlauben oder die Vorhersage des Tragverhaltens von geplanten Brücken.
Die Lösung dieser Gleichungen erfolgt mit einem numerischen Modell, in diesem Fall der Finite-Elemente-Methode (FEM). Dabei kann durch die Aufteilung des Berechnungsgebietes in eine begrenzte Anzahl an Elementen eine Näherungslösung bestimmt werden. Als Lösung erhält man die Kräfteverteilung in der Seeigelschale, die sich für eine angenommene Belastung ergibt. Die Qualität der Näherungslösung wird mit kleiner werdenden Elementen und deren damit steigender Anzahl besser. Allerdings erhöhen sich dadurch auch der Berechnungsaufwand und insbesondere die Rechenzeit. Durch die Untersuchung der Seeigelschale mit ingenieurwissenschaftlichen Methoden kann man ein vertieftes Verständnis ihrer Funktionen gewinnen.

Mit den oben beschriebenen mathematischen und numerischen Modellen können so unter anderem virtuelle Experimente am Computer durchgeführt werden, die mit einem realen Präparat nicht möglich wären. Außerdem lassen sich Ergebnisse wie z. B. Kräfteverteilungen oder Deformationen visualisieren und quantifizieren, die man in realen Experimenten nicht beobachten kann. Die Simulationen helfen so nicht nur bei der Umsetzung von Ideen aus der Biologie in die Technik, sondern tragen auch zu einem besseren Verständnis der biologischen Strukturen bei – ein Ansatz, der auch als „technische Biologie" bezeichnet wird.

Anwendungsmöglichkeiten von Segmentschalen in der gebauten Architektur

Tobias Schwinn / Daniel Sonntag / Tobias Grun / James Nebelsick / Jan Knippers / Achim Menges

Pavillons spielen in der Architekturforschung eine besondere Rolle, da sie als temporäre Strukturen erlauben, spezifische Fragestellungen zu untersuchen, ohne alle Anforderungen an permanente Gebäude erfüllen zu müssen. Die Erkenntnisse, die dabei gewonnen werden, können anschließend in die Planung und Umsetzung dauerhafter Gebäude mit einfließen. In diesem Beitrag beschreiben wir den Kontext, in dem der Holzpavillon im Schloss Rosenstein entstanden ist, die besonderen Fragestellungen, die in dem Projekt untersucht wurden, und die Erkenntnisse, die gewonnen wurden. Darüber hinaus geben wir einen Ausblick auf weitere aktuelle Forschungsthemen im Bereich der Holz-Segmentschalen und ihrer Anwendung in der gebauten Architektur.

Pavillons als „Denkmodelle"

Eine der wesentlichen und charakteristischen Eigenschaften der Forschung in der Architektur ist die Möglichkeit, Forschungsfragen nicht nur auf methodischer Ebene zu beantworten, sondern Erkenntnisse auch anhand von gebauten Projekten zu gewinnen. Ein gebautes Projekt kann dabei zum Katalysator neuer Erkenntnisse werden, die über das disziplinäre Wissen der am Bau Beteiligten hinausgehen. Pavillons eignen sich besonders für diese Art der Forschung, da sie in ihrer Eigenschaft als temporäre Strukturen erlauben, bestimmte Fragestellungen herauszuheben, ohne den gesamten funktionalen und konstruktiven Anforderungen und Ansprüchen an Gebäude gerecht werden zu müssen. Auf diese Art und Weise können Hypothesen getestet werden und die Erkenntnisse anschließend in die Planung dauerhafter Gebäude mit einfließen. So sind Pavillons nicht nur Vehikel für Material-

experimente oder experimentelle Bauweisen, sondern auch „models for thinking", also Denkmodelle, auf deren Grundlage sich neue Erkenntnisse gewinnen lassen und auch neue Forschungsfragen gestellt werden können.

Auch der Holzpavillon, der für die Ausstellung „Baubionik – Biologie beflügelt Architektur" konzipiert wurde, lässt sich in eine Reihe von Forschungspavillons einordnen, die seit 2011 an der Universität Stuttgart in Zusammenarbeit mit Biologen und Paläontologen der Universität Tübingen entstanden sind. Zu diesen Vorgängerprojekten gehören der ICD/ITKE-Forschungspavillon 2011, das Ausstellungsgebäude auf der Landesgartenschau 2014 in Schwäbisch Gmünd sowie der ICD/ITKE-Forschungspavillon 2015–16. Anhand dieser Pavillons wurde die Übertragung von Wirkprinzipien aus der Biologie in Entwurf, Konstruktion und Fertigung von Holz-Segmentschalen untersucht. So konnten Hypothesen getestet, Methoden validiert, neue Erkenntnisse gewonnen und, ganz im Sinne der Denkmodelle, auch jeweils neue Forschungsfragen gestellt werden, die in darauffolgenden Projekten untersucht wurden. Neben der Untersuchung und Übertragung bestimmter Struktur- und Bildungsprinzipien des Sanddollarskeletts in die Architektur S. 104 standen dabei auch immer architektonische, planerische und fertigungstechnische Frage- und Zielstellungen im Vordergrund. Im Fall des Rosenstein-Holzpavillons gehörte dazu z. B. das Ziel, die Anordnung der Plattenfugen aus statischer Sicht zu optimieren sowie die Plattendicke, und damit die Masse der Tragstruktur, im Vergleich zu den Vorgängerprojekten zu reduzieren, die Tragfähigkeit jedoch beizubehalten.

Im Folgenden werden daher zum einen der Kontext der Entwicklung des Holzpavillons und die neuen Erkenntnisse beschrieben, die durch die Umsetzung des Pavillons gewonnen wurden. Zum anderen soll dargestellt werden, welche weiteren Fragestellungen aktuell in Folgeprojekten bearbeitet werden, also z. B. die konstruktive Weiterentwicklung, größere Spannweiten, die Frage nach der Nachhaltigkeit von Holz-Segmentschalen sowie die Frage nach dem Bauen im Bestand. Abschließend werden die bisherigen Erkenntnisse eingeordnet und es wird ein Ausblick auf die weitere Verbreitung des Holz-Segmentschalenbaus gegeben.

Die „Vorfahren" des Rosenstein-Holzpavillons

Der Pavillon basiert, wie zuvor beschrieben, zum Teil auf Erkenntnissen und Fragestellungen, die im Rahmen von vorhergehenden Forschungspavillons gewonnen bzw. entwickelt wurden. Allen voran der ICD/ITKE-Forschungspavillon 2011 ⌐100 in dessen Rahmen Forscher des Instituts für Computerbasiertes Entwerfen und Baukonstruktion (ICD) und des Instituts für Tragkonstruktion und Konstruktives Entwerfen (ITKE) in Zusammenarbeit mit Architekturstudenten der Universität Stuttgart historische Holzplattenverbindungen untersucht und im Kontext der Möglichkeiten digital gesteuerter Fertigung neu interpretiert haben. In diesem Zusammenhang wurde auch die Anordnung der Platten des Sanddollarskeletts untersucht, bei dem jeweils drei Platten auf einen Punkt treffen und eine sogenannte Y-Anordnung bilden, sowie die mikroskopische Verbindung zwischen den Platten des Sanddollarskeletts, die als das strukturelle Pendant zu Fingerzinkenverbindungen identifiziert werden konnte. Aus tragwerksplanerischer Sicht ermöglichte es diese Art der Plattenanordnung, ein biegesteifes Tragwerk aus biegeweichen Verbindungen herzustellen. Aus fertigungstechnischer Sicht stand bei diesem Projekt die Fertigungsintegration im Vordergrund, also das Ziel, den Datenfluss von der Planung bis zur digitalen Ansteuerung der Werkzeugmaschine, in diesem Fall ein Industrieroboter mit Frässpindel, durchgängig zu gestalten. Dafür wurden spezielle neue Bearbeitungszyklen entwickelt, die die Herstellung der geometrisch anspruchsvollen Holzverbindung und der kassettenförmigen Schalensegmente ermöglichten.

▼100 *ICD/ITKE-Forschungs-pavillon 2011. In diesem Projekt wurden historische Holzplattenverbindungen untersucht und im Kontext der Möglichkeiten digital gesteuerter Fertigung neu interpretiert.*

Das darauffolgende Ausstellungsgebäude auf der Landesgartenschau 2014 in Schwäbisch Gmünd ▼95, 101 wurde im Rahmen eines Forschungs- und Entwicklungsprojekts an der Schnittstelle zwischen Forschung und Baupraxis geplant und umgesetzt. Angesichts der großen Anzahl der Bauteile im Vorgängerprojekt und der Komplexität ihrer Verbindung war es hier zunächst das Ziel, die Anzahl der Bauteile im Verhältnis zur überbauten Fläche zu reduzieren und den Zusammenbau der Schale zu vereinfachen, ohne jedoch die positiven Eigenschaften des Tragwerks zu beeinträchtigen. Weiterhin sollte das Wissen um die Methoden der digitalen Planung und Maschinenansteuerung in die Baupraxis übertragen werden. Dafür wurde eine Segmentschale entwickelt, die nur aus einer einzigen tragenden Materialebene aus 50 mm starkem Buchensperrholz besteht. Das Prinzip der Y-förmigen Plattenanordnung blieb dabei unverändert. Die Plattenverbindung ermöglicht vor allem die Übertragung von Scherkräften an den Plattenrändern und mittels einer kreuzweisen Verschraubung in geringem Umfang zusätzlich auch von Biegemomenten. Aus planerischer Sicht stand hier wiederum die Fertigungsintegration im Mittelpunkt, allerdings mit dem Ziel, die Herstellbarkeit der Bauteile schon während der Entwurfsphase mittels agentenbasierter Modellierung sicherzustellen.

Analog zu einer biologischen Einordnung in einen evolutionären Stammbaum ist das Ausstellungsgebäude mit seiner einlagigen Holz-Segmentschale und der geschraubten Verbindung daher der direkte Vorfahre des Rosenstein-Holzpavillons.
Da jedoch beim Pavillon der Landesgartenschau 2014 die untere statisch mögliche Grenze der Schalendicke durch die zusätzliche Schraubverbindung begrenzt wurde, standen beim ICD/ITKE-Forschungspavillon 2015–16 ▼102 zunächst alternative Holzverbindungen im Vordergrund. Wiederum an der Schnittstelle zwischen Forschung und Lehre an der Universität Stuttgart geplant und umgesetzt, lag hier der Fokus auf der Plattenverbindung des Sanddollars und speziell auf den organischen Bestandteilen, die beim Sanddollar für zusätzliche Stabilität sorgen. Die grundlegende Hypothese bei diesem Projekt war, dass Holz als natürlicher Faserverbundwerkstoff in Form von geschälten Furnieren eher als textiler, anisotroper Werkstoff zu betrachten und zu verarbeiten ist denn als fester, isotroper Werkstoff wie z. B. Stahl oder Beton oder auch kreuzweise verleimtes Furniersperrholz wie im Landesgartenschau-Pavillon. Dieser textile Ansatz bildete daher die Voraussetzung für die Anwendung von Bearbeitungsverfahren aus dem Bereich der technischen Textilien wie z. B. Laminieren, um die Biegesteifigkeit eines Bauteils gezielt zu steuern;

101 Ausstellungsgebäude auf der Landesgarten-
schau 2014 in Schwäbisch
Gmünd. Die selbsttragende
Schale besteht aus 50 mm
starkem Buche-Furnier-
sperrholz. Die charakteristische Plattenverbindung
ermöglicht vor allem die
Übertragung von Scherkräften an den Plattenrändern
und in geringem Umfang
auch von Biegemomenten.

robotisches Nähen, um das Delaminieren
elastisch gebogener Bauteile zu verhindern, und das Schnüren, um Bauteile auf
der Baustelle unkompliziert zu verbinden.
Das Ergebnis war hier eine sehr leichte
Holz-Segmentschale aus elastisch gebogenen Holzfurnieren mit einer Materialdicke von maximal 6 mm, die ohne jegliches
traditionelle Verbindungsmittel auskamen.

102 ICD/ITKE-Forschungs-
pavillon 2015–16. Bei diesem Projekt wurden textile
Bearbeitungstechniken für
den Holzbau untersucht. Der
Pavillon besteht aus elastisch
gebogenen Holzfurnieren
mit einer Materialdicke von
maximal 6 mm, die ohne
jegliches traditionelle Verbindungsmittel auskommen.

Der Rosenstein-Holzpavillon:
eine Segmentschale im Schloss Rosenstein

In dieser Entwicklungslinie steht der Rosenstein-Holzpavillon, ein Demonstrator für Holz-Segmentschalen, der im Rahmen des Sonderforschungsbereichs TRR141 „Biological Design and Integrative Structures" innerhalb des Forschungsprojekts „Das Sanddollarskelett als biologisches Vorbild für Segmentschalen im Bauwesen" entwickelt wurde. Er ist das Ergebnis der Zusammenarbeit zwischen dem ICD, dem ITKE, dem Institut für Baustatik und Baudynamik (IBB) der Universität Stuttgart und der Arbeitsgruppe „Invertebraten-Paläontologie und Paläoklimatologie" der Universität Tübingen. Eine der übergeordneten Fragestellungen, die in dem Projekt untersucht wurden, lautet, inwiefern die Plattenanordnung im Sanddollarskelett das Ergebnis einer Strukturoptimierung ist. Ausgehend von der geometrischen Fertigungsoptimierung im Landesgartenschau-Pavillon stand somit bei der Entwicklung des Rosenstein-Holzpavillons

die Optimierung der Plattenanordnung und des Fugenverlaufs aus statischer Sicht im Vordergrund. Dafür wurde unter anderem die Materialverteilung innerhalb des Sanddollarskeletts analysiert und modelliert sowie das Tragverhalten der Sanddollarschale simuliert, um mechanische Prinzipien daraus ableiten zu können S. 114. Parallel dazu wurde die agentenbasierte Methode der Schalensegmentierung erweitert, um eine Rückkopplung mit der Tragwerksanalyse zu ermöglichen. Wie beim Landesgartenschau-Pavillon floss dabei schon von Beginn des Planungsprozesses an der Gedanke der Herstellbarkeit der Bauteile in die Modellierung der Platten mit ein. Die statische Optimierung der Gesamtform sowie der Platten- und Fugenanordnung verringert die Kräfte, die in den Plattenverbindungen wirken, und führt zusätzlich zu einer Erhöhung der Steifigkeit des Gesamttragwerks ⌐103, 104.

⌐**103** *Die Globalform des Pavillons ist das Ergebnis der räumlichen Randbedingung im Rosensteinmuseum sowie des Ausstellungskonzepts und der Wege-* *führung durch die Ausstellung. Aus der Perspektive der Besucher rahmen die Öffnungen in der Segmentschale besondere Exponate im Ausstellungsraum ein.*

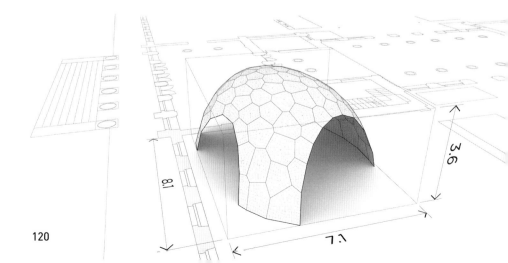

3,6

8,1

7,7

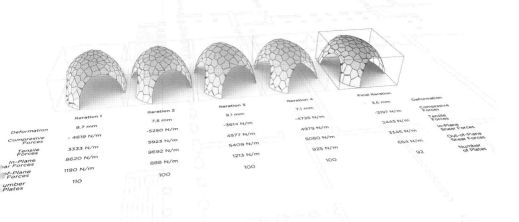

	Iteration 1	Iteration 2	Iteration 3	Iteration 4	Final Iteration	
Deformation	8,7 mm	7,5 mm	9,1 mm	7,1 mm	3,6 mm	Deformation
Compresive Forces	- 4619 N/m	-5250 N/m	-3614 N/m	-4726 N/m	-3197 N/m	Compresive Forces
Tensile Forces	3333 N/m	5923 N/m	4577 N/m	4979 N/m	2443 N/m	Tensile Forces
In-Plane Shear Forces	8620 N/m	9692 N/m	5409 N/m	5080 N/m	3346 N/m	In-Plane Shear Forces
Out-of-Plane Shear Forces	1190 N/m	888 N/m	1213 N/m	925 N/m	654 N/m	Out-of-Plane Shear Forces
Number of Plates	110	100	100	100	92	Number of Plates

⌐104 *Die Plattenanordnung des Rosenstein-Holzpavillons ist das Ergebnis einer statischen Optimierung mit dem Ziel, die Verbindungskräfte zu reduzieren und die Steifigkeit des Gesamttragwerks zu erhöhen.*

Das Ergebnis der Optimierung ist die spezifische Plattenanordnung des Rosenstein-Pavillons, bestehend aus 92 polygonalen Buche-Furniersperrholzplatten mit einer Stärke von 20 mm. Bei einem Flächengewicht von nur 25,4 kg/m² Grundfläche spannt die Schale ca. 7 m, eine Leistung, die durch eine enge Integration von parametrischem Entwurf, statischer Optimierung und robo-tischer Fertigung möglich wurde. Die Form des Pavillons beruht auf den spezifischen räumlichen Randbedingungen im Rosensteinmuseum, dem Ausstellungskonzept und der Wegeführung, mit der die Besucher durch die Ausstellung geleitet wurden. Aus der Perspektive des Besuchers rahmen die Öffnungen der Segmentschale besondere Exponate im weiteren Ausstellungsraum gezielt ein. Zudem ist der Pavillon selbst Ausstellungsobjekt und entfaltet seine Wirkung durch seine Materialität, individuelle Plattengeometrie und Leichtigkeit des Tragwerks. Er lässt sich umrunden und stellt so auch seine charakteristischen Verbindungsdetails aus ⌐**105–107**.

⌐105 *Innenansicht des Rosenstein-Holzpavillons. Der Pavillon ist selbst Ausstellungsstück, rahmt aber auch andere Exponate entlang des Ausstellungsweges ein wie in diesem Fall die Segmentschale aus gradiertem Beton, welche im Hintergrund zwischen der Spiegelung des Holzpavillons zu erkennen ist.*

⌐106 *Außenansicht des Rosenstein-Holzpavillons. Durch die im Verhältnis zur Spannweite extrem dünne Schale und mit seinem extrem niedrigen Flächengewicht gehört der Pavillon zu den besonderen Leichtbauten.*

⌐107 *Verbindungsdetail des Rosenstein-Holzpavillons. Die Platten sind an ihrer Schmalseite auf Gehrung gestoßen. Die abgerundeten Fingerzinken und die kreuzweise Verschraubung ermöglichen es, Schwerkräfte an den Plattenrändern zu übertragen sowie in geringerem Umfang auch Biegemomente.*

Die Realisierung des Pavillons zeigt, dass Clypeasteroiden (der wissenschaftliche Name der Seeigel, zu denen die Sanddollars zählen) als biologische Vorbilder für segmentierte Schalen im Bauwesen eingesetzt werden können. Neben einer rein geometrischen Optimierung der Plattenanordnung, z. B. aus fertigungstechnischen Gründen, wurde das Tragverhalten der Segmentschale durch die Optimierung der Plattenanordnung und des Fugenverlaufs verbessert. Im Sinne einer reversen Bionik zeigte die Tragwerksanalyse des Seeigelskeletts, dass auch in Seeigeln Plattenanordnung und Gesamtform statischen Zwängen unterliegen.

Ausblick

Die Erkenntnisse zu Plattenanordnung und Fugenverlauf sind aus biologischer Sicht besonders wichtig, da sie die Frage aufwerfen, zu welchem Grad diese Aspekte evolutionären Zwängen zuzuschreiben sind und welchen Einfluss mechanische Einwirkungen darauf haben. Aus architektonischer und tragwerkplanerischer Sicht ist die Erkenntnis besonders wichtig, dass es eine enge Wechselwirkung zwischen Globalgeometrie, Bauteilgeometrie und Fugenanordnung gibt, die den funktionalen Lösungsraum tragfähiger Segmentschalen sehr einschränkt. Die Prinzipien dieser Wechselwirkungen und deren Mechanismen sind allerdings noch nicht komplett verstanden. Darüber hinaus gibt es weitere Forschungsfragen, die parallel und in Folgeprojekten bearbeitet werden.
So stehen bei der Planung einer Holz-Segmentschale für die Bundesgartenschau 2019 in Heilbronn, die im Kontext von Forschung und Baupraxis stattfindet, vor allem die konstruktive Weiterentwicklung der Segmente

und deren Verbindungen sowie die Weiterentwicklung des Fertigungsprozesses im Vordergrund. Dieser Pavillon, der im Frühjahr 2019 fertiggestellt sein soll, wird aus ca. 400 individuellen, robotisch vorgefertigten Holzsegmenten bestehen und mehr als 29 m weit spannen 108, 109.

Parallel zur Entwicklung des Rosenstein-Holzpavillons wurden in einem weiteren Forschungsprojekt die ökologischen und ökonomischen Auswirkungen von Holz-Segmentschalen untersucht. Hier konnte unter anderem gezeigt werden, dass die beiden oben genannten Konstruktionssysteme für Holz-Segmentschalen, die im Rahmen der Landesgartenschau 2014 und der Bundesgartenschau 2019 entwickelt wurden, ein deutlich geringeres Treibhauspotenzial besitzen als eine vergleichbare Schale aus Beton, jedoch in der Herstellung nicht teurer sind.

Im Kontext der zunehmenden Urbanisierung und der damit einhergehenden Nachverdichtung des Baubestands in Städten wird aktuell auch die Möglichkeit untersucht, bestehende Gebäude mit leichten Holz-Segmentschalen aufzustocken. Hierbei ist besonders deren Eigenschaft relevant, Geometrie und Lagerung der Schalen an die bestehenden Tragstrukturen anpassen zu können 110.

Die Relevanz des Segmentschalenthemas lässt sich zunehmend in aktuellen Bauten beobachten, die außerhalb des universitären Kontexts entstanden sind. Beispiele sind die Wanderhütte „Dagsturhytter" bei Hammerfest in Norwegen oder auch das Elefantenhaus im Zoologischen Garten in Zürich. Dennoch sind die technischen Anforderungen an die Umsetzung immer noch hoch, insbesondere was Modellierung, Simulation und Fertigung angeht. Die weitere Forschung wird sich daher damit beschäftigen, die technologischen Hürden zu senken, die zurzeit noch die Anwendung von Segmentschalen in der gebauten Architektur erschweren.

Der Rosenstein-Holzpavillon stellt hinsichtlich der Leistungsfähigkeit seines Tragwerks und der Materialersparnis einen Meilenstein in der Forschung und Entwicklung von Holz-Segmentschalen dar. Als einer der vier Demonstratoren der Ausstellung „Bionik – Biologie beflügelt Architektur" steht er außerdem für das Potenzial der Übertragung von Strukturprinzipien aus der Biologie in die Architektur. Die Forschungs- und Entwicklungsgeschichte des Rosenstein-Holzpavillons zeigt zudem, wie Erkenntnisse aus Lehre und Forschung schrittweise in die Baupraxis übertragen werden können. Denn mit dem Pavillon als „Vehikel" und Denkmodell lassen sich im Kontext der Universität Forschungsfragen formulieren und Hypothesen aufstellen und interdisziplinär testen, wie sie in der Baupraxis aufgrund ihrer Multidisziplinarität und fehlender Integration so nicht gestellt und untersucht werden können. Daher gilt es, den Wissenstransfer in die Baupraxis weiter zu gestalten. Dazu bedarf es neben der Lehre, die die nächste Generation von Architekten und Ingenieuren ausbildet, auch in Zukunft weiterer Forschungs- und Transferprojekte. Das Ziel ist, das ökologische und ökonomische Potenzial dieser neuen Bauweise auch in der Breite nutzen zu können.

⌐109 *Konstruktiver Aufbau der Holzsegmente des Holzpavillons auf der BUGA 2019*

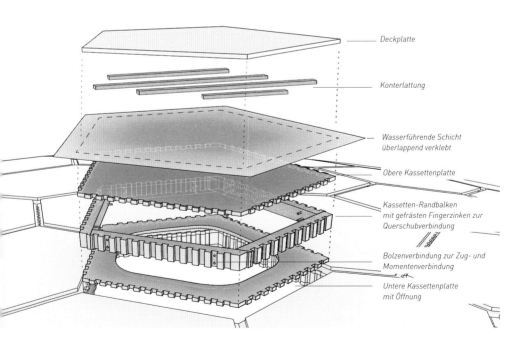

Deckplatte

Konterlattung

Wasserführende Schicht
überlappend verklebt

Obere Kassettenplatte

Kassetten-Randbalken
mit gefrästen Fingerzinken zur
Querschubverbindung

Bolzenverbindung zur Zug- und
Momentenverbindung

Untere Kassettenplatte
mit Öffnung

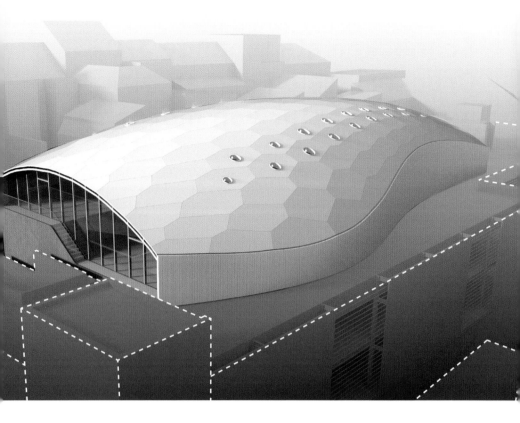

110 *Möglichkeit der Nachverdichtung im urbanen Kontext durch Aufstockung bestehender Gebäude mit leichten Holz-Segmentschalen*

Schnecken als lebende 3-D-Drucker: freie Formen für die Architektur von morgen

Christoph Allgaier / Benjamin Felbrich / Frederik Wulle / Emna Khechine / James H. Nebelsick / Achim Menges / Günter Reiter / Renate Reiter / Armin Lechler / Alexander Verl / Karl-Heinz Wurst

Schneckenschalen gehören zu den faszinierendsten Bauwerken im Tierreich. Die Formen- und Strukturvielfalt der Gehäuse ist erstaunlich. Dabei ist der Weichkörper des Tieres in der Lage, einen Materialverbund von hoher Festigkeit zu erzeugen, in einem Bildungsprozess, der sich evolutionär über Jahrmillionen entwickelt hat und hervorragend für eine kontinuierliche Gehäusebildung geeignet ist. Trotz der unterschiedlichen Formgebung bei den einzelnen Arten und der ungeheuren Vielfalt liegt allen der gleiche Bauprozess zugrunde, der auf einem additiven Verfahren beruht. Über die gesamte Wachstumsphase einer Schnecke betrachtet, ist der Vorgang vergleichbar mit einem kontinuierlichen 3-D-Druckverfahren. Das Material aus der Drüsenzone wird dabei nicht, wie bei additiven Druckverfahren üblich, stapelweise angefügt, sondern abschnittsweise entlang der Form. Das verspricht spannende Innovationen für Produktionstechnologien.

Vielfalt der Schneckenschale

Schneckenhäuser können von unterschiedlichster Form sein, viele sind bizarr geformt, manche sehr ästhetisch ⌐111, 112. Doch so faszinierend diese Gebilde auf uns Menschen wirken mögen, sie sind das Produkt eines lebenden Tieres im ständigen Wettstreit ums Überleben.

Schnecken gehören zusammen mit Tintenfischen und Muscheln zu den Weichtieren (*Mollusca*). Der weiche Körper einer Schnecke ist ständig von Raubfeinden bedroht, und die einfachste Form des Schutzes ist ein gepanzertes Außenskelett, welches das Tier umgibt. Dies ist umso wichtiger, als Schnecken sich nur relativ langsam mithilfe einer flachen Kriechsohle auf der Bauchseite fortbewegen. Der wissenschaftliche Name der Schnecken lautet deshalb *Gastropoda*

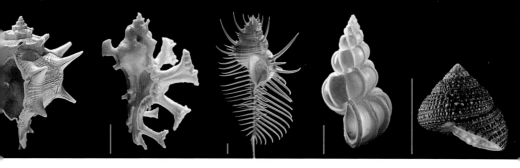

⌐111 Schneckenschalen,
die zu Auswüchsen wie
Stacheln, Kämmen, Rippen
geformt sind oder deren
Oberfläche grob orna-
mentiert ist. Grüne Linie:
Schalenrand und Lage der
Mantelfalte beim Wachstum.
Maßlinien 1 cm.

(„Bauchfüßer"). Die Schneckenschale, ein
totes, nicht vom Körper versorgtes Gebilde, wird vom Weichkörper hergestellt. Die
Körperhaut über den inneren Organen, der
„Mantel", scheidet die Schale ab.
Obwohl die meisten Schneckenarten im
Meer leben, haben Schnecken in den rund
500–600 Millionen Jahren ihrer Entwicklung
fast jeden Lebensraum der Erde besiedelt.
Entsprechend vielfältig sind die Gehäuse.
Meeresschnecken besitzen meist dickwan-
digere Gehäuse als Landschnecken. Man
kennt Schneckenarten mit einer Gehäuse-
größe von unter 1 mm bis zu solchen mit
über 80 cm großen Gehäusen. Darüber hinaus sind die Schalen oft skulpturiert, d. h.,
zu Stacheln, Kämmen oder Kielen ausgeformt, und/oder die Schalenoberfläche ist
bedeckt mit Höckern, Rippen oder einer
feinen Mikroskulptur ⌐115.

⌐112 Unterschiedliche
Schneckengehäuse zei-
gen die Abwandlung des
Prinzips eines um eine
Achse gewundenen Rohrs.
Grüne Linie: Schalenrand
und Lage der Mantelfalte
beim Wachstum. Rechte
Schale: Längsschnitt, Pfeil:
Anwachsstelle des Weich-
körpers an der Schale.
Maßlinien 1 cm.

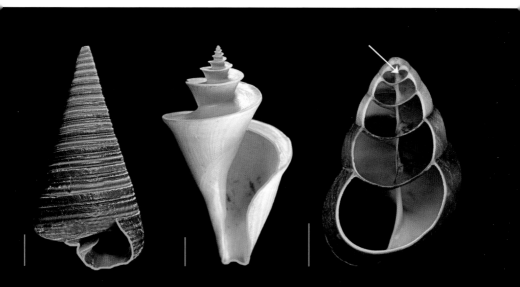

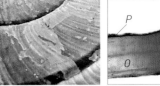

⌐113 *Die Schale besteht aus zwei unterschiedlichen Schichten, Periostrakum (P) und Ostrakum (O). Lebende Schnecken besitzen meist eine Schale mit intaktem Periostrakum; in der Nähe des Apex löst es sich wie hier aber manchmal ab. Messbalken 0,5 mm.*

Harte Schale, genialer Kern

Die Schnecke kann ihr Haus nicht komplett verlassen, denn sie ist an einem Punkt im Inneren der Gehäusespitze mit der Schale verwachsen. Wächst der Weichkörper, baut die Schnecke an den äußeren Rand der Schale Substanz an und erweitert so das Schneckenhaus.

Dabei umfasst der Schalenbau genau genommen zwei Prozesse. Zunächst wird eine äußere organische formgebende Schicht gebildet und erst im zweiten Schritt durch einen anorganischen Baustoff von innen verstärkt. Das Organ, welches die Schale bildet, der sogenannte Mantel, scheidet also im ersten Schritt eine dünne, proteinhaltige Membran ab, die Periostrakum genannt wird, und fügt im zweiten Schritt eine oder mehrere harte Calciumcarbonat-Schichten an ⌐113. Letztlich wird so die Form der Schale durch die Aktivität des lebenden Gewebes des Tieres bestimmt. Der gesamte Weichkörper des Tieres kann sich im Gehäuse frei vor und zurück bewegen. Um mit dem Schalenbau beginnen zu können, muss jedoch die Mantelfalte in Kontakt mit der Gehäusemündung gebracht werden. Manchmal ruht die Bautätigkeit, beispielsweise wenn sich das Tier ins Gehäuseinnere zurückzieht. Die Schneckenschale wächst also nicht ununterbrochen, sondern in wiederkehrenden Phasen.

Schalenzuwachs über die gesamte Breite

Die Sekretion durch das Mantelepithel findet in einer bandförmigen Zone „produktiven" Gewebes statt, der sogenannten Mantelfalte. Dort wird als Erstes in der Periostrakumgrube das neu gebildete Periostrakum an den Schalenrand angeheftet und auf der gesamten Länge der Periostrakumgrube extrudiert, d. h., in einem kontinuierlichen Prozess gebildet ⌐114. Die frische, noch weiche Periostrakummembran wird durch typische Bewegungen der Mantelfalte in eine bestimmte Form gebracht. Dann härtet die Schicht aus, wird anschließend oberhalb der Periostrakumgrube von der Innenseite her mit Calciumcarbonat verfestigt und bildet so das Ostrakum, einen Materialverbund aus einer organischen Außenschicht und einer anorganischen Innenschicht.

Frei geformt

Während des Aushärtungsvorgangs der neu extrudierten Periostrakumschicht wird die Schicht durch die Mantelfalte gestützt und geformt. Man kennt von vielen Schneckenarten Auswüchse und ornamentartige, dreidimensionale Strukturen auf der Schalen-

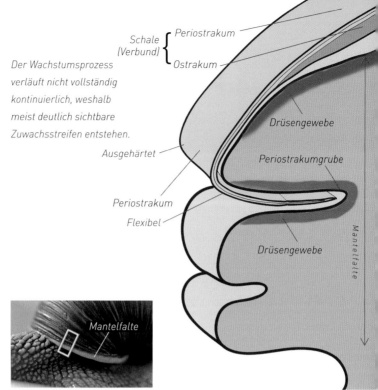

Schale (Verbund) { Periostrakum — Ostrakum

Drüsengewebe

Periostrakumgrube

Ausgehärtet

Periostrakum

Flexibel

Drüsengewebe

Mantelfalte

Mantelfalte

⌐114 *Der 3-D-Druckkopf der Schnecke: Die Schneckenschale wird vom Weichkörper an der drüsenreichen Mantelfalte gebildet. Hier sind zwei verschiedene Bildungszonen konzentriert. Zunächst wird eine flexible Membran, das Periostrakum, an den bestehenden Gehäuserand angeheftet und aus der Periostrakumgrube extrudiert. Nach dessen Aushärtung erfolgt von der Innenseite her die Auflagerung von verstärkenden CalciumcarbonatSchichten entlang eines weiter oben an der Mantelfalte liegenden Drüsenbereichs.*

Der Wachstumsprozess verläuft nicht vollständig kontinuierlich, weshalb meist deutlich sichtbare Zuwachsstreifen entstehen.

oberfläche. All diese Varianten entstehen beim Wachstum an der Schalenmündung durch entsprechende Formung der Mantelfalte. Hier werden folglich die Schalen gestaltet. Bei genauerer Betrachtung handelt es sich um wiederkehrende Elemente, also periodische Strukturen. Dem abschnittsweisen Wachstum und der Ausformung liegen verschiedene Bauprogramme zugrunde, die der Schnecke angeboren sind. Nach Ablauf einer bestimmten Bautätigkeit stellt sich die Mantelfalte auf ein neues Formelement um. Ebenfalls periodisch ablaufende Prozesse liegen den oft zusätzlich vorhandenen Mikroskulpturen bei Landschnecken zugrunde ⌐115. Die Bedeutung dieser Oberflächenstrukturen im Mikrobereich ist noch weitgehend unbekannt.

⌐115 *Schalenoberflächen mit Mikroskulpturen bei Landlungenschnecken. Links: Weinbergschnecke* (Helix pomatia), *Mitte: Steinpicker* (Helicigona lapicida), *rechts: Rötliche Laubschnecke* (Monachoides incarnatus).

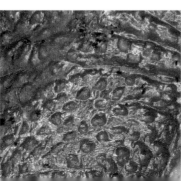

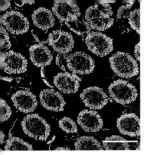

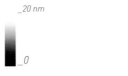

_20 nm

_0

10 nm_

0_

┌116 *Kristalline Bereiche*
in einer Monolage von
Poly-L-Lactid-Acid
(PLLA), aufgenommen mit
dem Rasterkraftmikroskop.
Der Bildausschnitt be-
trägt 20 · 20 μm, in der
Höhe Maßstab 0–20 mm.

┌117 *Teilkristalline Berei-*
che in einer Monolage
von Poly-benzyl-L-gluta-
maten, aufgenommen mit
dem Rasterkraftmikro-
skop. Der Bildausschnitt
beträgt 2 · 2 μm, für die
Höhe ist der Maßstab
von 0–10 nm relevant.

Von der Biologie zur Architektur

Strukturierte Biopolymer-Monolagen zum Aufbau der formbaren Periostrakummembran

Die Herausforderungen, denen die Eigenschaften der Periostrakummembran genügen müssen, sind sehr vielfältig. Zunächst ist die Membran sehr dünn und weich und damit auch leicht formbar. Nach der Verformung muss sie aber so lange stabilisiert werden, bis sie chemisch ausgehärtet ist und durch das aufwachsende Calciumcarbonat gestützt wird. Zum einen leistet die Mantelfalte einen wesentlichen Beitrag beim Formgeben und Stützen, zum anderen müssen aber auch die aufbauenden Biomaterialien Eigenschaften besitzen, die diese Formgebung zulassen.
Eine wichtige Eigenschaft ist die Fähigkeit des Periostrakums, sich an ganz bestimmten Stellen aus der Ebene heraus in den dreidimensionalen Raum zu krümmen. An diesen Krümmungsstellen muss die Membran eine geringere Biegesteifigkeit besitzen als in den Bereichen, die weniger stark gekrümmt werden. Eine Möglichkeit, Unterschiede in der Biegesteifigkeit zu erzeugen, liegt in der Strukturierung der Membran. Strukturierung in diesem Zusammenhang bedeutet, dass die Membran aus Einheiten aufgebaut ist, die eine unterschiedliche

Steifigkeit besitzen. Die Basislamelle der Membran kann z. B. weich und flexibel sein, und darin eingebettet befinden sich harte, versteifende Strukturelemente, die nach einem ganz bestimmten Muster angeordnet sind. Reiht man steife Elemente beispielsweise in einer Linie auf, so wird entlang dieser Linie eine höhere Biegesteifigkeit bestehen als in den anderen Bereichen der Membran. Dieses Prinzip nutzen Polymerphysiker bei der Herstellung ultradünner Schichten aus sogenannten Biopolymeren. Dies sind Moleküle, die Ähnlichkeiten mit den Proteinmolekülen des Periostrakums aufweisen. Durch eine Assemblierungsmethode an der Wasseroberfläche kann man diese Moleküle so anordnen, dass sie in manchen Bereichen kristallisieren und dort hart und steif sind. In anderen Bereichen hingegen sind sie in einem weicheren und flexibleren Zustand. Die räumliche Anordnung dieser Strukturelemente wird in entscheidender Weise von den Eigenschaften der Moleküle beeinflusst. Dies lässt sich an den Beispielen der Monolagen eines Polylactids und eines Polypeptids zeigen ┌116, 117. Man sieht, dass es möglich ist, unterschiedliche Anordnungsmuster der harten, steifen Bereiche zu erzeugen. Damit lässt sich die Biegesteifigkeit der Membran gezielt verändern.

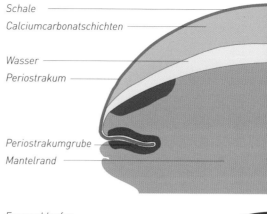

Schale
Calciumcarbonatschichten

Wasser
Periostrakum

Periostrakumgrube
Mantelrand

Faserschlaufen
Spritzbeton
Kunststoffschale
Nachformung

Von der Schneckenschale zur Gebäudehülle

Der stetige Wachstumsprozess einer Schneckenschale kann mit additiven Fertigungsverfahren verglichen werden, deren Wirkprinzipien ebenfalls auf dem Auftragen oder Hinzufügen von Material beruhen. Bei genauerer Betrachtung des Schneckenschalenwachstums lässt sich jedoch erkennen, dass sich die Wachstumsprinzipien von den konventionellen Methoden in der Fertigungstechnik unterscheiden. Unter Berücksichtigung des biologischen Vorbilds und technischer Realisierungsmöglichkeiten werden nachfolgend anhand eines Modells die Funktionsprinzipien beschrieben ⌐118. Dieses Modell dient der Übertragung der innovativen bioinspirierten Ansätze auf die Bauteilfertigung für den architektonischen Einsatz.

⌐**118** *Bionischer Transfer: biologisches Schneckenschalenwachstum (oben), Modell der technischen Fertigung einer Gebäudehülle (unten)*

Das bionische Modell fokussiert hierbei auf die funktionale Trennung von formgebender und lasttragender Schicht (bei der Schnecke Periostrakum und Ostrakum). Dabei wird zunächst die formgebende Schicht erzeugt und nachträglich mit der lasttragenden Schicht verstärkt, welche sich dieser Form anpasst. Um eine Hülle herzustellen, werden beide Schichten flächig in Wachstumsrichtung erzeugt. Die Wachstumsrichtung kann hierbei frei im Raum orientiert sein, wodurch eine Krümmung der Hülle erzeugt werden kann. Eine doppelt gekrümmte Form wird durch eine zusätzliche Verformung der formgebenden Schicht im Querschnitt erzeugt. Diese Nachformung geschieht im Extrusionsprozess im weichen, verformbaren Zustand des Materials. Dabei können noch weitere Strukturen, wie beispielsweise Muster, eingeprägt werden. Diese Nachmodellierung der gedruckten Schale kann dabei adaptiv für spezielle Funktionen gestaltet werden (z. B. zur Selbstreinigung). Die nötige Festigkeit der formgebenden Schicht für die Formstabilität und den weiteren Fertigungsprozess wird durch gezieltes Aushärten des Materials erreicht. Die Verbindung zwischen den beiden Schichten muss in der technischen Realisierung losgelöst vom biologischen Vorbild geschehen, da Skalierungseffekte kein einfaches Ankleben der lasttragenden Schicht erlauben.

Die Extrusion einer Kunststoffschale ist auf eine bestimmte Breite beschränkt. Bei der Schnecke sind die Membranseiten mit der unterliegenden Schneckenschale verbunden. Diese Anknüpfungsstrategie der Membranseiten, wie sie in der Natur vorkommt, wird in der Technik so umfunktioniert, dass mehrere Bahnen nebeneinander angeordnet werden, um auf diese Weise eine Verbreiterung der Hülle zu erreichen.

Die innovativen Ansätze dieses bionischen Modells – die Funktionsprinzipien der Schnecke – werden nun auf die Fertigungstechnik für die Herstellung von Gebäudehüllen übertragen. Dazu werden in der additiven Fertigung neben gebräuchlichen Kunststoff-

warme und flexible Struktur wird dann aktiv mittels Luftstrom gekühlt, um sie auszu- härten und damit formstabil zu machen. Die Kunststoffschale wird in einzelnen Streifen gedruckt, die dann miteinander verschweißt werden. Damit ist die formge- bende Schicht hergestellt, die anschließend durch das Aufsprühen von Beton verstärkt wird. Um eine bessere Verbindung zwischen Kunststoffmembran und Beton zu erhalten, werden Faserschlaufen in die Schale einge- webt. Damit kann eine fast frei formbare, feste Hülle hergestellt werden, die zusätz- lich spezielle Funktionen wie Wasserdurch- lässigkeit oder Selbstreinigung erfüllt ⌐119.

materialien auch Fasern und gesprühter Beton eingesetzt.

3-D-Drucktechnologien ermöglichen die freie Formgestaltung und den funktionalen Einsatz von mehreren Materialien in einem Bauteil. Beim Fused-Layer-Modeling-Ver- fahren (FLM) wird thermoplastisches Fi- lament über dessen Schmelzpunkt erhitzt und schichtweise als Faden übereinander abgelegt. Das konventionelle FLM-Verfahren basiert auf der Extrusion aus einer relativ kleinen, kreisrunden Düse. Um eine Mem- bran auf diese Weise herzustellen, müsste der Druckkopf schrittweise mehrere Bah- nen pro Schichtebene abfahren, was für eine solche Strukturerzeugung wenig effi- zient ist. Daher verfolgen wir den biologisch inspirierten Ansatz der kontinuierlichen Schalenextrusion in Aufbaurichtung. Dies wird technisch mit einem Kunststoffextru- der realisiert, der Granulat verarbeitet. Das Material wird darin erhitzt, aufgeschmolzen und ausgepresst (= extrudiert). Am Austritt befindet sich eine Breitschlitzdüse, die ein dünnes, breites Bauteil formt. Diese Mem- bran kann durch das Bewegen des Extruders im Raum nahezu frei gestaltet werden. Die

Intelligente Formplanung

3-D-Druckverfahren und besonders das FLM haben in den letzten Jahren deutlich an Popularität unter Architekten und Desi- gnern gewonnen. Das liegt unter anderem an ihrer vielseitigen Anwendbarkeit, wenn es darum geht, komplexe Formen relativ schnell und einfach herzustellen, und an ihrem unkomplizierten technischen Aufbau. So wurde diese Art der additiven Fertigung zu einem beliebten Werkzeug im Architek- turmodellbau.

Auch in der Größenskala von tatsächlichen Bauwerken kommen FLM-verwandte Tech- niken zum Einsatz. Diese sind weitaus grö-

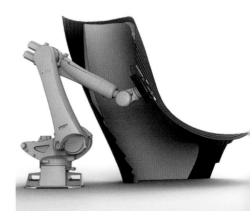

ßer als handelsübliche 3-D-Drucker und verwenden andere Materialien, wie Beton oder Lehm. In ihrer grundlegenden Funktionsweise unterscheiden sie sich jedoch kaum von ihren kleineren Verwandten: Eine Düse wird in drei Richtungen gefahren (x, y, z) und legt Material in horizontalen Schichten übereinander. Architekten, die mit dieser Methode arbeiten, müssen dazu einen Gebäudeentwurf in Form eines virtuellen 3-D-Modells anlegen. Intelligente Software übersetzt diese virtuelle Geometrie dann in Maschinenbefehle, die von dem jeweiligen „Drucker" ausgeführt werden.

Diese Funktionsweise bringt jedoch erhebliche Einschränkungen mit sich. Zum einen können durch das Ablegen auf vorhergehenden Schichten Überhänge nur mit aufwendigen Stützstrukturen produziert werden, wodurch die erzielbare Formenvielfalt stark eingeschränkt ist. Zum anderen ist eine Feinstrukturierung der gedruckten Bauteile durch das Ausbringen von großen Materialmengen nur eingeschränkt möglich und die Strukturen sind häufig noch recht grob. Hier könnten die Schnecken weiterhelfen – als Ideengeber für großformatige 3-D-Drucktechniken. Die hier vorgestellte Fertigungsmethode in Form einer kontinuierlichen Schalenextrusion ist von diesem biologischen Vorbild abgeleitet ⌐120. Allerdings ändert sich durch den größeren Gestaltungsspielraum und Strukturierungsgrad natürlich auch der Entwurfs- und Planungsprozess. So kann ein virtuelles Modell nicht mehr wie bisher in horizontale Schichten

zerlegt werden. Da die Fabrikationsmaschine ungleich komplexer ist, entstehen zwar mehr Freiheitsgrade in der herstellbaren Form. Jedoch hat dies auch eine kompliziertere Maschinensteuerung zur Folge. Darüber hinaus kann sich die gedruckte Thermoplastschicht vor dem Aufbringen des Betons verformen und eine leicht veränderte Form annehmen.

Um diese Aspekte vorhersehen zu können, simulieren wir bereits in frühen Phasen des architektonischen Entwurfes den kompletten Fabrikationsprozess.

Dadurch kann die Form des gedruckten Bauteils nicht nur den Anforderungen an räumliche Qualität und Stabilität Genüge tun. Es kann auch die effiziente Herstellung gewährleistet werden. Allerdings stoßen hierbei konventionelle Ansätze des computergestützten Entwerfens an ihre Grenzen. Abhilfe schaffen können moderne Lösungsansätze aus der Robotik, in denen eine gedachte Steuereinheit – ein sogenannter robotischer „Agent" – mithilfe unterschiedlicher Optimierungsverfahren günstige Baustrategien entwickeln soll. Durch solch eine „agenten-" oder „verhaltensbasierte" Steuerung unterstützt der Computer die Architekten dabei, in äußerst komplexen Simulationsumgebungen Vor- und Nachteile von potenziellen Lösungen abzuwägen und zielführende Entscheidungen zu treffen. So können beispielsweise die absehbare Verformung der Schale und der begrenzte Arbeitsraum des Druckroboters in die Planung der Schale einbezogen werden.

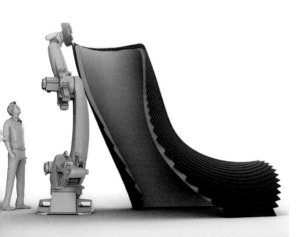

⌐120 *Durch das schrittweise Anbringen zusätzlicher Polymerstreifen (dunkel) entsteht ein komplexes Formwerk. Dieses wird nach und nach mit Spritzbeton (hell) verstärkt.*

Evolutive Ansätze für explorative Entwurfsmethoden in der Architektur

Yaron Malkowsky / Anna K. Ostendorf / Nico van Gessel / Long Nguyen /
Daniel Lang / Achim Menges / Anita Roth-Nebelsick / Ralf Reski

Aktuelle Studien zur Evolution bestimmter Moosarten zeigen spannende neue Einblicke in die genetischen Mechanismen hinter der Entstehung neuer Arten. Eine dieser Moosarten, das Kleine Blasenmützenmoos, dient der Wissenschaft seit vielen Jahren als Modellorganismus und seine Erbinformation ist vollständig entschlüsselt. Das macht es und andere Mitglieder seiner Familie zu idealen Forschungsobjekten, um diese genetischen Mechanismen in Algorithmen – definierte Rechenprozesse – zu überführen und für die Entwicklung von neuartigen Designvarianten in der Produktgestaltung und Architektur einzusetzen.

Zweifelsohne prägte keine Theorie zur Entstehung der Artenvielfalt unser heutiges Verständnis der weltweiten Artenvielfalt (Biodiversität) in gleichem Maße wie Charles Darwins Evolutionstheorie. Darwin war zwar nicht der Erste, der diese Frage in seinen Studien aufgriff, doch seine Arbeiten präsentierten erstmals einen umfassenden und fundierten Ansatz, um die zugrunde liegenden Mechanismen der Evolution zu erklären. Basierend auf Beobachtungen, die er während seiner Forschungsreisen machte, der Bearbeitung des dabei gesammelten biologischen Materials und den gefundenen Fossilien erarbeitete Darwin die Grundpfeiler seiner Theorie, die er im Jahr 1859 veröffentlichte. Fossilien spiegeln die fortwährende Veränderung in der Natur wider. Sie erlauben es, Rückschlüsse auf gemeinsame Vorfahren von Stammeslinien zu ziehen. Evolution ist ein Prozess, bei dem Arten durch kleine, schrittweise Änderungen aus ihren Vorfahren entstehen. Die treibende Kraft dahinter beschrieb Darwin als die natürliche Selektion. Änderungen können sich nur dann etablieren, wenn sie sich unter den vorherrschenden Umwelteinflüssen bewähren. Eine Aufspaltung in neue Arten findet jedoch erst durch reproduktive, verhaltensbiologische, jahreszeitliche, geografische oder genetische Isolation innerhalb einer Gruppe von Individuen einer Art, einer sogenannten Population, statt. Im Laufe des 20. Jahrhunderts wurde Darwins Evolutionstheorie durch die Vererbungslehre erweitert. Das Aufkommen der Populationsgenetik, die Entdeckung der DNA[1] als Träger der Erbinformation und letztlich auch die zunehmenden Möglichkeiten molekular-biologischer und bioinformatischer Methoden untermauerten sie zusätzlich.

[1] *Siehe Glossar* S. 141

Evolution als treibende Kraft für Vielfalt und Variation

Ein Grundgedanke der Evolutionstheorie besagt, dass die Zunahme morphologischer Diversität – die Vielfalt von Gestalt und Form der Baupläne von Lebewesen – durch genetische Veränderungen und Selektion ermöglicht wird. Biologen können diese Veränderungen heutzutage bis zum genetischen Code einer Art, ihrem Genom, oder gar bis auf einzelne Gene eines Individuums zurückverfolgen. Die beschriebenen kleinen Veränderungen sind in diesem Fall einzelne zufällige Mutationen der DNA-Bestandteile. Solche Mutationen können häufig festgestellt und charakterisiert werden. Trotzdem ist es meist nicht möglich, sie direkt mit einer bestimmten Funktionsänderung oder morphologischen Merkmalsausprägung in Verbindung zu bringen. Stattdessen zeigt sich immer wieder, dass biologische Prozesse auf hochkomplexen genetischen Netzwerken verschiedener Gene und ihrer Genprodukte basieren. Sie sind von konstantem Feedback zwischen Genen und ihren Produkten sowie von der jeweiligen Umwelt abhängig. Vereinfacht ausgedrückt: Aus einer DNA-Sequenz Gene werden eine Abfolge von Übergangsmolekülen aus RNA

und schlussendlich ein Protein ⌐121. Erst durch die modernen Methoden der Molekularbiologie wird heutzutage deutlich, wie hochgradig reguliert jeder einzelne dieser Schritte ist. Diese Regulation erstreckt sich von der Zugänglichkeit eines Gens auf der DNA über die Aktivierung des Ablesens, den Aufbau der RNA-Moleküle und deren nachträgliche Veränderungen bis hin zu der Lebensdauer eines Proteins nach seiner Bildung. Hinzu kommt, dass nicht nur Proteine, sondern auch RNA-Moleküle selbst eine Fülle an biologischen Funktionen übernehmen können.

Bei Eukaryoten – Lebewesen mit Zellkern – setzen sich die Protein-kodierenden Gene meistens aus Exons und Introns zusammen. Exons sind Bereiche, die Informationen für den Aufbau von Proteinen enthalten. Die dazwischenliegenden Introns sind nicht-kodierend, enthalten also keine Information. Das Entfernen der Introns wird „Spleißen" genannt. Es ist ein unabdingbarer Schritt im Prozess zur Herstellung eines funktionsfähigen Proteins. Manchmal werden jedoch auch Teile von Exons mit entfernt, was zu einem neuen Genprodukt und damit

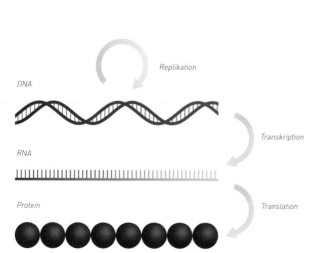

DNA

Replikation

RNA

Transkription

Protein

Translation

⌐121 *Der Weg von der DNA zum Protein ist ein eng verzahnter und hochgradig regulierter biologischer Prozess. Oben: Verdoppelung der DNA im Zuge der Zellteilung (Replikation). Mitte: Ablesen funktionaler Abschnitte auf der DNA (Gene) und Übersetzen in RNA-Moleküle (Transkription). Unten: Übersetzen der RNA-Moleküle in ein Protein (Translation).*

– möglicherweise – zu einer neuen Funktion eines Proteins führt. Diesen Vorgang nennt man „alternatives Spleißen". Auf diese Weise können nun zusätzliche Genprodukte mit veränderter Funktion entstehen, ohne dass weitere Gene im Genom vorhanden wären. Neben den für Proteine kodierenden Genen setzt sich ein Großteil der Erbinformation aus sogenannter nichtkodierender DNA zusammen. Heute weiß man, dass ein Großteil dieser nichtkodierenden DNA Transposons beinhaltet. Das sind DNA-Bereiche, die sich selbst oder Kopien von sich durch „Sprünge" im Genom verbreiten können. Sie besitzen die Fähigkeit, angrenzende DNA-Bereiche bei diesen Sprüngen mit zu übertragen. Das sich dabei dramatisch ändernde Gesamtbild des Genoms könnte eine mögliche Erklärung für die Entstehung neuer Gene liefern. Ähnlich wie die äußere Anpassung von Gestalt und Funktion finden in Organismen also auch auf genetischer Ebene Prozesse statt, die die Entstehung von Vielfalt begünstigen. So offensichtlich die evolutionäre Bedeutung derartiger genetischer Mechanismen sein mag, ist ihre Rolle bei der Entstehung neuer Arten bis heute noch weitgehend unerforscht.

Moose und Genetik

Für die Untersuchung evolutionärer Prozesse auf genetischer Ebene ist es wichtig, eine geeignete und bereits gut erforschte Organismengruppe zu betrachten. Ein Beispiel hierfür sind die Drehmoose (*Funariaceae*), eine nicht allzu artenreiche Laubmoosfamilie, zu denen auch das Kleine Blasenmützenmoos gehört ⌐123. Drehmoose kommen weltweit auf offenen oder gestörten Flächen vor. Dort wachsen sie entweder als vereinzelte Büschel oder in lockeren Rasen. Der blättchentragende Teil der Moospflanze wird Gametophyt genannt. Gametophyten haben kleine, rosettenartig von Blättchen umgebene Stämmchen. Sie bilden auf der dem Untergrund zugewandten Seite fädige wurzelähnliche Strukturen (Rhizoide) zur Verankerung aus. Nach erfolgreicher Befruchtung wächst auf dem Gametophyten ein Sporophyt heran. Er besteht aus einer Sporenkapsel, die häufig auf einem Stiel über das Moospolster hinausragt. In der Sporenkapsel werden Sporen gebildet, die mit bloßem Auge kaum sichtbar sind. Der Öffnungsmechanismus einer solchen Sporenkapsel ist bei Laubmoosen oft sehr raffiniert aufgebaut. Hier gibt es innerhalb der Drehmoose von Art zu Art beachtliche Unterschiede. Die Erscheinungsformen reichen von Sporenkapseln mit komplexen

Zahnkränzen an ihrer Kapselöffnung, die sich je nach Luftfeuchtigkeit öffnen oder schließen können ┌**122**, bis hin zu komplett verschlossenen, kugelförmigen Sporenkapseln, aus denen die Sporen nur austreten können, wenn die Kapselwand aufreißt ┌**124**. Das Kleine Blasenmützenmoos ist ein optisch recht unscheinbares, einjähriges Drehmoos. Man findet es häufig am Ufer von trockenfallenden Seen und in Flussauen ┌**125**. Die Sporen dieser Pionierart können über längere Zeiträume im Boden überdauern und unter geeigneten Bedin-

gungen rasch auswachsen, um dann in kleinen Büscheln die offenen Flächen zu besiedeln. Der Lebenszyklus des Kleinen Blasenmützenmooses ist sehr kurz und in etwa acht Wochen abgeschlossen, idealerweise bevor der Wasserstand wieder steigt. Die Sporenkapsel sieht wie eine einfache Kugel aus. Sie besitzt keine komplexen Strukturen zur gezielten Freisetzung der Sporen. Trotz seiner unscheinbaren Erscheinung steht das Kleine Blasenmützenmoos seit Jahren international als Modellorganismus im Fokus molekularbiologischer

┌124 *Unabhängig von Wind und Wetter – die Sporenkapsel des Kleinen Blasenmützenmooses platzt einfach auf, sobald die Sporen reif sind.*

┌125 *Abgelassene Seen oder trockengefallene Flussufer sind der typische Lebensraum des Kleinen Blasenmützenmooses. An solchen Standorten bleibt den Pflanzen nur wenig Zeit, um den Lebenszyklus zu durchlaufen und Sporen zu produzieren, die die nächste Überschwemmung überdauern können.*

Studien. Die unkomplizierte Kultivierung im Labor und der kurze Lebenszyklus machen es zum idealen Forschungsobjekt, da es unter anderem ermöglicht, Anpassungen von Pflanzen an einen neuen Lebensraum zu untersuchen. Molekularbiologen ist es mittels spezifischer Methoden und der 2008 erfolgten Entschlüsselung des Genoms des Kleinen Blasenmützenmooses möglich, gezielte Veränderungen im genetischen Code zu erzeugen und so bestimmte Gene aus- oder anzuschalten.

Was man von der Moosgenetik lernen kann

Nicht ahnend, dass die DNA der Träger der Erbinformation ist, postulierte Darwin geografische Isolation und daraus resultierende Reproduktionsbarrieren als eine treibende Kraft der Artbildung. Wie die Molekularbiologie aber zeigen konnte, können auch spontane Änderungen im Genom zu einer reproduktiven Isolation führen. Anhand der Drehmoose wird es nun möglich, herauszufinden, wie die Veränderungen in Genomen mit morphologischer und funktioneller Innovation und Vielfalt zusammenhängen. Verdopplung und Verschiebung von Teilen des Genoms oder vollständige Genomver-

dopplung sind solche Veränderungen. Auch bei den hier untersuchten Drehmoosen kamen sie im Laufe der Evolution immer wieder vor. Für eine erfolgreiche sexuelle Fortpflanzung von Eukaryoten muss die Anzahl der elterlichen Chromosomen, der Verpackungseinheiten der DNA, übereinstimmen. Eine Verdopplung der Chromosomen aufgrund einer Genomverdopplung stellt somit eine Reproduktionsbarriere dar. Es wird angenommen, dass die Evolution morphologisch vereinfachter Arten wie des Kleinen Blasenmützenmooses und ihrer nächsten Verwandten durch Verdopplungsereignisse und anschließenden Verlust einzelner Chromosomen gekennzeichnet ist. Hinzu kommen weitere Faktoren, wie z. B. die zuvor beschriebenen Transposons. Vielleicht lässt sich auf solche Veränderungen letztlich auch die auffällig variable Form der Sporenkapseln zurückführen ┌126.

⌐126 *Ein direkter Größenvergleich von (A) Wetteranzeigendem Drehmoos, (B) Weitmützigem Blasenmützenmoos und (C) Kleinem Blasenmützenmoos verdeutlicht, wie unterschiedlich die Sporenkapseln der Drehmoose aussehen können.*

A   B   C

Evolutionäres Design

In der Biologie basiert also jede Erscheinungsform innerhalb einer Population in erster Linie auf einem Genom, also der Erbinformation eines Individuums. Im Laufe der Evolution mutieren diese Genome. Bei der sexuellen Fortpflanzung werden sie wiederum miteinander kombiniert, sodass in der Folgegeneration ein neuer Satz an Varianten entsteht.

Mit der Hilfe sogenannter evolutionärer Algorithmen können diese Mechanismen nun auch im Bereich des evolutionären Designs für Produktgestaltung, Architektur und Kunst Anwendung finden. Dabei beginnt alles mit einer einfachen „Population", deren digitale Genome, in Form von Zahlenreihen, zufällige Designvarianten vorgeben. Durch schrittweise Mutation und Kombination der digitalen Genome entstehen nach und nach neue Designvarianten. Jede Designvariante wird, ähnlich der natürlichen Selektion, anhand von definierten Entwurfskriterien bewertet und nur die „guten" werden für den nächsten Evolutionsschritt beibehalten. So entstehen im Laufe der Zeit immer bessere Varianten, bis schließlich ein Set von am besten geeigneten Designvarianten erreicht ist. Normalerweise steht bei diesen Prozessen allein die Verbesserung bestimmter Faktoren im Vordergrund. Ein wesentliches Merkmal evolutionärer Prozesse ist jedoch ihre „Innovationsstärke", die immer wieder überraschende Neuartigkeit hervorbringt. So können evolutionäre Ansätze im Design nicht nur zur Verbesserung dienen, sondern auch zur Erkundung neuartiger Lösungen.

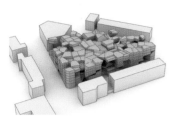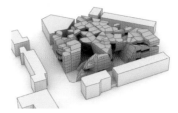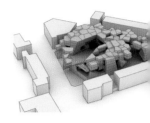

Übertragung evolutiver Mechanismen ins Evolutionäre Design

Ziel ist es, aus ausgewählten genetischen Mechanismen der biologischen Evolution Algorithmen zu entwickeln, die das Design analog zu den Prozessen in der Natur evolvieren lassen. So können die Innovationskraft der Evolution genutzt und gänzlich neue Wege in Produktgestaltung und Architektur beschritten werden. Dafür müssen allerdings zwei Aspekte berücksichtigt werden: zum einen die Variabilität der Genomgröße und zum anderen die Bedeutung der nichtkodierenden DNA.

Üblicherweise besitzen die im evolutionären Design verwendeten digitalen Genome eine feste Größe. Dies stellt ein vereinfachtes Arbeitsmodell dar und verringert die benötigte Rechenzeit. Die variablen Genomgrößen der unterschiedlichen Drehmoosarten zeigen aber, dass es wichtig ist, dass die am Computer erzeugten digitalen Genome ihre Größe im Laufe der Evolution verändern können. Hinzu kommt eine im Vergleich zur Natur vereinfachte Beziehung zwischen dem Genom und dem aus ihm entstehenden Design. Um eine freie Evolution des Designs zu erreichen, müssen diese Vereinfachungen aufgehoben werden. Das Vorhandensein von nichtkodierender DNA deutet überdies darauf hin, dass nicht jede Variable im digitalen Genom zwangsläufig einen direkten Einfluss auf das Design haben muss. Die scheinbar überflüssigen Variablen sind für das Design der Folgegeneration nicht unbedingt ausschlaggebend. Werden sie aber durch den Selektionsmechanismus als potenziell „nützlich" bewertet, werden sie als Teil des Genoms beibehalten.

Der Teil des Algorithmus, der das digitale Genom in ein Design umwandelt, wird auch als digitale Embryogenese bezeichnet. In der Biologie beschreibt die Embryogenese die Entwicklung des Embryos nach der Verschmelzung der Genome von Ei- und Samenzelle. Diese Analogie zur Biologie deutet an, wie sich aus dem digitalen Erbgut ein neuartiges Design entwickelt. Die Embryogenese muss hinreichend komplex sein, um die Vielfalt der möglichen Designergebnisse nicht einzuschränken, und gleichzeitig einen Vorteil aus der wachsenden Genomgröße ziehen können. Bisherige Versuche deuten darauf hin, dass die Komplexität dieser digitalen Embryogenese das Erreichen von qualitativ hochwertigen Designvarianten stark beeinflusst. Ähnlich komplex sind auch die Strukturen, die zur Evolution der einzelnen Moospflanze beitragen. So einfach die einzelnen Schritte an sich zu verstehen sind, so schwierig ist es nachzuvollziehen, wie sie in ihrer Gesamtheit zusammenwirken. Ist also der entwickelte evolutionäre Algorithmus bei der Lösung des einen Designproblems hilfreich, gilt das nicht zwangsläufig für alle Designprobleme. Die Anwendbarkeit des evolutionären Algorithmus hängt somit stark von der Art des Designproblems ab und muss stets neu angepasst werden ⌐127. Erst wenn die oben genannten Voraussetzungen erfüllt sind, können die genetischen Mechanismen der biologischen Evolution, wie z. B. Genomverdopplungen, digital nachgeahmt werden. Prozesse wie alternatives Spleißen oder Transposonsprünge erlauben außerdem, neue Produkte aus ein und demselben Gen zu erhalten. Diese verschiedenen Varianten sind dann wiederum der Ausgangspunkt für neue Designvarianten. Das Verstehen der Prozesse, die biologische

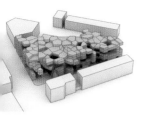 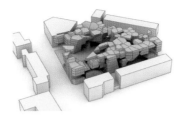 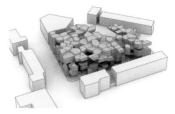

Evolution ermöglichen, und deren Umsetzung in evolutionäre Algorithmen stellt somit eine Schlüsselrolle zum Ausschöpfen der Designvielfalt und Designinnovation in Produktgestaltung und Architektur dar.

⌐**127** *Entwicklung städtischer Häuserblöcke (dunkelgrau) mithilfe evolutionärer Algorithmen. Hier wurde eine festgelegte Genomgröße mit einer komplexen Embryogenese angewendet.*

Glossar

Algorithmus	*schrittweise Berechnungsvorgabe nach einem bestimmten Schema*	**Intron**	*nichtkodierender Abschnitt eines Gens, der vor dem Übersetzen des Gens entfernt werden muss*
Chromosom	*Verpackungseinheit der DNA*	**kodierend**	*Informationen für die Herstellung eines Genprodukts beinhaltend*
DNA	*Desoxyribonukleinsäure, Molekül, Träger der Erbinformation*	**Mutation**	*spontane Veränderung des Erbguts*
Embryo-genese	*Entwicklung des Embryos nach der Verschmelzung der Genome von Ei- und Samenzelle*	**Molekül**	*Verband von mindestens zwei gleichwertig gebundenen Atomen*
		morphologisch	*die äußere Gestalt bzw. Form betreffend*
Eukaryoten	*Organismen, deren Zellen einen Zellkern besitzen*	**Protein**	*Eiweißmolekül*
Exon	*kodierender Abschnitt eines Gens, der für die Proteinherstellung ausgelesen wird*	**RNA**	*Ribonukleinsäure, Übergangsmolekül, das beim Auslesen der DNA erstellt wird und z. B. als Vorlage für Proteine dient*
Gen	*Abschnitt der DNA, der beim Auslesen in RNA übersetzt wird*	**Spleißen**	*Entfernen der Intron-Abschnitte eines Gens*
Genom	*Gesamtheit des Erbguts eines Lebewesens*	**Spleißen, alternatives**	*Entfernen der Intron-Abschnitte inklusive beliebiger Teile der angrenzenden Exon-Bereiche*
Genprodukt	*z. B. ein Protein, das nach dem Ablesen und Übersetzen eines Gens hergestellt wird*	**Transposon**	*DNA-Bereich, der sich selbst oder Kopien von sich durch „Sprünge" beliebig im Genom verbreiten kann*

VERZWEIGTE LASTENTRÄGER

Jan Knippers / Thomas Speck

Verzweigte Systeme sind in allen Bereichen der Natur von grundlegender Bedeutung. Im Zusammenhang mit dem Bauen sind vor allem solche von Interesse, die Kräfte übertragen, wie die Krone eines Baumes, die versteifenden Adern im Insektenflügel, das weit verzweigte Netz der Spinne oder die innere Struktur eines Knochens. Diese besteht aus vielen kleinen Knochenbälkchen, die ein verzweigtes System von Druck- und Zugstreben bilden, das den Knochen genau dort stabilisiert, wo Belastungen auf ihn einwirken.

Gustave Eiffel soll sich beim Bau seines berühmten Turms in Paris an diesem Vorbild orientiert haben. Ob dies tatsächlich zutrifft, ist nicht unumstritten, in jedem Fall aber war Eiffel ein genialer Ingenieur und sein 312 m hoher Turm für viele Jahre das höchste Gebäude der Welt. Er besteht aus 7.300 t Eisen, das eingeschmolzen einen Würfel mit einer Kantenlänge von weniger als 10 m ergäbe. Eiffel gehört zu jener Generation von Ingenieuren, die in der zweiten Hälfte des 19. Jahrhunderts das Bauen mit Eisen vorantrieben. Gegen Ende des 19. Jahrhunderts entstanden Bahnhofshallen und Eisenbahnbrücken mit Spannweiten, die wenige Jahre zuvor noch völlig undenkbar gewesen wären. Konstruiert sind sie als verzweigte Fachwerke aus Eisen, bei denen Orientierung und Abmessung jeder einzelnen Strebe genau an die Belastung angepasst ist, so wie das beim Knochen der Fall ist. Verzweigte Stabtragwerke wie der Eiffelturm werden gezeichnet und berechnet, in ihren Einzelteilen gefertigt und schließlich zusammengesetzt. In den Knoten der Verzweigungen werden die Kräfte zusammengeführt und umgelenkt. Gleichzeitig wird die Konstruktion an diesen hoch belasteten Stellen verschraubt, verschweißt oder auf andere Art gefügt. Die Knoten stellen die höchsten Anforderungen an die Konstruktion.

Im Gegensatz hierzu entstehen Pflanzen, Knochen oder andere Verzweigungssysteme der Natur in einem kontinuierlichen Wachstumsprozess. Dabei nehmen sie nicht nur an Größe zu, sondern passen sich gleichzeitig ständig an die auf sie einwirkenden Kräfte an und verändern und verbessern dabei ihre Tragfähigkeit. Einen Stoß, eine Fuge oder andere Diskontinuitäten gibt es nicht, alle Äste und Verzweigungen sind genau wie die Knochenbälkchen homogen miteinander verwachsen. Pflanzen sind dabei besonders interessant, weil sie ganz unterschiedliche Arten der Verzweigung ausbilden. Bei manchen gibt es eine Hauptachse, von der deutlich kleinere Seitentriebe abzweigen, bei anderen zweigt sich die Hauptachse selbst in zwei oder drei (fast) gleich große Seitenachsen auf, die sich ih-

rerseits weiter verzweigen. Auch innerhalb dieser beiden Hauptgruppen finden sich im Pflanzenreich unzählige verschiedene Arten der Verzweigung, die mit teilweise ganz unterschiedlichem strukturellen Aufbau in der Lage sind, die Beanspruchungen aus ihrem eigenen Gewicht und den einwirkenden Wind- und Schneelasten zuverlässig zu tragen.

Mit modernen bildgebenden Verfahren wie der Mikro-Computertomografie (μ-CT) oder der Magnetresonanztomografie (MRT) lässt sich nicht nur die äußere Form, sondern auch die innere Struktur solcher biologischen Verzweigungen untersuchen und miteinander vergleichen. Die dabei entstehenden digitalen Bilder können über wenige Zwischenschritte in ein Simulationsmodell der Ingenieure überführt werden, das Aufschluss über die inneren Spannungs- und Verformungszustände und damit über die mechanische Funktionsweise und Leistungsfähigkeit der Pflanzenverzweigung geben kann.

Vom Ast zum Palast

Katharina Bunk / Florian A. Jonas / Larissa Born / Linnea Hesse / Claudia Möhl /
Götz T. Gresser / Jan Knippers / Thomas Speck / Tom Masselter

Brücken und Dächer werden oft durch verzweigte Stahlstützen getragen. Diese sind in ihrer Herstellung meist teuer und energieaufwendig. In der Natur gelingt es Pflanzen, ähnlich stabile und häufig noch komplexere Verzweigungen durch natürliche Wachstumsprozesse zu bilden. Sie können mechanischen Belastungen mühelos standhalten, wie z. B. ihrem Eigengewicht, Winddruck, Schneelast oder schweren Früchten. Um den Erfolgsstrategien verzweigter Bäume und Sträucher auf den Grund zu gehen und von ihnen für die Architektur zu lernen, bedarf es nicht nur eines genauen Blicks auf die Form der Verzweigung und ins Innere der Pflanzen. Auch Computermodelle sowie neue Materialien und Methoden für die Herstellung verzweigter Stützstrukturen im Bauwesen sind für solche Übertragungen in die Technik notwendig.

Pflanzliche Verzweigungen als Vorbild und Inspiration

Bäume und Sträucher sehen sehr verschieden aus. Selbst innerhalb einer Art gibt es zum Teil große individuelle Unterschiede in Größe, Aussehen und Wuchsform. Dies gilt auch für die Ausbildung der Stamm-Ast-Verbindungen und der Verzweigungen selbst. Je nach Form und Größe der Pflanze sowie äußerem Einfluss entstehen die unterschiedlichsten Verzweigungsformen. Entscheidend sind unter anderem äußere und innere Krafteinwirkungen auf die Pflanze, wie z. B. das Tragen der eigenen Gewichtslast mit zum Teil mächtigen Ästen oder schweren Früchten, sowie starke Witterungseinflüsse wie Wind oder Niederschlag. Außerdem stehen Pflanzen gegenseitig in ständigem Wettbewerb um Sonnenlicht. Erfolgreich ist, wer durch Höhenwachstum und/oder Verzweigen seine Konkurrenten in der Höhe und Breite übertrifft. Als Ergebnis all dieser Faktoren entsteht eine große Vielfalt verschiedener Verzweigungsmuster ⌐128. Wie findet man in dieser Fülle geeignete Vorbilder für die Optimierung von architektonischen Stützstrukturen für Gebäude oder Brücken? Dabei muss man unbedingt bedenken, dass es eine direkte Umsetzung nicht geben kann. Obwohl sie sich äußerlich ähneln, sind

⌐128 *Der Japanische Papierbusch* (Edgeworthia chrysantha) *verzweigt sich hierarchisch in Höhe und Breite.*

129 Detail der Verzweigung des Japanischen Pa-
pierbuschs (Edgeworthia
chrysantha) mit drei Ästen
annähernd gleichen
Durchmessers (links) und
verzweigte Stützen am
Flughafen Stuttgart mit jeweils drei oder vier gleichwertigen Stäben (rechts)

pflanzliche und architektonische Verzweigungen in vielen Punkten unterschiedlich
129. Pflanzen können auf örtliche Belastungen durch verstärktes Wachstum und
Materialanlagerung an bestimmten Stellen
reagieren. Stützstrukturen im Bauwesen
sind hingegen statisch. Auch die Funktionen der Stützstrukturen in Natur und
Technik sind unterschiedlich. Bei Pflanzen
sind sie neben der mechanischen Stabilisierung auch für den Wassertransport in die
Seitenäste, Blätter und Früchte zuständig
und für den Transport von Fotosynthese-
Produkten (Zuckern) aus den Blättern in
die Speicherorgane. In der Technik dienen
Stützstrukturen meist überwiegend der
Standfestigkeit, werden zunehmend aber
auch für weitere Funktionen genutzt, indem
z. B. Entwässerung, Lüftung, Heizung oder
Beleuchtung integriert werden. Pflanzliche
Verzweigungen enden frei. Unter Belastung
werden sie nach unten gebogen (z. B. durch

Schneelasten oder durch Früchte, die am
Baum hängen) oder seitlich verformt (z. B.
durch Windlasten). Dies führt zu einer Bie-
gebeanspruchung in den Verzweigungen.
Verzweigte Stützen in der Architektur tragen
hauptsächlich Dächer oder ebene Elemente,
die die Enden der Stütze fest miteinander
verbinden. Die Belastung findet hier größ-
tenteils durch Kräfte in Stabrichtung statt.
Der Begriff der Baumstütze passt also bei
näherer Betrachtung nicht gut zur Bezeichnung dieser verzweigten Stützen. Eine direkte Übertragung oder Kopie der Natur
ist aus den genannten Gründen nicht er-
folgversprechend. Um von natürlichen Verzweigungen für die Technik zu lernen, ist
immer eine Vereinfachung und Abstraktion
grundlegender Wirkprinzipien notwendig.

Warum verzweigte Stützen?

Eine Erfolgsstrategie der Pflanzen ist es,
mit wenig Baumaterial eine möglichst große
(Blatt-)Oberfläche für die Energiegewinnung
aus Sonnenlicht zu schaffen. Die Stamm-
und Astenden sind dabei frei – an diesen
Stellen wächst die Pflanze weiter. Stützen
für Gebäude hingegen haben fest mit anderen Gebäudeteilen verbundene Enden der
verzweigten Stützelemente. Oft sind diese
direkt an ein Gebäudedach angeschlossen.
Der Vorteil verzweigter gegenüber unverzweigter Stützen liegt auf der Hand. Die
abgestützte Konstruktion – z. B. ein Dach –
kann leichter und schlanker gebaut werden,
da die Abstände zwischen den Stützpunkten

durch die Verzweigungen kleiner sind. Weiterhin entsteht bei gleicher Konstruktionshöhe eines Daches mit verzweigten Stützen ein deutlich offenerer Raum am Boden als mit einer Vielzahl unverzweigter Elemente, die nötig wären, um eine ähnlich gute Abstützung zu bieten. Da die Form der verzweigten Stützen Einfluss auf den Lastabtrag und die Dicke der Stützen hat, wird im Entwurf versucht, eine möglichst günstige Form zu finden.

Die Qual der Wahl

Die meisten Bäume, die man aus unseren heimischen Wäldern und Parkanlagen kennt, haben massive seitliche Verzweigungen. Diese typischen Baumverzweigungen sind durch ihre Größe, ihr mechanisch stabiles Holz und die in unseren Breiten gut ausgebildeten Jahresringe gekennzeichnet. Auf der Suche nach biologischen Vorbildern fällt das Augenmerk aber auch oft auf Verzweigungen der etwas anderen Art. Diese offenbaren ihre Besonderheiten zum Teil erst auf den zweiten Blick, haben es aber in sich. So sind z. B. Säulenkakteen ausgerechnet an ihren Verzweigungsstellen – den scheinbaren Knackpunkten – häufig (viel) dünner als an Stamm und Seitenast, was durch die Entstehung der Seitenäste bedingt ist Γ130. Biologen und Ingenieure konnten gemeinsam zeigen, dass die Form dieser Einschnürungen an der Verzweigungsstelle eine besondere Anpassung der Säulenkakteen ist, die vor allem in der Rinde ihrer Stämme große Wassermengen

131 Kanarischer Drachen-
baum (Dracaena draco)
mit zahlreichen hierarchischen Verzweigungen

132 Längsschnitt durch
die Verzweigung eines
Drachenbaums (Dracaena
marginata); *Maßlinie 1 mm*

mit hohem Gewicht speichern, was es ermöglicht, Trockenphasen zu überstehen.
Durch diese Form des Verzweigungsbe-
reichs werden mechanische Belastungen
besser im Hauptstamm und im Seitenast
verteilt, sodass höhere Lasten möglich sind.
Auch der Drachenbaum (Gattung *Dracaena*)
hat von der Zimmerpflanze bis zum impo-
santen Baum 131 einen besonderen Trick,
um stabile Verzweigungen zu bilden. In wei-
ches Grundgewebe eingebettete verholzte
Fasern sind in Anordnung und Verlauf an
auf die einwirkenden Belastungen angepasst
132. Somit erinnert die Verzweigung an ein
Faserverbundmaterial, wie es mit ähnlicher
Struktur z. B. in der Leichtbauindustrie zur
Herstellung von Sportartikeln oder Autotei-
len sowie zunehmend auch in der Baubran-
che zu finden ist.

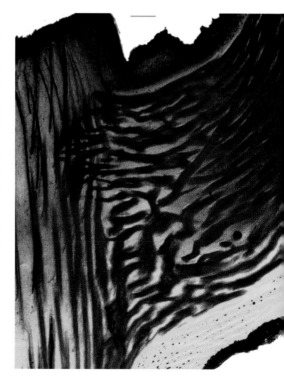

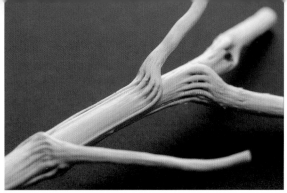

133 *Die Strahlenara-* *in ihren Verzweigungen,* *lie (Schefflera arboricola;* *was erst nach Entrinden* *links) hat eine fingerför-* *der Pflanze im Holzkör-* *mige Stammanbindung* *per sichtbar wird (rechts).*

134 *Die Röntgenauf-* *nahmen mit einem Com-* *putertomografen zeigen* *Austritt, Verlauf und Ver-* *schmelzung der einzelnen* *„Finger" in einer Verzwei-* *gung der Strahlenaralie.*

Das Geheimnis der Araliengewächse

Eine weitere ganz besondere Stamm-Ast-Verbindung ist bei der Strahlenaralie (*Schefflera arboricola*) zu finden, die eine beliebte Büro- und Zimmerpflanze ist **133**. Ihre Verzweigung wirkt auf den ersten Blick von außen zunächst ganz gewöhnlich, doch ein Blick ins Innere enthüllt die eine oder andere Überraschung.

Schneidet man eine Verzweigung der Strahlenaralie ab und entfernt das grüne Gewebe (botanisch: Rinde und Borke), kommt eine Verzweigung zum Vorschein, die aus fingerartigen Holzsträngen besteht. Diese verlaufen einzeln vom Hauptstamm in die Verzweigung und verbinden sich erst dort zu einem geschlossenen Ast **133**. Diese Art der Verzweigung kommt auch bei anderen Arten der Araliengewächse vor, konnte jedoch bisher bei keiner anderen Pflanzenfamilie entdeckt werden. Aber auch hier gilt: Keine „Fingerverzweigung" gleicht zu 100 % der anderen, d. h. jede Verzweigung sieht ein bisschen anders aus, mit Unterschieden in der Anzahl an Einzelsträngen, der Umfassung des Hauptstamms durch die Finger und der Lücken zwischen ihnen. Ist diese Art der Verzweigung eine Strategie der Aralien, um Material einzusparen, oder hilft sie vor allem, kritische Belastungen zu vermeiden?

Um diese Frage zu beantworten, wurde der innere Aufbau der Verzweigung genauer betrachtet. Mit sehr dünnen Querschnitten (dünner als ein Blatt Papier) durch die Verzweigung können die einzelnen Finger detailliert untersucht und ihr Verlauf im gesamten Verzweigungsbereich verfolgt werden.

Um zu verstehen, wie solche Verzweigungen entstehen, werden Versuchspflanzen an ihren Spitzen geköpft. Auf diese Verletzung reagiert die Pflanze mit der Ausbildung einer Verzweigung unterhalb der Schnittstelle, was man mittels Zeitrafferaufnahmen „live" miterleben kann. Ähnlich wie bei einer Röntgenaufnahme im Krankenhaus werden die Pflanzen außerdem in einem hochauflösenden Computertomografen gescannt. Dies gewährt Einblicke in den inneren Aufbau der Verzweigung und ermöglicht zudem eine detailgetreue dreidimensionale Rekonstruktion der äußeren Form – beides wichtige Schritte vom biologischen Vorbild in Richtung einer technischen Umsetzung und gleichzeitig die zentrale Schnittstelle zwischen Biologen und Ingenieuren **134**.

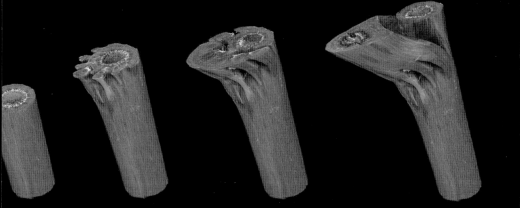

Von der Pflanze zum Computermodell

Fortschrittliche technische Methoden wie die Computertomografie erlauben es, von realen Objekten digitale dreidimensionale Bilder zu erzeugen. Ausgehend von diesen Bildern können Modelle aufgebaut und mechanische Simulationen am Computer durchgeführt werden, um z. B. den Einfluss von verschiedenen Kräften auf eine Verzweigung zu untersuchen ⌐135. Damit können wichtige Fragen beantwortet werden, wie z. B.: Für welche Belastung eignet sich eine bestimmte Verzweigung besonders gut? Wie ist die Pflanze durch ihre Form an natürlich auftretende Belastungen angepasst?

Die Gemeinsamkeit von Verzweigungen bei Pflanzen und in der Architektur wird neben der äußeren Ähnlichkeit vor allem in der Funktion der Tragfähigkeit gesucht. Um das Verhalten der pflanzlichen Verzweigungen unter Belastungen wie Eigengewicht, Wind oder Schnee untersuchen zu können, werden aus den Daten der bildgebenden Verfahren virtuelle geometrische und mechanische Modelle erzeugt. Diese enthalten neben

⌐135 *Geometrisches Modell von* Schefflera arboricola: *äußere Hülle mit Hohlräumen in Rot (links), Netz für die Finite-Elemente-Berechnung (Mitte), Ergebnis eines virtuellen Belastungsversuchs. Im Farbverlauf ist die Stärke der Verformungen sichtbar (rechts).*

Verformung

■ groß

■ klein

0 ▬▬▬▬ 20 mm

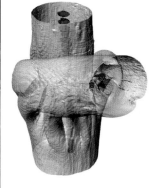

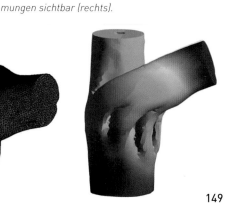

⌐**136** *Verzweigte Gitter-
schalenkonstruktion aus
Stahlrohren im Bahnhof
King's Cross in London*

der äußeren Form der Verzweigungen auch
Informationen über die innere Struktur. So
zeigt sich, dass es sich nicht um ein einheit-
liches Material handelt, sondern vielmehr
um eine komplexe Struktur mit physikalisch und mechanisch unterschiedlichsten Eigenschaften. Es gibt beispielsweise
Bereiche unterschiedlicher Dichte sowie
Hohlräume und verschiedene Faseranord-
nungen. Die Fasern verlaufen häufig längs
in der Pflanzenachse, was für Biegebean-
spruchungen – wie sie hauptsächlich auf
Pflanzen wirken – günstig ist.

Verzweigungen in der Biologie und Technik können anhand der Winkel und Anzahl
ihrer Äste sowie aufgrund von deren Anordnung und der Zahl der Verzweigungs-
ebenen (Hierarchien) eingeteilt werden.
Es gibt Verzweigungen mit unterschiedlich
dicken Ästen, bei denen es einen Haupt-
und einen oder mehrere dünnere Seitenäste gibt, aber auch solche, bei denen alle
Äste gleich dick sind. Letztere sind häufig
in technischen Stützstrukturen zu finden.
Das einfachste Beispiel ist die typische
Astgabel, die eine Verzweigung mit zwei
(annähernd) gleich dicken Ästen in einer

Ebene darstellt. Aber es gibt sowohl in der
Natur als auch in der Architektur Verzweigungen mit einem symmetrischen Aufbau
von drei oder vier gleichwertigen Ästen, wie
sie z. B. beim Japanischen Papierbusch (*Edgeworthia chrysantha*) und bei den Dachträ-
gern des Flughafengebäudes in Stuttgart
⌐**129, 141** zu finden sind. Werden die Enden
zweier „Äste" nun erneut miteinander verbunden (was nur in der Technik vorkommt),
entsteht ein dritter Strukturtyp – eine Gitter-
schale. Solche Gitterschalen stellen hochef-
fiziente Tragwerke dar, mit denen sich große
Spannweiten realisieren lassen – so z. B.
am Londoner Bahnhof King's Cross ⌐**136**.

⌐137 *Radialflechtma-*
schine mit Flechtfäden
(innen auf weißen und roten
Spulen), Stehfäden (außen
auf blauen Spulen) und
Roboter (mittig in Orange)

⌐138 *Der Maibaumtanz:*
Ein Maibaum wird mit zwei
Arten von Schnüren umfloch-
ten – geführt von Tänzern, die
in entgegengesetzten Rich-
tungen um den Baum tanzen.

Der „Maibaumtanz" zur Herstellung leichter Tragstrukturen

Neben Lastanalysen und Computermodellen zum Verständnis der wirkenden Kräfte stellt sich bei einer Stützstruktur nach dem Vorbild pflanzlicher Verzweigungen auch die Frage nach dem geeigneten Baumaterial. Pflanzen schöpfen ihre Tragfähigkeit zum Großteil aus steifen verholzten Fasern, die entlang des Stamms und in die Seitenäste verlaufen und in ein elastischeres Grundgewebe eingebettet sind. Die einzelnen Fasern sind zu Faserbündeln zusammengefasst und mit dem Grundgewebe fest verklebt, wodurch sie in der Struktur (z. B. dem Baumstamm) gemeinsam Kräfte aufnehmen können. Sie bilden somit ein natürliches Faserverbundmaterial. Auf einen Hochleistungswerkstoff nach diesem Prinzip setzt nicht nur die Natur. Für viele technische Bauteile, die sowohl leicht als auch stabil sein müssen, werden von Ingenieuren Faserverbundkunststoffe eingesetzt. Dabei werden Kunststoffe mit festen synthetischen oder Naturfasern kombiniert, um sie mechanisch zu verstärken. Die Fasern haben dabei die Aufgabe, die wirkenden Kräfte aufzunehmen. Dazu müssen sie allerdings immer so im Bauteil angeordnet sein, dass die Kräfte entlang ihrer Achse auftreten. Anderenfalls kann nicht das volle Potenzial ihrer Festigkeit ausgeschöpft werden. Wie ist es möglich, verzweigte technische Strukturen herzustellen, bei denen die Fasern immer so liegen, dass Kräfte optimal aufgenommen werden können? Eine Lösung bietet der textile Flechtprozess **⌐137, 139**. Das Prinzip des maschinellen textilen Flechtens ähnelt dem Maibaumtanz. Hierbei gibt es zwei Gruppen von Tänzern, die Schnüre in den Händen halten und in entgegengesetzten Richtungen um den Maibaum herumtanzen. Dabei umkreisen sie sich gegenseitig und der Baum wird durch die Schnüre umflochten **⌐138**.

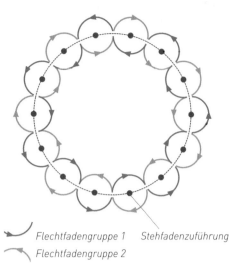

Flechtfadengruppe 1   Stehfadenzuführung
Flechtfadengruppe 2

⌐139 Geflochtene, impräg-
nierte Faserverbundkunst-
stoffhülle mit Beton gefüllt
(links) und Flechtprinzip für
die Herstellung eines triaxialen Geflechts (rechts).

In der Flechtmaschine gibt es anstelle der Tänzer Garnspulen, von denen die Fäden abgezogen werden ⌐137. Auch sie bewegen sich in zwei Gruppen in entgegengesetzten Richtungen und ihre Wege kreuzen sich fortwährend. Anstelle des Baumes, der im Zentrum steht, wird mit einem Roboter ein sogenannter Flechtkern durch das Zentrum des Flechtprozesses geschoben. Dieser bestimmt die spätere äußere Geometrie des Bauteils. Es ist möglich, runde oder eckige, gerade oder gebogene Kerne zu umflechten, je nach gewünschter Bauteilgeometrie. Durch Anpassung der Bewegungsgeschwindigkeiten der Spulenträger oder des durch die Maschine geschobenen Kerns kann auch der Überkreuzungswinkel der Flechtfäden eingestellt werden. Dadurch werden die Fäden ausgerichtet, die später mit Kunststoff getränkt und dadurch miteinander verklebt werden. Neben den Flechtfäden können in diesem Prozess auch sogenannte Stehfäden zugeführt werden. Ihre Spulen sind unbe-

weglich und der Faden wird lediglich durch den Vorschub des Kerns abgezogen und auf diesem abgelegt. Dadurch ist auch eine Verstärkung in Achsrichtung möglich. Man spricht in diesem Fall von einem triaxialen Geflecht (Fasern in drei Orientierungsrichtungen) ⌐139, welches am ehesten dem Faserverlauf einer Pflanze entspricht, bei der die Fasern aber nie verflochten sind, sondern allenfalls durch Verwachsung eine ähnliche Struktur zeigen können. Das auf dem Kern liegende Geflecht wird nun mit Kunststoff getränkt und ausgehärtet. Danach kann der Kern entfernt werden und es entsteht eine feste Hohlstruktur. Durch die Orientierung der Fäden ist eine solche Hohlstruktur optimal geeignet, um Belastungen durch Ziehen, Biegen oder Verdrehen aufzunehmen. Lediglich Druckkräfte können nicht hinreichend übertragen werden. Deshalb werden für Anwendungen in der Architektur die verzweigten Hohlstrukturen anschließend mit Beton gefüllt, welcher Druckkräfte ideal aufnehmen kann.

Eine genaue Untersuchung biologischer Ideengeber, das notwendige Verständnis ihrer Erfolgsgeheimnisse sowie die Vereinfachung und Umsetzung in technische Materialien und Konstruktionen sind die Aufgabe der interdisziplinären Zusammenarbeit von Biologen, Ingenieuren und Architekten. Nur so gelingt der Übergang vom Ast zum Palast.

Neue verzweigte Tragstrukturen für die Architektur

Florian A. Jonas / Larissa Born / Claudia Möhl / Linnea Hesse / Katharina Bunk / Tom Masselter / Thomas Speck / Götz T. Gresser / Jan Knippers

Verzweigte Tragstrukturen haben eine lange Tradition in der Architektur. Das Prinzip dieser Konstruktionsweise ist nach Jahrhunderten der Anwendung auch heute noch aktuell und führt zu guten Tragwerkslösungen. Warum das so ist, liegt auf der Hand: Schlanke verzweigte Stützen tragen Dächer und Decken effektiv aufgrund der formaktiven Gestaltung.

Formaktive Tragstrukturen ermöglichen große Spannweiten

Das Wissen um Bogen und Gewölbe ermöglichte es Baumeistern bereits im Mittelalter, weit spannende und zugleich sehr filigran wirkende Gebäude zu entwerfen. Bis heute verblüffen viele dieser Tragwerke durch ihre Kühnheit ⌐140A. Auch hier spielte eine naturinspirierte Bauweise eine Rolle, jedoch lediglich auf einer ästhetischen bzw. formalen, nicht aber auf einer funktionalen Ebene. Wo im Mittelalter noch Stein das Hauptbaumaterial darstellte, wurde in den letzten Jahrzehnten vor allem Stahl für verzweigte Pfeiler und Stützen verwendet, wie beispielsweise für Brücken oder Gebäude ⌐140B. Die Herstellung der Verzweigungsknoten, die häufig aus Stahlguss bestehen, ist allerdings aufwendig. Eine Alternative könnte eine Hybridkonstruktion mit einer Hülle aus faserverstärktem Kunststoff und einem Betonkern sein.

Ein bekanntes Beispiel für verzweigte Stützen ist das Tragwerk des Stuttgarter Flughafens. Während der deckennahe Raum oberhalb der Köpfe der Flughafengäste der verzweigten Tragkonstruktion zur Verfügung steht, ist die Verkehrsebene weitläufig und nur in großen Abständen von Stützenfußpunkten beeinträchtigt ⌐141

A

B

⌐**140** (A) King's College Chapel, Cambridge (1515): Mauerwerk; (B) verzweigte Pfeiler der Brücke am Pragsattel, Stuttgart (1993): Stahlkonstruktion

141 *Verzweigte Stüt-
zen tragen das Dach des
Stuttgarter Flughafens,
Terminal 3, Stuttgart.*

142 *(A) Verzweigte Stüt-
zen mit reduzierter Quer-
schnittshöhe des Überbaus.
(B) Ein höherer Überbau ist
bei unverzweigten Stützen*

*mit gleichem Stützenabstand
erforderlich, da größere
Spannweiten und höhere
Biegemomente auftreten.*

A

B

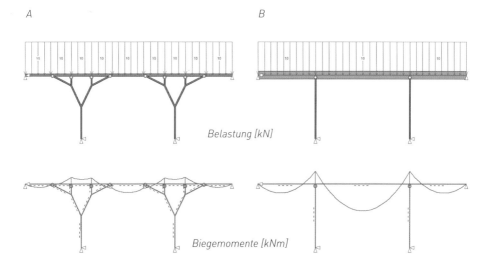

Belastung [kN]

Biegemomente [kNm]

*Neben der Raumnutzung sind verzweigte Stützen
auch hinsichtlich eines weiteren Gesichtspunkts
vorteilhaft: Die verzweigten Stützen bieten viele
Zwischenauflager für das oberhalb angeordnete
horizontale Tragelement, wie z. B. das Dach oder
die Brückenfahrbahn. Dadurch wird die zu über-*

*brückende Entfernung zwischen zwei Stützen, die
Spannweite, reduziert. Kleinere Spannweiten führen zu einer geringeren Konstruktionshöhe. Es wird
für den Überbau weniger Baumaterial benötigt und
eine leichtere Gesamtkonstruktion ermöglicht.*

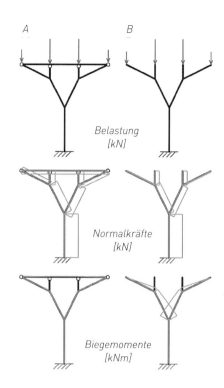

⌐143 *Gegenüberstellung: (A)* (B) exemplarische
Schnittkräfte einer verzweig- Schnittkräfte eines
ten Stütze mit Zugband; Baums

A B

Belastung
[kN]

Normalkräfte
[kN]

Biegemomente
[kNm]

Das Tragverhalten einer verzweigten Stütze ist ganz anders als das eines natürlichen Baums, weswegen die häufig benutzte Bezeichnung „Baumstütze" irreführend ist. Die Enden verzweigter Stützen, die Stützenköpfe, sind mit einem horizontalen Tragelement, wie bei einer Decke oder dem Überbau einer Brücke, miteinander verbunden. Sie tragen Lasten vorwiegend über Drucknormalkräfte ab. Die Äste von Bäumen haben dagegen ein freies Ende und widerstehen Beanspruchungen aus ihrem Eigengewicht sowie äußeren Lasten, wie z. B. Wind und Schnee, durch Biegung. Dadurch sind natürliche Verzweigungen in Pflanzen vor allem biegebelastet. In den Schnittkraftverläufen ⌐143 wird der Unterschied deutlich. Verzweigte Stützen werden schlank konstruiert, d. h., das Verhältnis des Durchmessers zur Länge der Stäbe ist klein. Bei schlanken, druckbeanspruchten Konstruktionen ist die Tragfähigkeit neben der Festigkeit des verwendeten Materials auch von der Sicher-

heit gegen Ausknicken, dem sogenannten Stabilitätsversagen, abhängig. Stabilitätsversagen liegt vor, wenn die Tragstruktur sich der Belastung durch zunehmende Verformung entzieht – wie ein Lineal, das axial gedrückt seitlich ausbaucht.

Formfindung verzweigter Stützen

Beim Entwurf von verzweigten Stützen spielt die Formfindung eine wesentliche Rolle, denn die äußere Geometrie der verzweigten Stütze gibt den Kräfteverlauf vor. Es gilt, eine Form zu finden, für die möglichst kleine Biegemomente auftreten und somit nur kleine Querschnitte erforderlich sind. Hierzu stehen verschiedene experimentelle und analytische Methoden zur Verfügung. Einen experimentellen Ansatz verfolgte beispielsweise Gaudí: Er verwendete Hängemodelle für den Formentwurf des Haupttragwerks der Sagrada Familia (Barcelona). Dabei hängte er zur Formfindung der Rippen und Gewölbe definierte Gewichte an ein Seilnetz und nutzte das verformte Modell als Grundlage für die Planung des Gebäudes.

Die Arbeitsgruppe von Frei Otto entwickelte in der zweiten Hälfte des letzten Jahrhunderts die experimentellen Methoden zur Formfindung verzweigter Strukturen weiter. Durch das Abhängen von Gewichten an Fäden konnten Verzweigungen bestimmt werden, die sich als effektive Tragstrukturen eignen. Auch in Harz getränkte Fasern, die an einem Ende im Raster auf einer Platte fixiert werden und am anderen Ende in einem Punkt zusammenlaufen, vermögen im Experiment verzweigte Strukturen zu bilden. Durch die Oberflächenspannung stellt sich ein Gleichgewicht zwischen der resultierenden Anziehungskraft und den zurückgehaltenen Fäden ein ⌐144A, B.

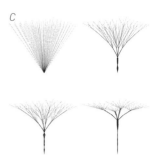

┌ **144** *Experimentelle Form-* *strukturen"; (C) digi-*
findung: (A) Fadenmodell; *tale Formfindung: Simu-*
(B) Projektstudie „Baum- *lation zur Gestaltbildung*

Heute hat sich die Formfindung durch neue Technologien stark verändert: Anstatt experimentell zu arbeiten, können Bildungsprozesse mit verschiedenen Programmen am Computer simuliert werden ┌**144C**. Mit der Methode der Strukturoptimierung wird dabei beispielsweise nach der Verzweigungsgeometrie gesucht, die eine bestimmte Belastung mit minimalem Materialaufwand abträgt.

Wie man heute verzweigte Stützen baut

Heute werden verzweigte Stützen im Hochbau oder verzweigte Pfeiler im Brückenbau häufig aus Stahl oder Stahlbeton hergestellt. Die Nachteile der Stahlbetonbauweise liegen in den vergleichsweise aufwendigen Schalungs- und Bewehrungsarbeiten.

Werden Stahlrohre verwendet, gilt es, mehrere Rohre präzise zuzuschneiden und miteinander zu verschweißen. Die Schnittflächen sind in der Regel komplex und die Schweißarbeiten folglich aufwendig. Alternativ wird häufig ein Verbindungsknoten aus Stahlguss im Kreuzungsbereich der Stäbe eingesetzt ┌**145**. Dadurch wird ein kontinuierlicher Kraftübertrag am Übergang zwischen den einzelnen Stäben gewährleistet. Hierzu wird jeweils ein Rohr an den Verbindungsknoten angeschweißt, anstatt mehrere Rohre in einem Punkt zu verbinden. Aufgrund des erforderlichen Formenbaus für hohe Temperaturen sind Stahlgussknoten insbesondere dann sinnvoll, wenn sich die Knotengeometrie mehrfach im Bauwerk wiederholt.

┌ **145** *Herstellung eines Stahlgussknotens: (A) Abkühlen des Gusses; (B) mechanisches Nachbearbeiten des Bauteils*

Wie in Zukunft verzweigte Stützen gebaut werden können

Viele Pflanzen haben eine verästelte Tragstruktur, was vor allem in der Krone großer Bäume augenfällig wird. Die mechanischen Eigenschaften der pflanzlichen Tragstrukturen werden durch eine komplexe Interaktion verschiedenster struktureller Hierarchieebenen, welche äußere Form (m–cm), Gewebestruktur und -anordnung (cm–mm), Zellen (mm–µm), Organellen (µm–nm) und Makromoleküle (≤ nm) umfassen, bestimmt und zeitlebens durch Wachstumsprozesse adaptiv optimiert. Auf mehreren dieser Hierarchieebenen setzt die Pflanze auf Faserverbundleichtbauprinzipien, beispielsweise faserbasierte Gewebe und faserartige Zellen bzw. Makromoleküle in Faserform wie Zellulose. Mehrfach wurde nachgewiesen, dass sich die faserförmigen Elemente der Pflanzen entsprechend den einwirkenden Belastungen orientieren (siehe Kapitel „Vom Ast zum Palast" **S. 144**). Dieses Prinzip wurde auf die Faserstruktur in einem neu entwickelten Hybridknoten übertragen ⌐**139, 146, 147** in ein verzweigtes Modell überführt ⌐**148** und mittels einer Flechmaschine ⌐**149** als Stütze hergestellt ⌐**150**. Eine Herausforderung ist dabei die Fertigung eines verzweigten Textilschlauchs, in dem die Fäden kontinuierlich und lastangepasst durch die Verzweigungsstelle geführt werden ⌐**146**.

Der Flechtprozess ist einer der ältesten bekannten textilen Prozesse und eignet sich hervorragend zur Herstellung dreidimensionaler Textilien mit einem kontinuierlichen Faserverlauf. Die für den Hybridknoten verwendete Maschine ⌐**149** flicht mit 216 Fäden gleichzeitig und ermöglicht so das Herstellen größerer Querschnitte, wie sie für eine Tragkonstruktion erforderlich sind.
In einem Prozessschritt werden jeweils zwei Arme mit durchgängigem Faserverlauf beflochten ⌐**146A**. Das Flechten wird für alle Armpaare wiederholt ⌐**146B, C**, um eine geschlossene textile Hülle zu erhalten ⌐**146D**.

⌐**146** *Schritte zum Flechten einer Verzweigung mit kontinuierlicher Faseranordnung:*
(A) Flechten vom ersten zum zweiten Schenkel;
(B) Flechten vom zweiten zum dritten Schenkel;
(C) Flechten des letzten Schenkelpaares (3 zu 1);
(D) Detail eines geflochtenen Textils einer Verzweigung mit Karbon- (schwarz) und Glasfasern (weiß)

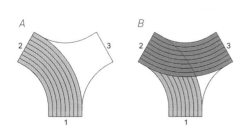
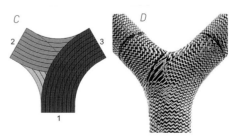

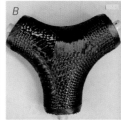

⌐**147** *Herstellung eines Hybridknotens aus faserverstärktem Kunststoff (FVK) und Beton:* — *(A) Fräsen von Flechtkernen; (B) trockene textile Hülle nach dem Flechtvorgang; (C) Faserverbundkunst-* — *stoff-Bauteil nach der Imprägnierung; (D) Füllen der Hülle mit Beton*

Der tragende Hybridknoten besteht aus einer Hülle aus faserverstärktem Kunststoff und einem Kern aus Beton. Die Fertigung gliedert sich in vier Schritte ⌐**147** (1) Zunächst wird ein Kern mit der gewählten Geometrie aus leichtem Schaumstoff gefräst ⌐**147A**. (2) Anschließend wird der Kern umflochten und eine – noch flexible – textile Hülle hergestellt. (3) Die textile Hülle wird versteift, indem sie mit Harz imprägniert wird ⌐**147B**. Der Flechtkern wird entfernt ⌐**147C**. (4) Die steife Hülle wird mit Beton gefüllt und dient als Schalung und Bewehrung zugleich ⌐**147D**. Nach Aushärten des Betons entsteht so ein widerstandsfähiger Tragknoten.

Zur Demonstration des entwickelten Flechtverfahrens wurde eine verzweigte Struktur mit einer Höhe von 6 m gefertigt ⌐**150**. Die frei stehende Stütze mit einer textilen Hülle bestand aus sieben Knoten und 15 Stäben mit einem Durchmesser von bis zu 127 mm. Die Verzweigungsknoten sind plan, d. h. die Achsen der drei Schenkel liegen in einer Ebene.

Neuer Gestaltungsspielraum für verzweigte Tragstrukturen

Der Demonstrator für die Ausstellung ⌐**150** wurde anhand eines digitalen Modells entworfen ⌐**148**. In diesem Model sind Stablänge, Durchmesser, Öffnungs- und Drehwinkel der Schenkel der Verzweigungen variable Parameter. Das Modell ist so aufgebaut, dass die Detailgeometrie jedes Knotens auf der Basis der Konfiguration der Gesamtstruktur ausgegeben wird und direkt zur Bauteilbearbeitung, wie dem Fräsen von Kernen, verwendet werden kann. Zusätzlich sind die verfahrenstechnischen Grenzen der Herstellbarkeit berücksichtigt und der Parameterbereich ist dementsprechend eingeschränkt.

Neben der geometrischen Variabilität ist eine ausreichende Tragfähigkeit für die Anwendung der Faserverbundkunststoff-(FVK)-Beton-Knoten in Gebäuden Voraussetzung. In Belastungstests widerstanden solch dreiarmige Knotenstrukturen aus FVK und Beton mit einem Schenkeldurchmesser von 125 mm Druckkräften von bis zu 1.700 kN. Dadurch reichen diese Verzweigungen bereits für schlanke Stützen zwei- oder dreigeschossiger Gebäude oder leichter Dächer aus. Nach den ersten Einsätzen des entwickelten Herstellungsverfahrens und erfolgreicher Belastungsversuche gilt es, Ansätze abzuleiten, wie diese innovati-

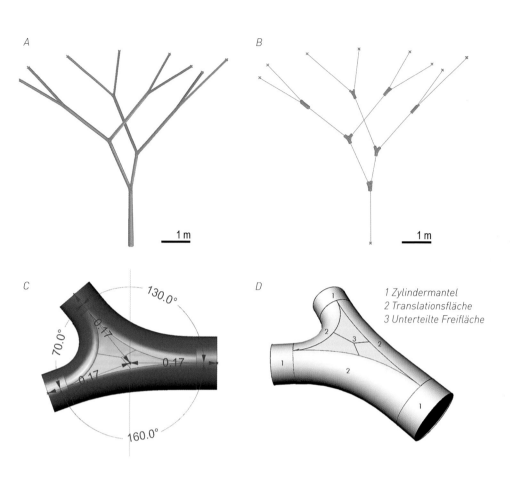

A

B

1 m

1 m

C

130.0°

70.0°

0.17

0.17

0.17

160.0°

D

1 Zylindermantel
2 Translationsfläche
3 Unterteilte Freifläche

1

2

3

2

1

2

1

⌐148 *Digitales paramet-*
risches Modell: (A) finale
Geometrie; (B) Knoten und
Achsen hervorgehoben; (C)
Detail eines in Abhängig-
keit von der Gesamtstruktur
automatisiert generierten
Knotens; (D) geometrische
Flächen zur Erzeugung
einer ebenen Verzweigung

ven Verzweigungen in konventionelle Ge-
schoss- und Hallenbauten integriert werden können ⌐151.
FVK-Beton-Knoten sind eine mögliche
Alternative zu traditionell hergestellten
Knoten für verzweigte Tragstrukturen. Sie
sind wegen ihrer attraktiven Gestaltungs-
möglichkeiten und effizienten Tragwirkung
nicht nur für Neubauten, sondern auch für
Erweiterungen von Bestandsgebäuden geeignete Lösungen.

149 *Radialflechtmaschine mit einem verzweigten Flechtkern, der von einem Roboter zugeführt wird*

150 *Verzweigter Demonstrator im Schloss Rosenstein zur Ausstellung „Baubionik – Biologie beflügelt Architektur" im Naturkundemuseum Stuttgart (2017/18): verzweigte Stütze mit Geflecht, bestehend aus Karbon- und Glasfasern*

⌐151 *Tragknoten aus faser-*
verstärktem Kunststoff
(FVK) und Beton, im Hinter-
grund der Demonstrator
mit geflochtener Hülle
sowie das pflanzliche Vor-
bild Schefflera arboricola

Das Plastidenskelett: ein Ideengeber im Nanobereich

Bugra Özdemir / Pouyan Asgharzadeh / Annette Birkhold / Oliver Röhrle / Ralf Reski

Alles Leben auf der Erde beruht auf der Umwandlung von Sonnenenergie in chemische Energie durch den Prozess der Fotosynthese, bei dem auch das Treibhausgas Kohlendioxid (CO_2) aufgenommen und Sauerstoff (O_2) freigesetzt wird. Zu dieser Reaktion sind die grünen Teile von Pflanzen fähig. Hier findet sich der grüne Farbstoff Chlorophyll, der das Sonnenlicht einfängt. Chlorophyll und alle Bestandteile des Umwandlungsprozesses liegen nicht frei in der Pflanzenzelle vor, sondern in bestimmten „Reaktionsräumen", den Chloroplasten. Diese gehören zu den sogenannten Zellorganellen, kleinen Reaktionsräumen innerhalb der Zelle, die durch eine Doppelmembran aus Fetten (Lipiden) und Eiweißen (Proteinen) von den anderen Zellbestandteilen getrennt sind.

Plastiden mit Skelett

Chloroplasten sind normalerweise linsenförmig ⌐152. Sie können ihre Gestalt aber auch verändern, wachsen und sich teilen. Lange Zeit war es unbekannt, was diese Veränderungen bewirkt und welche Struktur den Zellorganellen ihre Gestalt gibt und für Gestaltveränderungen verantwortlich ist. Wir Biologen konnten zeigen, dass in den Chloroplasten eines Mooses, des Kleinen Blasenmützenmooses (*Physcomitrella patens*), fünf verschiedene sogenannte FtsZ-Proteine vorkommen. Wenn man diese FtsZ-Proteine mit genetischen Methoden markiert, indem man an sie das leuchtende grün fluoreszierende Protein GFP anhängt, werden in mikroskopischen Aufnahmen Proteinfilamente und Netzwerke sichtbar ⌐153. Dabei fällt auf, dass jedes FtsZ-Protein ein von den anderen vier abweichendes Muster ausprägt. Diese Muster erinnern an das Zellskelett, das im Zytoplasma jeder höheren Zelle (Eukaryoten-Zelle) vorkommt, dieser Gestalt verleiht und hilft, ihre Form zu verändern. Deshalb schlugen wir für diese FtsZ-Filamente in den Chloroplasten den analogen Begriff des „Plastidenskeletts" vor. Inzwischen konnten Mikrobiologen zeigen, dass ähnliche Zellskelette in Bakterien vorkommen und dort die Gestalt und die Teilung bewirken. Auch hierbei ist ein FtsZ-Protein beteiligt. Wird es in Bakterien mutiert, werden diese bei bestimmten Temperaturen fadenförmig. Daher kommt auch die Abkürzung FtsZ: Filamentous temperature-sensitive mutant Z. Diese Erkenntnis ist aus evolutionärer Sicht besonders spannend, da die Chloroplasten der Pflanzen vor ungefähr anderthalb Milliarden Jahren aus Bakterien entstanden sind. Also besteht die Vermutung, dass sich die FtsZ-Moleküle von Bakterien und Chloroplasten nicht nur in ihrer Zusammensetzung, ihrer Sequenz, sondern auch in ihrer Funktion ähnlich sind.

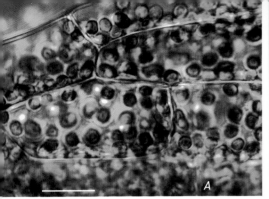
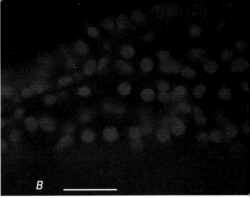

152 Ausschnitt aus einem Blättchen des Kleinen Blasenmützenmooses (Physcomitrella patens). (A) Lichtmikroskopie mit einem Zeiss-Axioplan2-Mikroskop zeigt die grün gefärbten Chloroplasten. (B) Derselbe Ausschnitt mit Fluoreszenzmikroskopie zeigt die rote Eigenfluoreszenz des Chlorophylls. Maßlinien 20 μm.

Im aktuellen Forschungsprojekt haben sich nun Biologen der Universität Freiburg und Ingenieure der Universität Stuttgart zusammengefunden, um den Geheimnissen des Plastidenskeletts in Moosen auf die Spur zu kommen. Die Herausforderungen sind groß, weil die untersuchten Strukturen winzig sind: Die Moospflanzen selbst sind nur wenige Millimeter groß, ihre Chloroplasten haben einen Durchmesser von wenigen Mikrometern und die FtsZ-Proteinfäden haben eine Dicke von wenigen Nanometern. Um diese sichtbar zu machen, bedarf es hochauflösender Mikroskope. Wir verwenden hierfür konfokale Laser-Scanning-Mikroskope, spezielle Lichtmikroskope, die die Strukturen mit Laserstrahlen von bestimmten Wellenlängen abtasten und danach die einzelnen Lichtpunkte zu Bildern zusammensetzen **153**. Da es sich um lebende Zellen handelt, in denen sich die Moleküle in andauernder Bewegung befinden, gleicht kein Bild dem anderen. Deshalb müssen sehr viele verschiedene Bilder gemacht werden, um einen guten Überblick über alle möglichen Strukturen des Plastidenskeletts zu bekommen. Da alle diese Bilder elektronisch sind, entstehen bei den Versuchen sehr große Datenmengen. Diese können in Computern automatisch weiterverarbeitet werden. Hierzu werden besondere Methoden entwickelt, die helfen, die aufgenommenen Strukturen der einzelnen Proteinnetzwerke mit mathematischen Formeln zu beschreiben und so vergleichbar zu machen.

Vom Bild zum Modell

Wie aus verschiedenen medizinischen Bildern bekannt, werden in der Mikroskopie aus 3-D-Strukturen 2-D-Schichtaufnahmen erzeugt. Je nach Auflösung, Datenmenge, und Mikroskop kann der Abstand zwischen den einzelnen Bildern variieren. Um dann tatsächlich 3-D-Abbildungen einzelner Objekte zu erstellen, muss aus den 2-D-Bildern eine 3-D-Geometrie entstehen. Je kleiner der Schnittbildabstand ist, desto genauer die Modelle. Wenn der Abstand zu groß wird, besteht zu viel Unsicherheit für den Zwischenraum und es müssen Annahmen getroffen werden. Daraus können Fehler entstehen.

Nach der Modellierung müssen die Modelle dann auch in Computermodelle überführt werden. Dazu muss man ein Gitternetz erzeugen. Seine Funktionsweise kann man

⌐153 Ein einzelner Chloroplast unter dem Leica-TCS
8T-WS-Konfokalmikroskop.
(A) Ein FtsZ2-1-Netzwerk in
Grün dargestellt.

(B) Dieselbe Aufnahme,
zusätzlich ist Chlorophyll in
Rot leuchtend dargestellt.
Maßlinie 2 µm.

A   B

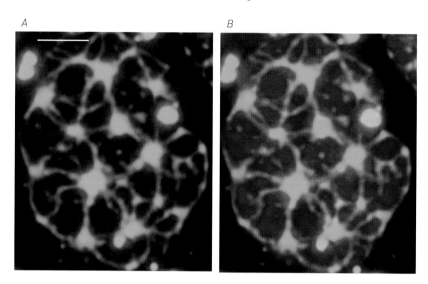

sich ungefähr mit Legosteinen vorstellen: Hat man nur sehr große Legoklötzchen – oder ein grobes Gitternetz – zur Verfügung, kann man eine komplizierte Struktur auch nur näherungsweise nachbauen. Wählt man kleinere Legosteine – oder ein feineres Gitternetz –, kann man die Struktur viel besser nachbilden.

Eine genaue Darstellung führt auch zu vielen Daten. Letztendlich müssen die Geometrie und die Lage jedes einzelnen Legosteinchens bestimmt werden. Möchte man nun nicht nur die geometrischen Größen des Modells rekonstruieren, sondern auch Aussagen über dessen Struktur-Funktions-Zusammenhang erzielen, z.B. eine Simulation der mechanischen Stabilität durchführen, dann muss für jedes Legobauteil auch ein Satz an mathematischen Gleichungen gelöst werden. Durch ein sehr feines Modell erhöht sich natürlich die Genauigkeit der Aussagen/ Simulation, allerdings auf Kosten der all-

gemeinen Rechenzeit. Bei ganz hohen Auflösungen benötigt man schon mal einen der Supercomputer, die für mehrere Millionen Euro an bestimmten Rechenzentren, wie z.B. dem Höchstleistungsrechenzentrum Stuttgart (HLRS), angeschafft wurden. Das bedeutet, man muss aus praktischen Gründen immer eine gute Balance aus Rechenzeit, Ressourcen und Genauigkeit finden.

So können die einzelnen FtsZ-Netzwerke des Plastidenskeletts mathematisch exakt beschrieben und voneinander unterschieden werden. Erste Ergebnisse zeigen, dass die fünf FtsZ-Netzwerke unterschiedlich sind; und es wurde die Hypothese entwickelt, dass sie zusammengenommen eine sogenannte Tensegrity-Struktur ausbilden ⌐154. Solch eine Struktur aus sich nicht berührenden Stäben und Seilen unter Zugspannung wurde zunächst von zwei Architekten erfunden und beschreibt eine stabile Konstruktion mit minimalem Materialaufwand.

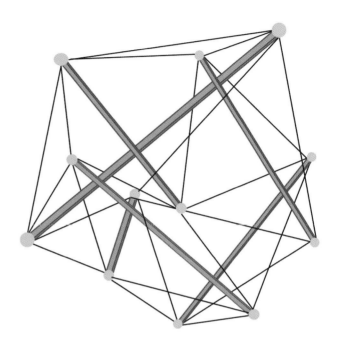

154 *Modell einer Tensegrity-Struktur, eines Stabwerks, in dem die Stäbe durch Zugelemente (etwa Seile) miteinander verbunden sind. Durch Zugspannungen in den elastischen Teilen (schwarz) wird das System sowohl stabilisiert als auch dynamisch.*

In unserer weiteren Arbeit wollen wir die Hypothese überprüfen, dass das Plastidenskelett eine Tensegrity-Struktur ist, und untersuchen, wie sich das Plastidenskelett unter äußeren Lasten, beim Wachstum und bei der Teilung der Chloroplasten verändert. Hierzu haben wir bereits erste Versuche an einem Rasterkraftmikroskop vorgenommen, mit dem wir die Chloroplastenoberfläche mechanisch abtasten und kleinste Kräfte auf der Nanometerskala messen können. Ziel unseres Projektes ist es, die Dynamik und Mechanik des Plastidenskeletts aufzuklären, mathematisch zu beschreiben und daraus allgemeine Prinzipien abzuleiten, die in viel größeren Dimensionen, also im Ingenieurwesen und der Architektur, zum Einsatz kommen könnten.

Um zu diesem Ziel zu gelangen, werden wir den Weg der „reversen Bionik" gehen: Dies bedeutet, dass die genaue Analyse des Plastidenskeletts zur Ableitung von Hypothesen und Modellen dienen wird und auch die Erstellung von funktionierenden Prototypen (Demonstratoren) vorgesehen ist. Bei dieser Übertragung über sehr große Skalenebenen hinweg – von Nanometer zu Zentimeter – werden neue Erkenntnisse und Hypothesen entstehen, die wiederum durch die gezielte genetische Veränderung des Mooses überprüft werden. Die dabei gewonnenen Erkenntnisse werden dann zu verbesserten Modellen und Demonstratoren führen. So können Architekten nicht nur von der Natur lernen, sondern Biologen auch von Ingenieuren und Architekten. Das macht den besonderen wissenschaftlichen Reiz dieses Projektes aus.

Abstrahieren statt kopieren – auf der Suche nach der Erfolgsformel

Nicole Radde / Debdas Paul / Manfred Bischoff

Die Natur dient uns seit Jahrtausenden als Vorbild für technische Erfindungen. Häufig schauen wir uns ganz direkt bei Tieren und Pflanzen ab, wie sie ein bestimmtes Problem gelöst haben, und übertragen diese Lösung in die Technik. Wäre es aber nicht auch faszinierend, neue technische Lösungen mit natürlichen Methoden zu entwickeln, anstatt lediglich bereits vorhandene Lösungen der Natur in die Technik zu übertragen? Jenseits spezifischer Lösungen für einzelne Problemstellungen bleibt die Frage nach den grundsätzlichen Strategien, mit denen natürliche Systeme die faszinierende Kombination von Effizienz und Anpassungsfähigkeit, von hoher Funktionalität und Robustheit realisieren. Dabei geht es nicht um die bekannten Strategien der Evolution, sondern um die Erfolgsformel hinter den Bauplänen, die sie hervorbringt. Eine Idee, diesem natürlichen Plan auf die Schliche zu kommen, basiert auf der Betrachtung formaler Analogien – abstrakter Zusammenhänge zwischen dem scheinbar Zusammenhanglosen. Es ist die Suche nach der mathematischen Erfolgsformel der Natur.

Abstraktion als Triebfeder für die Wissenschaft

Die Anekdote von Newton und dem Apfel ist wohl allgemein bekannt. Wir schreiben das Jahr 1666, Sir Isaac Newton, ein englischer Naturforscher und Verwaltungsbeamter, ist in seinem 24. Lebensjahr. Der Legende nach sinniert er gerade über die Frage, was es wohl wäre, das den Mond auf seiner Bahn um die Erde halte, als er an einem schönen Herbsttag unter einem Apfelbaum in einem Garten seines Heimatortes Woolsthorpe im Norden Englands einschläft. Es dauert nicht lange, da wird er von einem herabfallenden Apfel unsanft aus seinen Träumen geweckt ⌐155.

Wenn man seinen eigenen Ausführungen Glauben schenken darf, soll dieser Vorfall Newton auf die Idee gebracht haben, dass der senkrecht zu Boden fallende Apfel denselben physikalischen Gesetzen gehorche wie der um die Erde kreisende Mond. Diese Eingebung führte zur Entdeckung der Gesetze der Gravitation. Damit war der Grundstein für die klassische Mechanik gelegt. Newton war es gelungen, die zuvor empirischen (also auf Beobachtungen und Messungen beruhenden) keplerschen Gesetze für die Planetenbewegung in einer umfassenden physikalischen Theorie zu begründen.

Was ist an dieser Geschichte besonders bemerkenswert im Hinblick auf die Bionik? Dazu machen wir ein Gedankenspiel und fragen uns, welche Gemeinsamkeiten zwischen Mond und Apfel bestehen, um

**155** *Sir Isaac Newton (1642–1726)*

deren Bewegung es hier ja geht. Außer der Tatsache, dass beide idealisiert als runde Körper beschrieben werden können, fällt einem hier wohl wenig ein. Insbesondere können wir keine Gemeinsamkeiten zwischen der Bahnkurve eines senkrecht zu Boden fallenden Apfels und der elliptischen Umlaufbahn des Mondes um die Erde entdecken. Wie also passen beide Objekte und ihre Bewegungen zusammen?

Schauen wir uns die drei von Newton formulierten Axiome (Grundsätze) etwas genauer an. Das erste Axiom, das Trägheitsprinzip, besagt, dass eine Masse ohne Einwirkung einer Kraft ihren Bewegungszustand nicht ändert, also entweder in Ruhe oder in einer gleichförmigen Bewegung bleibt. Im zweiten Axiom, dem sogenannten Kraftgesetz, nach dem die Kraft proportional zum Produkt von Masse und Beschleunigung ($F = m \cdot a$) ist, wird ein Zusammenhang zwischen der auf einen Körper der Masse m einwirkenden Kraft F und der resultierenden Beschleunigung a hergestellt. Das dritte Axiom schließlich besagt, dass jede Kraft eine Gegenkraft hervorruft, d. h., zwei Körper beeinflussen sich durch die Gravitationskraft immer gegenseitig.

Nun mag man sich weiter fragen, was diese Prinzipien wiederum mit einem Apfel und dem Mond zu tun haben. Wir versuchen hierzu, aus diesen Prinzipien Schlussfolgerungen für beide Objekte zu ziehen. Weder der fallende Apfel noch der Mond bewegen sich gleichförmig. Wir können aus dem ersten Axiom schließen, dass auf beide eine

Kraft einwirkt, nämlich die von der Erde ausgehende Anziehungskraft, die proportional mit dem Quadrat des Abstandes zum Erdmittelpunkt abnimmt ⌐**156**. Diese Kraft bewirkt nach dem zweiten Axiom jeweils eine Beschleunigung. Der Apfel fällt mit wachsender Geschwindigkeit zu Boden, der Mond ändert permanent seine momentane Bewegungsrichtung. Das dritte Axiom schließlich besagt, dass sowohl der Apfel als auch der Mond eine Gegenkraft auf die Erde ausüben und man deswegen die Systeme Apfel–Erde bzw. Mond–Erde jeweils zusammen betrachten muss. Es ist natürlich leicht einsehbar, dass wir die Kraft, welche der Apfel auf die Erde ausübt, gegenüber der Gravitationskraft, die wiederum der Apfel durch die Erde erfährt, vernachlässigen können. Die Mondanziehungskraft beträgt etwa 1/6 der Erdanziehungskraft, ist also auch deutlich kleiner. Nach diesen Überlegungen werden die Gemeinsamkeiten der Bewegungen von Apfel und Mond klar: Sie gehorchen denselben übergeordneten physikalischen Prinzipien und Naturgesetzen ⌐**157**. Beide Bahnkurven sind lediglich konkrete Beispiele, die sich mit denselben mathematischen Formeln, jedoch mit unterschiedlichen Parametern und Anfangsbedingungen, beschreiben lassen. Ein mit genügend großer Geschwindigkeit horizontal geworfener Apfel würde – wie der Mond – tatsächlich die Erde umrunden. Auch ein aus einer Ruheposition losgelassener Mond würde – wie der Apfel – auf die Erde fallen. Die Axiome von Newton liefern uns eine abstrahierende Beschreibung mit-

$$F = G\frac{Mm}{R^2}$$

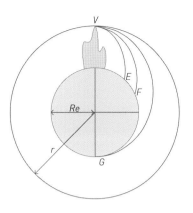

┌ **156** *Bahnkurven von Pla-* *Kraft (F) aufeinander aus-* ┌ **157** *Bahnkurven E, F*
neten und fallenden Äpfeln *üben, die proportional zum* *und G mit unterschied-*
werden über dieselben physi- *Produkt ihrer beiden Massen* *lichen horizontalen An-*
kalischen Gesetze beschrie- *und umgekehrt proportional* *fangsgeschwindigkeiten*
ben. Das Gravitationsgesetz *zum Quadrat ihres Abstandes*
besagt, dass zwei Körper *(R) ist. (G) bezeichnet hierbei*
der Massen (M) und {m} eine *die Gravitationskonstante.*

hilfe von physikalischen Gesetzmäßigkeiten und mathematischen Formeln, welche es erlauben, beide Objekte und Phänomene miteinander zu verbinden.

Abstraktion und Analogie

Isaac Newton ist bei seinem Rückschluss von Apfel auf Mond ein genialer Coup gelungen. Er hat eine Theorie entwickelt, die eine allgemeine, übergeordnete Erklärung scheinbar vollkommen unterschiedlicher Phänomene erlaubt. Anstatt aus tausend Versuchen mit 1.000 Äpfeln, die aus 1.000 verschiedenen Höhen fallen gelassen werden, so viele Erfahrungswerte zu sammeln, dass es möglich ist, näherungsweise das Ergebnis eines 1.001 Versuchs vorherzusagen, hat er einen einheitlichen mathematischen Formalismus geschaffen, der nicht nur die Bewegungen fallender Äpfel, sondern auch geworfener Steine, geschossener Pfeile und eben die Bewegungen von Himmelskörpern zutreffend zu beschreiben vermag. Er hat diese Vorgänge nicht nur beschrieben, sondern er hat sie verstanden.

Das ist umso bemerkenswerter, als beim Fall des Apfels die gegenseitige Beeinflussung – der Apfel bewegt sich nicht nur auf die Erde zu, sondern auch die Erde bewegt sich zum Apfel hin – wegen des gigantischen Masseunterschieds praktisch nicht messbar ist. Bei der Bewegung des Systems aus Erde und Mond ist diese Gegenseitigkeit aber nicht vernachlässigbar. Sie zu entdecken und zu quantifizieren ist der eigentliche Abstraktionsschritt, der Newtons Leistung so herausragend macht. Einfachere Fallgesetze, die diese Wechselwirkung ignorieren, waren bereits ein halbes Jahrhundert zuvor von Galileo Galilei aufgestellt worden. Die Wissenschaft ist voll von solchen abstrahierenden Modellen. Und in der Tat ist eine geeignete Abstraktion oft notwendig, um allgemeine Gesetzmäßigkeiten zu erkennen und wichtige Erkenntnisse zu generalisieren, also für völlig andere Objekte und Beobachtungen verallgemeinern zu können. Ein wichtiges Werkzeug bei der Entwicklung oder Entdeckung neuer Gesetzmäßigkeiten und Modelle ist die Analogie. Dabei werden direkt beobachtbare oder auch rein formale Ähnlichkeiten zwischen verschiedenen

Phänomenen dazu verwendet, Rückschlüsse von bereits Bekanntem, Erklärbarem auf das Unbekannte und noch Unerklärliche zu ziehen. Ein klassisches Beispiel ist die heute von der Relativitäts- und Quantentheorie abgelöste Modellvorstellung des Lichts als Welle aus dem 19. Jahrhundert. Sie substantiierte eine Analogie zwischen den mechanischen Wellen der Akustik und den elektromagnetischen Wellen der Optik und erlaubte nicht nur die Erklärung von experimentell beobachtbaren Phänomenen, sondern auch die Vorhersage von Phänomenen, deren experimentelle Beobachtung noch nicht möglich war.

Substantive und formale Analogien

Die eben beschriebene Analogie zwischen akustischen und optischen Wellen bezeichnet man als substantive (auch materielle oder physische) Analogie, da eine Ähnlichkeit direkt auf der Ebene der beobachtbaren Phänomene vorliegt. Häufig begegnet man jedoch auch abstrakten, formalen Analogien. Naturwissenschaftliche Modelle werden heute in der Regel durch mathematische Gleichungen beschrieben. Eine formale Analogie liegt vor, wenn zwei unterschiedliche naturwissenschaftliche Phänomene durch dieselben Gleichungen ausgedrückt werden können. Beispielsweise beschreiben bestimmte Modelle in der Finanzmathematik die Entwicklung des Preises einer Kaufoption auf ein Portfolio aus mehreren Aktien mit der exakt identischen mathematischen Gleichung, mit der in den Naturwissenschaften chemische Reaktionen in einer strömenden Flüssigkeit berechnet werden. Ein weiteres beliebtes Beispiel ist die Analogie zwischen den Gleichungen der Elektrodynamik und den mechanischen Schwingungen. Für jede physikalische Größe

aus der einen Welt findet man die mathematische Entsprechung aus der anderen: Die elektrischen Kapazitäten entsprechen den Massen, die Widerstände den Dämpfungseigenschaften, die Induktivitäten den Federsteifigkeiten, die elektrischen Potenzialunterschiede den Verschiebungen, die Stromstärken den Kräften und so weiter. Derselbe Gleichungsapparat beschreibt auch die Phänomene der Hydro- und Thermodynamik, jeweils mit anderen Interpretationen der beteiligten mathematischen Parameter. Die formale Analogie, die die Autoren dieses Beitrags in einem gemeinsamen Forschungsprojekt ausnutzen wollen, stellt einen Zusammenhang zwischen der Signalverarbeitung in molekularen Netzwerken und dem Schwingungsverhalten von Tragwerken her, deren Modellierung man ebenfalls auf dieselben mathematischen Gleichungen zurückführen kann.

In seinem Aufsatz „Über die Methoden der theoretischen Physik" bringt der Physiker und Philosoph Ludwig Boltzmann dies im Jahr 1892 überaus treffend zum Ausdruck: „Die überraschendsten und weitgehendsten Analogien zeigten sich zwischen scheinbar ganz disparaten Naturvorgängen. Die Natur schien gewissermaßen die verschiedensten Dinge genau nach demselben Plane gebaut zu haben, oder, wie der Analytiker trocken sagt, dieselben Differentialgleichungen gelten für die verschiedensten Phänomene. So geschieht die Wärmeleitung, die Diffusion und die Verbreitung der Elektrizität in Leitern nach denselben Gesetzen. Dieselben Gleichungen können als Auflösung eines Problems der Hydrodynamik und der Potentialtheorie betrachtet werden. Die Theorie der Flüssigkeitswirbel sowie die der Gasreibung zeigt die überraschendste Analogie mit der des Elektromagnetismus etc."

Ein Beispiel aus der Biologie

Ein weiteres sehr bekanntes und faszinierendes Beispiel an der Schnittstelle zwischen Biologie, Mathematik und Physik ist das Hodgkin-Huxley-Modell zur Beschreibung von Nervenimpulsen bei der Anregung von Nervenzellen.

Die Signalweiterleitung erfolgt in Form von Nervenimpulsen über lange Nervenzellfortsätze, die Axone. Ein mathematisches Modell, das diesen Vorgang beschreibt, wurde nach den beiden Physiologen Alan Hodgkin und Andrew Fielding Huxley benannt. Für ihre bahnbrechenden Arbeiten über die Entstehung von Aktionspotenzialen im Riesenaxon des Tintenfisches erhielten sie 1963 den Nobelpreis für Medizin.

Das Bemerkenswerte dabei ist, dass in diesem Modell die Gesetzmäßigkeiten eines elektrischen Schaltkreises vorkommen, wie man sie aus der Elektrotechnik kennt, obwohl es in Bezug auf das äußere Erscheinungsbild praktisch keine Gemeinsamkeiten zwischen einer Nervenzelle und einem elektrischen Schaltkreis mit Widerständen und Kondensatoren gibt.

Ähnlich wie bei Newtons Kraftgesetzen war es mit dem Hodgkin-Huxley-Modell erstmals möglich, gleichzeitig viele experimentell beobachtete, jedoch im Einzelfall sehr unterschiedliche Phänomene gemeinsam zu beschreiben.

Bionik mit Differenzialgleichungen

Die Abgrenzung formaler von substantiven Analogien bringt uns schließlich zurück zur Bionik. Wenn das Verhalten eines natürlichen oder technischen Systems von denselben mathematischen Gleichungen beschrieben werden kann, dann müssen auch bestimmte Eigenschaften wie Effizienz, Leistungsfähigkeit, Funktionalität und Robustheit übertragbar sein. Um beim Beispiel der Elektrodynamik zu bleiben: Aus bekannten Maßnahmen zur Dämpfung elektromagnetischer Schwingungen können mithilfe dieser formalen Analogie direkt geeignete Maßnahmen zur Dämpfung mechanischer Schwingungen abgeleitet werden. Ebenso sollte es möglich sein, durch formale Analogien zwischen natürlichen und technischen Systemen effiziente Strategien aus der einen in die andere Welt zu übertragen. Dass die dabei verwendete Analogie auf rein formalen Ähnlichkeiten basiert, ist die besondere Herausforderung. Die äußeren Erscheinungsbilder von biologischem Vorbild und technischer Implementierung können dabei vollkommen unterschiedlich sein.

Die weitreichenden Arbeiten von Newton sowie von Hodgkin und Huxley machen sich beide das Prinzip der Abstraktion zum Finden übergeordneter Gesetzmäßigkeiten, Prinzipien und Modelle zunutze. Über abstrakte mathematische Formeln und Modelle lassen sich dadurch Gemeinsamkeiten zwischen einem Apfel und einem Planeten, zwischen Aktienkursen und chemischen Reaktionen oder zwischen Nervenimpulsen in lebenden Organismen und elektrischen Schaltkreisen entdecken, welche im äußeren Erscheinungsbild nicht sichtbar sind. Vielleicht kann diese Betrachtungsweise dem faszinierenden Forschungsgebiet der Bionik neue Impulse verleihen.

Funktionalistische, organische und bionische Architektur

Gerd de Bruyn / Oliver Betz / Manfred Drack / Mirco Limpinsel / James H. Nebelsick

Dieser Beitrag ist der Versuch einer Definition und Positionsbestimmung der Architektur, die seit Anbruch der Moderne mit ihren Konventionen brechen und sich als zeitgemäß und anschlussfähig erweisen möchte für die aktuellen Entwicklungen in Wissenschaft und Technik. Da die Architektur zugleich eine Kunst ist, die uns mehr bietet als nur Komfort und Sicherheit, kommt sie der widersprüchlichen Natur des Menschen entgegen, der sich in der Mitte von Tradition und Fortschritt am wohlsten fühlt.

Die Funktionalisierung der Architektur

Seit ihrem Eintritt in die Moderne haben Architekten den Druck einer gewaltigen „Deautorisierung" auszuhalten. An ihrer künstlerischen Autorität wurde so sehr gezweifelt, dass sie selbst nicht länger darauf bestehen wollten. Zudem verblasste der Glaube an die „starken Autoren". Die Menschen identifizieren große komplizierte Bauwerke, an deren Realisierung viele Experten beteiligt sind, nicht mehr mit einer einzelnen Person. Nahezu jedermann weiß, dass auch der genialste Architekt bei komplexen Aufgaben von großen Teams ersetzt wird, deren Chefs und Chefinnen dafür sorgen, dass die „Handschrift" des entwerfenden Büros erkennbar bleibt. Der in solcher Handschrift zutage tretende Stil ist ein Rudiment des anachronistischen Kunstcharakters der Architektur.

Die Relativierung des Kunstanspruchs und Entwurfsautors führte in der Architektur zur Ausweitung ihrer Aufgaben und zur Aufwertung ihres Gebrauchswerts. Zugleich wuchs das Interesse an ihrem technischen und wissenschaftlichen Input. Eingeleitet wurde diese gewaltige Umwertung durch die Funktionalismusdebatten, die seit der Französischen und industriellen Revolution geführt wurden. Gefordert wurde ein Bauen, in dem die Funktionalität *(utilitas)* priorisiert wird und nicht länger mit der Konstruktion *(firmitas)* und Ästhetik *(venustas)* in Gleichklang steht – drei Begriffe, die in der Tradition als ebenbürtig betrachtet wurden. Die Dominanz der Zwecke bedeutete das Ende der Vorstellung, Architektur bilde eine Einheit aus Kunst, Wissenschaft und Technik. Fortan hatten sich die Architekten zu entscheiden, ob sie weiterhin einer Kunst oder einer Wissenschaft nachgehen wollten ⌐**158**.

⌐**158** *Architektur als Einheit von Wissenschaft, Kunst und Technik: Francesco Borromini, Spiraltreppe im Südflügel des Palazzo Barberini, Rom (1627–1638)*

Die Geburt der Originalgenies

Im 19. Jahrhundert begannen Architektur und Ingenieurbau einen Widerspruch zu bilden. Die Ingenieure bauten moderner als die Architekten, die sich modern nannten, und den Avantgarden lag vor allem daran, die verloren gegangene Einheit der Architektur wiederherzustellen. Die beiden beherrschenden Personen in Europa und den USA – Le Corbusier (1887–1965) und Frank Lloyd Wright (1867–1959) – betrachteten ihr Metier weiterhin als Kunst und sich selber als große Baukünstler ⌐**159**.

Die Mystifizierung ihrer Autorenschaft schien ein probates Mittel, der Deautorisierung ihrer Disziplin zu widerstehen. Die Heroisierung des Architekten machte aus einem David einen Goliath. Dahinter standen zwei Vorstellungen: (1) der Wunsch, Ästhetik und Funktion könnten in eins fallen (getreu dem Motto: was zweckvoll ist, ist automatisch schön), und (2) die Idee, das Schicksal der

Architektur könne von wenigen Genies abhängig gemacht werden.

Um erklären zu können, was im Schatten ihrer Großtaten geschah, sollen zwei Strömungen diskutiert werden, die eine unterschätzte Entwicklungslinie der modernen Architektur bis in die heutige Zeit bilden. Die Rede ist von der funktionalistischen und der organischen Architektur. Das geschieht aber nicht nur, um der sich gegenwärtig abzeichnenden „bionischen Architektur" eine Ahnenreihe zu verpassen, sondern um zu verstehen, worin sich diese Strömungen unterscheiden und was sie aus der Architektur machen. Letzteres ist wichtig, weil wir stets die Folgen bedenken müssen, die mit der Kopplung der Architektur an Begriffe wie expressionistisch, rationalistisch, funktionalistisch oder bionisch ausgelöst werden.

Die Spaltung der Architektur

Nicht jede Spezifizierung bedeutet automatisch einen Gewinn. Zumal die Architektur durch Spezifizierungen stets eine Reduktion und keine Betonung ihrer Wesensmerkmale erfuhr. Das rührt daher, dass ihr wichtigster und ältester Anspruch darin besteht, eine Disziplin zu sein, die andere Disziplinen in sich vereint. So wie sich der Bedeutungshorizont alter Begriffe mit der Zeit verengt – als Beispiel gelte der Begriff τέχνη, der im Altgriechischen Kunst, Handwerk und Wissenschaft bedeutete und erst in der Moderne auf das reduziert wurde, was wir unter Technik verstehen –, verarmt die Architektur, wenn wir sie zuspitzen. Jemand wie Le Corbusier bemerkte sogleich, dass die moderne Ausdifferenzierung und Autonomisierung der Künste gegen die Definition der Baukunst als *synthèse des arts* verstößt. Als sich die Disziplinen verabschiedeten, die

in der Architektur zusammenwirkten, blieb sie entleert zurück. Die Architekten reagierten hierauf, indem sie entweder die Not zur Tugend machten und die Funktionalität verabsolutierten oder umgekehrt den Versuch unternahmen, die desertierten Künste (Malerei, Bildhauerei, Musik etc.) aus eigener Kraft zu ersetzen.

Die Avantgardisten entschieden sich für beides. Die Spezialisierung auf Zwecke war ja in der Architektur selten konkret genug, um daraus die Gestalt und Ästhetik eines Bauwerks ableiten zu können. Corbusiers berühmte „Fünf Punkte zu einer neuen Architektur" (1923), die wohl prominenteste Wesensbestimmung der modernen Architektur (freier Grundriss, freie Fassade, Bandfenster, Stützen und das als Garten nutzbare Flachdach), sollten zwar den Gebrauchswert der Architektur steigern, doch waren sie zugleich als ästhetische Prinzipien gedacht und als solche sehr viel wirkungsvoller. Kubische Baukörper, liegende Fenster und Flachdächer symbolisierten eine Funktionalität, die weit mehr zur Kunst als zum Alltag tendierte. Obschon völlig schmucklos, bewiesen die Bauten von Gropius, Mies van der Rohe, Rietveld, Melnikow u. a. mehr ästhetischen Eigensinn als die aufwendig verzierten Jugendstilvillen. Wie abstrakte Skulpturen standen sie auf der grünen Wiese und präsentierten stolz ihre ausgeklügelten Proportionen, dezenten Farbgebungen und bisweilen auch edlen Baustoffe.

Das Vorbild der Natur

Da dem „erhöhten" Gebrauchswert dieser faszinierenden architektonischen Gesamtkunstwerke bereits von den Zeitgenossen misstraut wurde, entbrannte in den 1920er-Jahren ein Streit über die wahre funktionale Architektur. War am Ende die traditionelle Architektur gebrauchstüchtiger als die funktionalistische? Konservative Architekten behaupteten das und lagen nicht einmal falsch damit. Auch innerhalb der modernen Bewegung kam es zu Kontroversen. Die wichtigste provozierten die Organiker. Sie wollten ernsthaft ergründen, wie Gebäude besser funktionieren und inwiefern sich hierdurch Gestalt und Grundriss verändern. Auf der Suche nach Vorbildern, die perfekte Synthesen von Form und Funktion bieten, stießen sie auf die Natur, genauer gesagt: auf das Faszinosum lebendiger Organismen. Wirklich neu war das freilich nicht. Schon im 18. Jahrhundert hatte sich der Gedanke durchgesetzt, dass die Kunst ihr Vorbild in der lebendigen Natur hat, ihrer Schönheit und Vitalität wegen. Davon sollten die Künste so viel wie möglich in sich aufnehmen, um so der Gefahr einer Erstarrung durch Regeln und Konventionen zu entgehen.

Im 19. Jahrhundert kam mit Entstehung der modernen Biologie noch ein weiterer Aspekt ins Spiel, den einzelne Universalgenies wie Leonardo da Vinci (1452–1519) schon vier Jahrhunderte zuvor ins Auge gefasst hatten. Leonardo bemerkte, dass sich die Natur nicht bloß in schönen Formen ausdrückt, sondern dass lebendige Organismen (nahezu) perfekt organisiert sind. Nachdem er mit dem Seziermesser die Adern menschlicher Leichen freigelegt hatte, machte er den Vorschlag, die Wasser- und Versorgungswege der italienischen Städte nach dem Vorbild der Blutbahnen neu zu organisieren. Gedacht war das Ganze als Beitrag zur modernen Stadthygiene und Bekämpfung der Pest. Leonardo ist somit der Begründer des organischen Städtebaus.

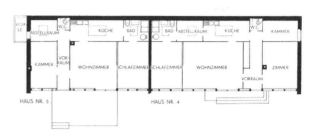

⌐**160** *Organischer*
Wohnungsgrundriss:
Hugo Häring, Häuser für
die Werkbundsiedlung
Wien-Lainz (1930–1932)

Organisches Bauen

Da in der Natur Form und Funktion untrennbar scheinen, wollten die Organiker dieses Prinzip in eine Architektur überführen, die nicht länger funktional scheinen, sondern tatsächlich sein sollte. Zu ihrem Ausgangspunkt erklärte man einen an konkreten Bedürfnissen orientierten Grundriss, der die Räume so organisiert, wie sich die Menschen darin bewegen. Aus Rücksicht auf den Anspruch auf „Licht, Luft und Sonne" durften nun keine Fassaden mehr entworfen werden, die aus ästhetischen Gründen, etwa um der Symmetrie willen, einem solchen Grundriss widersprachen. Die äußere Gestalt sollte ein Spiegel der inneren Ordnung sein (Hugo Häring) und sich ebenso „organisch" aus ihr entwickeln wie das gesamte Haus aus der umgebenden Landschaft (Frank Lloyd Wright) ⌐**160, 161**.
Gebäudeformen, die aus einem „besser" funktionierenden Grundriss resultieren, stehen nicht automatisch im Widerspruch zu rechten Winkeln und geraden Linien. Organische Architektur, die gebrauchstüchtiger sein will als funktionalistische, sieht

nicht zwangsläufig anders aus als diese. Dass ein Haus organisch ist, muss man ihm nicht ansehen. Zumindest nicht auf den ersten Blick. Erst wenn der einfache, auf dem rechten Winkel basierende Grundriss durch Kurvaturen ergänzt wird, kann das die Gestalt eines Gebäudes merklich verändern. Da sich aber für runde Wände kaum bessere Gründe finden lassen als für gerade, müssen wir zugeben, dass die fließenden Formen organischer Gebäude nicht anders als die rechteckigen Baukörper, die gemeinhin als Bauhaus-Architektur bezeichnet werden, Zwecke bloß symbolisieren, statt sie zu erfüllen.
Man könnte sogar die These aufstellen, die organischen Architekten hätten gerade deshalb, weil sie zweckorientierter bauen wollten als ihre Konkurrenten, eine noch stärkere Verselbstständigung ihres Formvokabulars ausgelöst. Denkt man an Frank Gehry und Santiago Calatrava, trifft der Vorwurf des Formalismus das ästhetisch ausgereizte organische Bauen nicht weniger als den Jugendstil oder den Dekonstruktivismus ⌐**162**. Das ist aber nicht weiter schlimm. Formalismus bedeutet, dass die Architektur

ihrem Kunstanspruch auch dann die Treue
hält, wenn Zuschreibungen wie „funktionalistisch" oder „organisch" das Gegenteil im
Schilde führen. Müssen wir daraus folgern,
dass eine ästhetisch gelungene „bionische
Architektur" ihren Vorgaben aus Natur und
Technik ebenso wenig Folge leisten wird wie
die organische Architektur?

⌐**161** *Einheit von Haus
und Landschaft:
Frank Lloyd Wright,
Fallingwater (1937)*

Ausblick auf eine bionische Architektur

Wir möchten sogar noch weitergehen und sagen, dass von „bionischer Architektur" erst dann die Rede sein kann, wenn der aus der Biologie stammende wissenschaftliche Input zur Nebensache und seine ästhetische Verwandlung in Architektur zur Hauptsache geworden ist. Wir glauben, dass produktive Missverständnisse und „abenteuerliche" Umdeutungen von wissenschaftlichen Erkenntnissen und Methoden konstitutiv sind für deren Überführung in Architektur und Kunst. Wir reden also von der Zukunft! Denn vorerst sind nur Anstrengungen zu erkennen, bionische Produkte als technische Details (Flectofin, S. 11) zu verbauen oder technische Übersetzungen faszinierender natürlicher Strukturen in expressive Formen (Research Pavilion) zu gießen ⌐163.

Da diese Pavillons betretbar sind und uns an Ludwig Wittgensteins berühmtes Diktum „Architektur ist eine Geste" erinnern, wird man sie immerhin schon als bionische Pionierbauten oder Antizipationen bionischer Architektur bezeichnen dürfen.

Wünschenswert wäre heutzutage zweierlei: einmal, dass im Rahmen der bionischen Forschung fantasieanregende Visualisierungen entstehen, die in Architektenkreisen Verbreitung finden und eine inspirierende Wirkung entfalten. Und zum andern, dass die wenigen Architekten, die in der bionischen Forschung mitarbeiten, sich ein Stück weit aus deren Bannkreis entfernen und dabei bedenken, dass in der Architektur vieles, was von der Natur zu lernen ist, Metapher bleiben muss. Architektur ist Wissenschaft und Kunst. Die Autorenschaft bionikinspirierter Gebäude kann nicht auf Dauer an objektivierbare Prozesse delegiert werden. Erst wenn sie in die Subjektivität des entwerfenden Architekten verlegt wird, wird man von bionischer Architektur mit der gleichen Selbstverständlichkeit reden dürfen wie von organischer oder funktionalistischer Architektur.

Hinzu kommt: Echte Legitimation für eine bionisch informierte Architektur besteht nur dann, wenn das Bauen hierdurch ökologisch und der von Wissenschaft und Technik entfesselte Fortschritt sinnfällig würde, damit auch der Laie einen Zugang findet. Es versteht sich von selbst, dass eine so verstandene Architektur hohen ästhetischen Ansprüchen zu genügen hat. Das wird nicht betont, um den Kunstanspruch der Architektur zu verabsolutieren. Es hat vielmehr damit zu tun, dass die Architektur im Durchgang durch Wissenschaft und Technik nie nur gewinnt. Sie bringt auch Opfer. Infolgedessen gewinnen und verlieren auch wir Menschen. Im besten Fall kommen wir in den Genuss gesunder und gut funktionierender Räume, die unsere physische und psychische Verfassung stärken. Schlimmstenfalls erleiden wir einen Identitätsverlust. Menschen sind widersprüchliche Naturen, die sich in die Zukunft entwerfen und an die Vergangenheit klammern. Architektur nimmt hierauf Rücksicht, wenn sie für unsere berechenbaren und für unsere unberechenbaren Bedürfnisse einen Ausdruck findet.

162 *Organischer Forma-
lismus: Frank O. Gehry,
Guggenheim-Museum,
Bilbao (1993–1997)*

163 *Bionische Architek-
tur: ICD/ITKE Research
Pavilion 2014–2015,
Universität Stuttgart*

Das bionische Versprechen

Olga Speck / Johannes Gantner / Klaus Sedlbauer / Rafael Horn

Der technische Fortschritt der letzten Jahrhunderte hat einem Teil der Menschheit enormen Erfolg gebracht. Unser moderner Lebensstil basiert zum großen Teil auf materiellem Wohlstand. Um den dafür notwendigen Konsum zu befriedigen, müssen riesige Mengen an Rohstoffen aus der Umwelt gefördert werden. Darüber hinaus werden aus den Konsumgütern oft schon nach kurzer Zeit Abfälle, die die Umwelt belasten. Zu den größten gesellschaftlichen Herausforderungen des 21. Jahrhunderts gehört deshalb die Suche nach nachhaltigen Lösungen mit dem Ziel, unsere Umwelt zu bewahren, ohne auf Wohlstand verzichten zu müssen. Hilfe bei dieser Suche versprechen wir uns vom Blick in die Natur. Deshalb scheinen bionische Produkte über besondere Qualitäten wie Ressourcenschonung, Umweltverträglichkeit und Nachhaltigkeit zu verfügen. Aber stimmt das wirklich?

Was ist „bionisch"?

Bionik oder das „Lernen von der lebenden Natur für technische Lösungen" begann in der Neuzeit mit Leonardo da Vinci (1452–1519). In seiner Zeit vereinte er das Wissen der unterschiedlichsten Fachdisziplinen und erfüllte so alle Voraussetzungen für einen erfolgreichen Bioniker. Heute arbeiten bei der Entwicklung eines bionischen Produkts Wissenschaftler aus verschiedenen Diszi-

plinen wie Biologie, Chemie, Physik, Mathematik, Ingenieurwissenschaften, Materialwissenschaften, Architektur und Design zusammen.

In den letzten Jahren haben sich zwei Arbeitsweisen der Bionik bewährt: Ausgehend von einer biologischen Frage (Bottom-up-Prozess = Biology Push) oder von einer technischen Herausforderung (Top-down-

164 *Die Blüten der Paradiesvogelblume* (Strelitzia reginae) *waren Vorbild für gelenkfreie Fassadenverschattungen vom Typ Flectofin®.*

Prozess = Technology Pull) werden evolutionär optimierte biologische Lösungen auf technische Anwendungen übertragen └1, 2, S. 11.

Ein sehr bekanntes Beispiel für den Bottom-up-Prozess in der Bionik ist die selbstreinigende Fassadenfarbe Lotusan. Wassertropfen perlen wie bei den Blättern der Indischen Lotusblume (*Nelumbo nucifera*) └165 einfach ab und nehmen den Schmutz mit. Die bionische Fassadenverschattung Flectofin ist das Resultat eines Top-down-Prozesses. Auf der Suche nach einer gelenkfreien Verschattung für Bauwerke wurden Biologen und Ingenieure bei der Blüte der Paradiesvogelblume (*Strelitzia reginae*) fündig └164.

Interessanterweise sieht man einem Produkt nicht an, ob es bionisch ist oder nicht. Um das zu entscheiden, muss die Entwicklungsgeschichte des Produkts bekannt sein. Erst dann kann man beurteilen, ob alle der drei notwendigen Kriterien für ein bionisches Produkt erfüllt sind: (1) Ein biologisches Vorbild ist vorhanden, (2) Das Lösen vom natürlichen Vorbild (Abstraktion) ist erfolgt, und (3) Ein technisches Produkt ist vorhanden └168. Das entscheidende Drehkreuz zwischen biologischem Vorbild und technischem Produkt ist der Abstraktionsschritt. Dies kann eine Computersimulation, eine mathematische Formel oder ein Bauplan sein – letztlich eine gemeinsame Sprache, die sowohl von Naturwissenschaftlern als auch von Ingenieuren verstanden wird.

Was ist „nachhaltig"?

Die Geburtsstunde des Begriffs „Nachhaltigkeit" liegt über 300 Jahre zurück. Erstmals verwendete Hannß Carl von Carlowitz den Begriff im Jahr 1713 in seinem Werk über Forstwirtschaft *Sylvicultura oeconomica oder haußwirthliche Nachricht und Naturmäßige Anweisung zur wilden Baum-Zucht*. Seither ist der Begriff „Nachhaltigkeit" oder auch „nachhaltige Entwicklung" immer wieder aufgegriffen worden. Globale Aufmerksamkeit erzielte er aber erst, als das immer schneller wachsende Wirtschaftssystem den ganzen Globus umspannte. Mitte des

└165 *Die selbstreinigenden Blätter der Indischen Lotusblume (Nelumbo nucifera) waren Vorbild für Fassadenfarben, die den Markennamen Lotus-Effect® tragen.*

20. Jahrhunderts wurden die ersten Folgen dieses gigantischen Wachstums sichtbar. Der 1972 veröffentlichte Bericht *Grenzen des Wachstums* des Club of Rome beschäftigt sich mit den Folgen des menschlichen Eingriffs in die Natur. Im Brundtland-Bericht von 1987 findet sich die einzige international anerkannte Definition nachhaltiger Entwicklung: „Nachhaltige Entwicklung ist Entwicklung, die die Bedürfnisse der Gegenwart befriedigt, ohne zu riskieren, dass künftige Generationen ihre eigenen Bedürfnisse nicht befriedigen können". Auf dem sogenannten Erdgipfel von Rio de Janeiro im Jahr 1992 wurde nachhaltige Entwicklung zum Leitbild der internationalen Umwelt- und Entwicklungspolitik erhoben. Seitdem finden regelmäßig große Konferenzen statt und auch immer mehr Unternehmen bekennen

sich öffentlich zum Leitbild Nachhaltigkeit. Die zentrale Herausforderung ist es, aus dem politischen Konzept ein gesellschaftliches Leitbild zu machen. Dieser Wechsel ist bereits im Gange. Mit den sogenannten Sustainable Development Goals (Ziele für nachhaltige Entwicklung, SDGs) haben die Vereinten Nationen im Jahr 2016 einen Zielkatalog verabschiedet. Er umfasst 17 Entwicklungsziele, die zum Schutz unserer Zukunft dienen sollen. Sie gelten für ärmere Länder, aber auch für Industrieländer wie Deutschland. Weil diese Ziele kein rechtlich bindender Vertrag sind, sollen die Länder der Erde zusätzlich nationale oder internationale Ziele beschließen. Die Bewältigung des Klimawandels ist eines der Entwicklungsziele und seine Auswirkungen sind schon heute für viele ein akutes Problem.

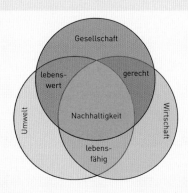

Vorrangmodell

Dreiklangmodell

Die drei Dimensionen sind abhängig voneinander und nicht gleichbedeutend. Die Wirtschaft ist eingebettet in die Gesellschaft und diese wiederum in die Umwelt. Das Vorrangmodell wurde von der Umweltbewegung entwickelt und stellt hohe Anforderungen hinsichtlich der Einschränkung von Wirtschaft und Gesellschaft. In der hier dargestellten Variante ist die Nachhaltigkeit als verbindendes Element dargestellt, das sich durch alle Dimensionen erstreckt.

Die drei Dimensionen sind unabhängig und stellen jeweils einen Bereich eindimensionaler Nachhaltigkeit dar. Diese werden als Mindestanforderungen definiert („Bottom Line"). Nur wo sich alle drei überschneiden, ist nachhaltige Entwicklung möglich. Daher wird das Modell auch „Triple Bottom Line" genannt. Meist geht man davon aus, dass die Dimensionen gegenseitig beeinflussbar und damit gegeneinander verschiebbar sind.

Deshalb wurden 2015 auf der UN-Klimakonferenz in Paris völkerrechtlich verbindliche weltweite Ziele vereinbart.

Diese großen Entscheidungen sind wichtig, können aber nur funktionieren, wenn jeder Einzelne seinen Teil dazu beiträgt, unsere Welt zu erhalten. Es bleibt jedem Einzelnen überlassen, dieses Leitbild auf sein eigenes konkretes Handeln zu übertragen. Wir alle können täglich zur nachhaltigen Entwicklung durch ressourcenschonendes, sparsames und abfallvermeidendes Verhalten beitragen. Um das zu ermöglichen, müssen die Ziele der nachhaltigen Entwicklung von der globalen Ebene auf die alltägliche Handlungsfähigkeit übertragen werden. Es gibt verschiedene Modelle, die diese Verbindung herstellen wollen. Dabei repräsentieren sie immer einen bestimmten Standpunkt und eine Interpretation von Nachhaltigkeit. Die Basis der meisten Modelle ist eine Aufteilung der Nachhaltigkeit in die Dimensionen Umwelt, Gesellschaft und Wirtschaft. Die größten Unterschiede liegen in der Art und Weise, wie diese Dimensionen voneinander abhängen und sich gegenseitig beeinflussen. Es ist die Eigenart von Modellen, dass sie nur ein Abbild der Wirklichkeit wiedergeben. Die verschiedenen Blickwinkel der Modelle erlauben es deshalb auch, die verschiedenen Interpretationsmöglichkeiten von Nachhaltigkeit zu untersuchen ⌐166.

⌐166 *Verschiedene Modelle beleuchten das Leitbild der Nachhaltigkeit aus verschiedenen Perspektiven.*

Drei-Säulen-Modell

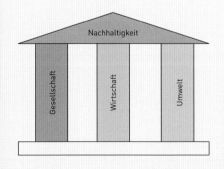

Bioinspiriertes Modell

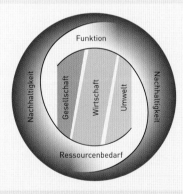

Alle drei Bereiche stehen für sich selbst. Sie sind gleich wichtig und gleich bedeutend. Alle drei Säulen sollen gleichermaßen zur Nachhaltigkeit beitragen und können nicht gegeneinander verrechnet werden. Das Modell verkörpert die Stabilität von Nachhaltigkeit und ist insbesondere im deutschsprachigen Raum verbreitet.

Dieses Modell ist von der grundlegenden Funktionsweise biologischer Systeme inspiriert. Es beschreibt ein System, das mithilfe von Ressourcen eine gewünschte Funktion erfüllt. Es ist dann nachhaltig, wenn es sich selbst erhalten kann ohne unumkehrbare Schädigung der Ressourcen zu bewirken. Nachhaltigkeit ist hier die zeitliche Komponente der Selbsterhaltung. Die Dimensionen verbinden Aufwand und Nutzen des betrachteten Systems.

Steigerung der Effizienz

Ressourceneffizienz
Energieeffizienz
Materialeffizienz
Ökoeffizienz

Effektivität

Recycling
Wiederverwendung
Erneuerbare Energien
Biobasierte Materialien
Dekarbonisierung

⌐**167** *Die Nachhaltig-*
keitsstrategien Effizienz,
Konsistenz und Suffizienz
tragen alle zum Erreichen
des Ziels Nachhaltigkeit
bei. Jede einzelne alleine
reicht dabei nicht aus, nur
im Zusammenspiel der
Strategien können sie er-
folgreich sein. Außerdem
müssen dabei alle Dimensi-
onen berücksichtigt werden.

Einsparung

Wohnraumeinsparung
Multifunktionalität
Sharing Economy

Wie können wir zur Nachhaltigkeit beitragen?

Die Auswirkungen der nicht nachhaltigen Industriegesellschaft sind inzwischen so dramatisch, dass sie zentrale Funktionen des globalen Ökosystems bedrohen. Wenn wir die Erde, wie wir sie kennen, erhalten wollen, müssen wir alle unseren Lebensstil nachhaltig gestalten. Was können wir also tun? Die Entwicklung unserer Welt hin zu einer zukunftsfähigen Gesellschaft betrifft alle Ebenen, von globalen politischen Entscheidungen bis hin zu der Art und Weise, wie wir unseren Alltag gestalten. An dieser Entwicklung können wir uns aktiv beteiligen, indem wir an den sozialen, ökologischen und ökonomischen Veränderungsprozessen teilhaben. Ganz konkret werden drei Nachhaltigkeitsstrategien genannt, wenn über einen nachhaltigen Lebensstil diskutiert wird: (1) Effizienz (= besser), (2) Konsistenz (= anders) und (3) Suffizienz (= weniger) ⌐**167**. Zur Effizienz können wir durch eine bessere Nutzung der Ressourcen (Rohstoffe, Energie, Wasser etc.) beitragen. So können in landwirtschaftlichen Kulturen durch Tröpfchenbewässerung statt Beregnung oder offene Gräben bis zu 80 % Wasser gespart werden. Allerdings können solche Einsparungen durch den geringeren Verbrauch auch dazu verleiten, noch mehr zu konsumieren. Man spricht dann von dem sogenannten Rebound-Effekt. Wechselt ein Autofahrer beispielsweise auf ein Auto mit niedrigem Kraftstoffverbrauch und fährt anschließend mehr oder gibt das gesparte Geld für eine Flugreise aus, ist das ein Beispiel für den Rebound-Effekt. Um diesen Mehrverbrauch zu verhindern, werden zwei weitere Strategien, Konsistenz und Suffizienz, benötigt. Durch Konsistenz, einen Wandel von umweltschädlichen zu naturverträglichen Technologien, können wir zu einer nachhaltigeren Entwicklung beitragen. Konsistent sind z. B. Solarthermie-Anlagen, die den Wärmebedarf durch Sonnenenergie decken, statt fossile Energieträger zu verbrennen. Da Effizienz und Konsistenz weder unser wirtschaftliches Wachstum noch unser Konsummodell infrage stellen, werden diese sowohl von der Wirtschaft als auch von der Gesellschaft als Ganzes und jedem Einzelnen leichter akzeptiert und sogar angestrebt. Anders verhält sich dies bei der Strategie der Suffizienz, die auf freiwillige Einschränkung des Verbrauchs abzielt und somit ein anderes Verhalten verlangt. Damit ist aber nicht nur Verzicht gemeint, denn „weniger ist manchmal mehr". Die freiwillige Geschwindigkeitsbegrenzung auf der Autobahn führt zu einer Einsparung von Benzin und zu einer Steigerung der Lebensqualität durch entspanntes Fahren sowie zu erhöhter Verkehrssicherheit.

Alle drei Strategien können zu nachhaltiger Entwicklung beitragen, sie sind aber kein „Freifahrtschein". Außerdem entfalten sie ihre größte Wirkung, wenn sie gemeinsam in einer Lösung vereint werden. Dabei ist jedoch zu berücksichtigen, dass die Strategien meist in Konkurrenz miteinander stehen. Hier muss also eine Abwägung zwischen Umwelt, Wirtschaft und Gesellschaft vorgenommen werden. Intensive Landwirtschaft kann beispielsweise erhöhte Wirtschaftlichkeit bedeuten, geht jedoch zu Lasten der Umwelt.

Diese Komplexität führt dazu, dass es häufig keine optimalen Lösungen in der Nachhaltigkeit gibt und die Bewertung der Nachhaltigkeit ein kompliziertes Unterfangen ist. Neben der wissenschaftlichen Bewertung ist es aber für jeden einzelnen möglich, die Strategien bei alltäglichen, aber vor allem bei großen Entscheidungen zu berücksichtigen. Wer sein Handeln hinterfragt und dabei die Kriterien der Nachhaltigkeit berücksichtigt geht damit einen großen Schritt in Richtung Nachhaltigkeit.

Wie misst man Nachhaltigkeit?

Nachhaltige Entwicklung kann nur stattfinden, wenn die Kriterien der Nachhaltigkeit ausschlaggebender Teil von Entscheidungen sind. Wie diese Kriterien aussehen und wie sie bewertet werden, ist immer noch Gegenstand wissenschaftlicher und gesellschaftlicher Diskussionen. Durch den Begriffswandel im Laufe der langen historischen Entwicklung und seine Allgegenwärtigkeit ist der Begriff „Nachhaltigkeit" in der öffentlichen Wahrnehmung zu einer Worthülse geworden. Dem gegenüber stehen die Versuche, den Begriff „Nachhaltigkeit" anschaulich und letztendlich auch messbar zu machen. Das betrifft politische Rahmenbedingungen genauso wie Kaufentscheidungen oder die Frage, wo der Jahresurlaub stattfinden soll. Um verschiedene Alternativen im Hinblick auf ihre Nachhaltigkeit vergleichen zu können, muss diese messbar gemacht werden. Dazu wird der gesamte Lebenszyklus von Produkten analysiert. Die Auswirkungen von Herstellung, Nutzung und Lebensende auf die Dimensionen der Nachhaltigkeit werden untersucht. Dadurch kann man ein umfassendes Bild über die Nachhaltigkeit eines Produkts gewinnen und so verschiedene Produkte direkt miteinander vergleichen.

Entscheidend ist bei allen Analysen der Nachhaltigkeit, was miteinander verglichen wird. Wurde ein sinnvolles Vergleichsprodukt ausgewählt? Gibt es überhaupt ein vergleichbares Produkt für die brandneue Innovation auf dem Markt? Werden alte Produkte mit heute gängigen Lösungen verglichen? Diese und noch mehr Fragen müssen vor der Analyse sorgfältig geprüft, im Zusammenhang mit dem Ergebnis dokumentiert und bei der Interpretation der Ergebnisse berücksichtigt werden. Die umweltlichen Aspekte können mithilfe der sogenannten Lebenszyklusanalyse bewertet werden. Diese Methode ist inzwischen weit verbreitet und standardisiert, sodass ihre Ergebnisse gut vergleichbar sind. Mit der Lebenszyklusanalyse können z. B. die Auswirkungen eines Produkts auf den Klimawandel oder

Fazit

Das bionische Versprechen ist oder ist nicht eingelöst

die durch das Produkt verursachten Landnutzungen bewertet werden. Bei der wirtschaftlichen Bewertung treten neben den negativen Aspekten (z. B. Kosten) auch Vorteile (z. B. Wettbewerbsvorteil) auf. Es gibt verschiedene Ansätze, diese Dimension der Nachhaltigkeit zu bewerten. Allerdings hat sich noch keiner der Ansätze generell durchgesetzt, sodass es oft schwierig ist, Produkte über ihre wirtschaftliche Nachhaltigkeit zu vergleichen. Wenn nur die Kosten betrachtet werden, können die Lebenszykluskosten berechnet werden. Die Berechnung ist ähnlich aufgebaut wie die ökologische Bewertung und so können die beiden Methoden sehr gut gemeinsam angewendet werden.

Die dritte Dimension der Nachhaltigkeit ist am schwersten zu bewerten. Die gesellschaftliche Bewertung kann nicht über physikalische Größen oder Kosten bestimmt werden. Was für uns sozial verträglich ist, ist stark vom Kulturkreis und dem gesellschaftlichen Umfeld geprägt. Es gibt also keine einfache Gleichung, mit der wir die gesellschaftliche Nachhaltigkeit berechnen können. Von den bisherigen Bewertungsansätzen konnte sich noch keiner als Standard etablieren. Hier ist die Forschung in der Verantwortung, für diese Herausforderung Lösungen zu entwickeln.

Bionik und Nachhaltigkeit

Ist die Natur nachhaltig?

In der Natur sind alle Lebewesen das Ergebnis der 3,8 Milliarden Jahre andauernden biologischen Evolution. Durch zufällige Veränderung und Vermischung der elterlichen Erbinformationen entstehen Nachkommen einer Art, die sich voneinander unterscheiden. Aufgrund begrenzter Ressourcen (z. B. Nahrungsmittel) stehen sie untereinander in Konkurrenz. Die am besten angepassten Individuen haben die größte Überlebenschance und den größten Fortpflanzungserfolg. Nachhaltigkeit dagegen ist ein Leitbild, das vom Menschen in den letzten 300 Jahren immer wieder neu definiert wurde. Es beschreibt die Vision der Generationengerechtigkeit der Menschen auf allen Gebieten bei begrenzten Ressourcen und gibt Orientierung, wie dieser angestrebte Zielzustand erreicht werden kann. Zusammenfassend kann man also sagen, dass die Natur im Gegensatz zur Nachhaltigkeit weder eine menschenzentrierte Sichtweise noch ein zielorientiertes Denken und Handeln kennt, sondern durch biologische Evolution geprägt ist. Folglich ist die Natur per Definition auch nicht nachhaltig und kann somit auch keine einfachen Kopiervorlagen für Nachhaltigkeit liefern.

⌐169 Leichtbaudecke des ehemaligen Zoologiehörsaals der Universität Freiburg, inspiriert vom inneren Aufbau der Knochen

Bedeutet das nun, dass ein Lernen von der Natur für nachhaltige Entwicklungen und Strategien völlig ausgeschlossen ist? Nein, denn die Natur kann Anregungen geben bei der Entwicklung von Lösungen, die es uns ermöglichen, die umweltbezogenen, wirtschaftlichen und gesellschaftlichen Ziele zu erreichen. Obwohl die Natur selbst nicht nachhaltig ist, ist ein Lernen von der Natur für nachhaltige Entwicklung wichtig, denn die Berücksichtigung von natürlichen Prinzipien (z. B. Kreislaufwirtschaft, Ressourcenschonung) trägt dazu bei, dass sich eine naturverträgliche Wirtschaft und Lebensweise entwickeln können.

Sind bionische Lösungen nachhaltig?

Wenn die Natur per se nicht nachhaltig im Sinne der Leitbilddefinition ist, kann folglich auch die Entwicklung und Umsetzung einer bionischen Innovation nicht automatisch deren Nachhaltigkeit garantieren. Aber gerade durch den Ideenfluss aus der Natur in die Technik wird bionischen Produkten ein großes Potenzial zugeschrieben, zu einer nachhaltigeren Technikentwicklung beizutragen. Bionische Lösungen liefern zum einen objektive Fakten wie die Benennung des biologischen Vorbilds und die Beschreibung des übertragenen Funktionsprinzips, wecken aber zum anderen auch positive Emotionen durch die Faszination an der belebten Natur. Darüber hinaus scheinen bionische Produkte evolutionär erprobt zu sein und ökologisch verträglichere Tech-

niklösungen zu versprechen. Um dieses bionische Versprechen einzulösen, muss das Produkt zwei Voraussetzungen erfüllen: Erstens muss es bionisch sein und zweitens muss es relevante Nachhaltigkeitskriterien erfüllen. Diese beiden Voraussetzungen werden nacheinander geprüft. Dabei kann die Bewertung der Nachhaltigkeitsbeiträge mithilfe unterschiedlicher Nachhaltigkeitsbewertungen erfolgen ⌐168. In Einzelfalluntersuchungen wurden vergleichende Nachhaltigkeitsbewertungen zwischen bionischen und konventionellen Produkten nach dieser Methode bereits durchgeführt. Verglichen wurden z. B. die Leichtbaukonstruktionen einer Betondecke nach dem Vorbild des Knochens ⌐1 mit zwei konventionellen Lösungen. In der Nachhaltigkeitsbewertung zeigte die bionische Rippendecke ⌐169 im Vergleich zum Stand der heutigen Technik vergleichbar gute Ergebnisse hinsichtlich Ökobilanz und möglicher sozialer Aspekte. Allerdings ist die bionische Lösung heute 2,2-mal teurer als die Hohlkörperdecke bzw. die Spannbetondecke. Auch aus diesem Grund wird die Hörsaaldecke an der Universität Freiburg ein Unikat mit einer besonderen architektonischen Ästhetik bleiben. Eine weitere Studie verglich die bionische Fassadenfarbe Lotusan mit einer konventionellen Farbe. Die Nachhaltigkeitsbewertung zeigte, dass die selbstreinigende Farbe Lotusan kosteneffektiv und ressourcenschonend ist und insgesamt der konventionellen Farbe vorzuziehen ist.

Anhang

Herausgeber

Prof. Dr.-Ing. Jan Knippers, Universität Stuttgart

Ulrich Schmid, Staatliches Museum für Naturkunde Stuttgart

Prof. Dr. rer. nat. Thomas Speck, Universität Freiburg

Autoren

Dr. rer. nat. Christoph Allgaier, Universität Tübingen, Fachbereich Geowissenschaften, Invertebraten Paläontologie

Pouyan Asgharzadeh, Universität Stuttgart, Institut für Mechanik (Bauwesen) (MIB)

Prof. Dr. rer. nat. Oliver Betz, Universität Tübingen, Fachbereich Biologie, Evolutionsbiologie der Invertebraten

Dr.-Ing. Annette Birkhold, Universität Stuttgart, Institut für Mechanik (Bauwesen) (MIB)

Prof. Dr.-Ing. habil. Manfred Bischoff, Universität Stuttgart, Institut für Baustatik und Baudynamik (IBB)

Dr. rer. nat. Georg Bold, geb. Bauer, Universität Freiburg, Plant Biomechanics Group Freiburg und Botanischer Garten, Freiburger Zentrum für interaktive Werkstoffe und bioinspirierte Technologien (FIT)

Larissa Born, Universität Stuttgart, Institut für Textil- und Fasertechnologien (ITFT)

Prof. Dr. phil. Gerd de Bruyn, Universität Stuttgart, Institut für Grundlagen moderner Architektur und Entwerfen (IGMA)

Gerald Buck, Universität Tübingen, Fachbereich Geowissenschaften, Angewandte Mineralogie

Katharina Bunk, Universität Freiburg, Plant Biomechanics Group Freiburg und Botanischer Garten, Freiburger Zentrum für interaktive Werkstoffe und bioinspirierte Technologien (FIT)

Dr. rer. nat. Marco Caliaro, Universität Freiburg, Plant Biomechanics Group Freiburg und Botanischer Garten, Freiburger Zentrum für interaktive Werkstoffe und bioinspirierte Technologien (FIT)

Hans Christoph, Universität Stuttgart, Institut für Textil- und Fasertechnologien (ITFT)

Dr. rer. nat. Manfred Drack, Universität Tübingen, Fachbereich Biologie, Evolutionsbiologie der Invertebraten

Benjamin Eggs, Universität Tübingen, Fachbereich Biologie, Evolutionsbiologie der Invertebraten

Prof. Dr.-Ing. Wolfgang Ehlers, Universität Stuttgart, Institut für Mechanik (Bauwesen) (MIB)

Lukas Eurich, Universität Stuttgart, Institut für Mechanik

Benjamin Felbrich, Universität Stuttgart, Institut für Computerbasiertes Entwerfen und Baufertigung (ICD)

Dr.-Ing. Johannes Gantner, Fraunhofer-Institut für Bauphysik

Florian Geiger, Universität Stuttgart, Institut für Baustatik und Baudynamik (IBB)

Oliver Gericke, Universität Stuttgart, Institut für Leichtbau Entwerfen und Konstruieren (ILEK)

Nico van Gessel, Universität Freiburg, Lehrstuhl für Pflanzenbiotechnologie

Prof. Dr.-Ing. Götz T. Gresser, Universität Stuttgart, Institut für Textil- und Fasertechnologien (ITFT)

Dr. rer. nat. Tobias B. Grun, Universität Tübingen, Fachbereich Geowissenschaften, Invertebraten Paläontologie

Dr.-Ing. Walter Haase, Universität Stuttgart, Institut für Leichtbau Entwerfen und Konstruieren (ILEK)

Fabian Henn, Universität Tübingen, Fachbereich Biologie, Evolutionsbiologie der Invertebraten

Dr. rer. nat. Linnea Hesse, Universität Freiburg, Plant Biomechanics Group Freiburg und Botanischer Garten, Freiburger Zentrum für interaktive Werkstoffe und bioinspirierte Technologien (FIT)

Rafael Horn, Fraunhofer-Institut für Bauphysik

Florian A. Jonas, Universität Stuttgart, Institut für Tragkonstruktionen und Konstruktives Entwerfen (ITKE)

Emna Khechine, Universität Freiburg, Physikalisches Institut, Freiburger Zentrum für interaktive Werkstoffe und bioinspirierte Technologien (FIT)

Katharina Klang, Universität Tübingen, Fachbereich Geowissenschaften, Angewandte Mineralogie

Prof. Dr.-Ing. Jan Knippers, Universität Stuttgart, Institut für Tragkonstruktionen und Konstruktives Entwerfen (ITKE)

Axel Körner, Universität Stuttgart, Institut für Tragkonstruktionen und Konstruktives Entwerfen (ITKE)

Daria Kovaleva, Universität Stuttgart, Institut für Leichtbau Entwerfen und Konstruieren (ILEK)

Daniel Lang, Universität Freiburg, Lehrstuhl für Pflanzenbiotechnologie, Freiburger Zentrum für interaktive Werkstoffe und bioinspirierte Technologien (FIT)

Christoph Lauer, Universität Tübingen, Fachbereich Geowissenschaften, Angewandte Mineralogie

Dr.-Ing. Armin Lechler, Universität Stuttgart, Institut für Steuerungstechnik der Werkzeugmaschinen und Fertigungseinrichtungen (ISW)

Dr. phil. Mirco Limpinsel, Universität Stuttgart, Institut für Grundlagen moderner Architektur und Entwerfen (IGMA)

Anja Mader, Universität Stuttgart, Institut für Tragkonstruktionen und Konstruktives Entwerfen (ITKE)

Yaron Malkowsky, Staatliches Museum für Naturkunde Stuttgart

Dr. rer. nat. Tom Masselter, Universität Freiburg, Plant Biomechanics Group Freiburg und Botanischer Garten, Freiburger Zentrum für interaktive Werkstoffe und bioinspirierte Technologien (FIT)

Prof. AA Dipl. (Hons.) Achim Menges, Universität Stuttgart, Institut für Computerbasiertes Entwerfen (ICD)

Prof. Dr.-Ing. Markus Milwich, Deutsche Institute für Textil- und Faserforschung (DITF)

Pascal Mindermann, Universität Stuttgart, Institut für Textil- und Fasertechnologien (ITFT)

Claudia Möhl, Universität Stuttgart, Institut für Textil- und Fasertechnologien (ITFT)

Prof. Dr. rer. nat. James H. Nebelsick, Universität Tübingen, Fachbereich Geowissenschaften, Invertebraten Paläontologie

Long Nguyen, Universität Stuttgart, Institut für Computerbasiertes Entwerfen und Baufertigung (ICD)

Prof. PhD Klaus G. Nickel, Universität Tübingen, Fachbereich Geowissenschaften

Dr. rer. nat. Anna K. Ostendorf, Staatliches Museum für Naturkunde Stuttgart

Bugra Özdemir, Universität Freiburg, Lehrstuhl für Pflanzenbiotechnologie

Debdas Paul, Universität Stuttgart, Institut für Systemtheorie und Regelungstechnik (IST)

Dr. rer. nat. Simon Poppinga, Universität Freiburg, Plant Biomechanics Group Freiburg und Botanischer Garten, Freiburger Materialforschungszentrum (FMF)

Prof. Dr. rer. nat. Nicole Radde, Universität Stuttgart, Institut für Systemtheorie und Regelungstechnik (IST)

Prof. Dr. rer. nat. Günter Reiter, Universität Freiburg, Physikalisches Institut

Dr. rer. nat. Renate Reiter, Universität Freiburg, Physikalisches Institut, Freiburger Zentrum für interaktive Werkstoffe und bioinspirierte Technologien (FIT)

Prof. Dr. rer. nat. Ralf Reski, Universität Freiburg, Lehrstuhl für Pflanzenbiotechnologie, Freiburger Zentrum für interaktive Werkstoffe und bioinspirierte Technologien (FIT)

Prof. Oliver Röhrle, PhD, Universität Stuttgart, Institut für Mechanik

PD Dr. rer. nat. Anita Roth-Nebelsick, Staatliches Museum für Naturkunde Stuttgart

Renate Sachse, Universität Stuttgart, Institut für Baustatik und Baudynamik (IBB)

Saman Saffarian, Universität Stuttgart, Institut für Tragkonstruktionen und Konstruktives Entwerfen (ITKE)

Immanuel Schäfer, Universität Stuttgart, Institut für Materialprüfung, Werkstoffkunde und Festigkeitslehre (IMWF)

Dr.-Ing. Malte von Scheven, Universität Stuttgart, Institut für Baustatik und Baudynamik (IBB)

Prof. Dr. rer. nat. Dr.h.c. Siegfried Schmauder, Universität Stuttgart, Institut für Materialprüfung, Werkstoffkunde und Festigkeitslehre (IMWF)

Dr. rer. nat. Stefanie Schmier, Universität Freiburg, Plant Biomechanics Group Freiburg und Botanischer Garten, Freiburger Zentrum für interaktive Werkstoffe und bioinspirierte Technologien (FIT)

Rena T. Schott, Staatliches Museum für Naturkunde Stuttgart

Tobias Schwinn, Universität Stuttgart, Institut für Computerbasiertes Entwerfen und Baufertigung (ICD)

Prof. Dr.-Ing. Klaus Sedlbauer, Fraunhofer-Institut für Bauphysik

Prof. Dr. Dr.e.h. Dr.h.c. Werner Sobek, Universität Stuttgart, Institut für Leichtbau Entwerfen und Konstruieren (ILEK)

Daniel Sonntag, Universität Stuttgart, Institut für Tragkonstruktionen und Konstruktives Entwerfen (ITKE)

Dr. rer. nat. Olga Speck, Universität Freiburg, Plant Biomechanics Group Freiburg und Botanischer Garten, Freiburger Zentrum für interaktive Werkstoffe und bioinspirierte Technologien (FIT) und Freiburger Materialforschungszentrum (FMF)

Prof. Dr. rer. nat. Thomas Speck, Universität Freiburg, Plant Biomechanics Group Freiburg, Lehrstuhl für Botanik: Funktionelle Morphologie und Bionik und Botanischer Garten, Freiburger Zentrum für interaktive Werkstoffe und bioinspirierte Technologien (FIT) und Freiburger Materialforschungszentrum (FMF)

Nicu Toader, Universität Stuttgart, Institut für Leichtbau Entwerfen und Konstruieren (ILEK)

Prof. Dr.-Ing. Alexander Verl, Universität Stuttgart, Institut für Steuerungstechnik der Werkzeugmaschinen und Fertigungseinrichtungen (ISW)

Dr.-Ing. Arndt Wagner, Universität Stuttgart, Institut für Mechanik (Bauwesen) (MIB)

Anna Westermeier, Universität Freiburg, Plant Biomechanics Group Freiburg und Botanischer Garten, Freiburger Zentrum für interaktive Werkstoffe und bioinspirierte Technologien (FIT)

Frederik Wulle, Universität Stuttgart, Institut für Steuerungstechnik der Werkzeugmaschinen und Fertigungseinrichtungen (ISW)

Dr.-Ing. Karl-Heinz Wurst, Universität Stuttgart, Institut für Steuerungstechnik der Werkzeugmaschinen und Fertigungseinrichtungen (ISW)

Literatur

Pflanzen in Aktion

Betz, O., Birkhold, A., Caliaro, M., Eggs, B., Mader, A., Knippers, J., Röhrle, O., Speck, O. (2016): Adaptive stiffness and joint-free kinematics: actively actuated rod-shaped structures in plants and animals and their biomimetic potential in architecture and engineering. In: Knippers, J., Nickel, K., Speck, T. (Hrg.): Biomimetic research for architecture and building construction: biological design and integrative structures. Springer International Publishing Switzerland, S. 135–167.

Caliaro, M., Flues, F., Speck, T., Speck, O. (2013): Novel method for measuring tissue pressure in herbaceous plants. International Journal of Plant Sciences 174(2):161–170.

Caliaro, M., Schmich, F., Speck, T., Speck, O. (2013): Effect of drought stress on bending stiffness in petioles of Caladium bicolor (Araceae). American Journal of Botany 100(11):2141–2148.

Caliaro, M., Speck, T., Speck O. (2015): Adaptive Steifigkeit bei krautigen Pflanzen – Vorbild für die Technik. In: Kesel, A.B., Zehren, D. (Hrg.): Bionik: Patente aus der Natur. Tagungsbeiträge zum 7. Bionik-Kongress in Bremen. Bionik-Innovations-Centrum (B-I-C), Bremen, S. 168–173.

Kaminski, R., Speck, T., Speck, O. (2017): Adaptive spatiotemporal changes in morphology, anatomy, and mechanics during the ontogeny of subshrubs with square-shaped stems. American Journal of Botany 104(8):1157–1167.

Kampowski, T., Mylo, M.D., Poppinga, S., Speck, T. (2018): How water availability influences morphological and biomechanical properties in the one-leaf plant Monophyllaea horsfieldii. Royal Society Open Science 5(1):171076.

Kampowski, T., Mylo, M.D., Speck, T., Poppinga, S. (2017): On the morphometry, anatomy and water stress behaviour of the anisocotyledonous Monophyllaea horsfieldii (Gesneriaceae) and their eco-evolutionary significance. Botanical Journal of the Linnean Society 185(3):425–442.

Li, S., Wang, K.W. (2015): Fluidic origami: a plant-inspired adaptive structure with shape morphing and stiffness tuning. Smart Materials and Structures 24(10):105031.

Li, S., Wang, K.W. (2017): Plant-inspired adaptive structures and materials for morphing and actuation: a review. Bioinspiration & Biomimetics 12 (1):011001.

Lv, J., Tang, L., Li, W., Liu, L., Zhang, H. (2016): Topology optimization of adaptive fluid-actuated cellular structures with arbitrary polygonal motor cells. Smart Materials and Structures 25(5):055021.

Pagitz, M., Lamacchia, E., Hol, J.: (2012): Pressure-actuated cellular structures. Bioinspiration & Biomimetics 7:016007(1).

Vos, R., Barrett, R., Romkes, A. (2011): Mechanics of pressure-adaptive honeycomb. Journal of Intelligent Material Systems and Structures 22(10):1041–1055.

Bewegung ohne Gelenke

Betz, O., Birkhold, A., Caliaro, M., Eggs, B., Mader, A., Knippers, J., Röhrle, O., Speck, O. (2016): Adaptive stiffness and joint-free kinematics: actively actuated rod-shaped structures in plants and animals and their biomimetic potential in architecture and engineering. In: Knippers, J., Nickel, K., Speck, T. (Hrg.): Biomimetic research for architecture and building construction: biological design and integrative structures. Springer International Publishing Switzerland, S. 135–167.

Betz, O., Wegst, U., Weide, D., Heethof, M., Helfen, L., Lee, W.-K., Cloetens, P. (2012): Imaging applications of synchrotron X-ray phase-contrast microtomography in biological morphology and biomaterials science. I. General aspects of the technique and its advantages in the analysis of millimetre-sized arthropods structure. Journal of Microscopy 227(1):51–71.

Blemker, S.S., Asakawa, D.S., Gold, G.E., Delp, S.L. (2007): Image-based musculoskeletal modeling: applications, advances, and future opportunities. Journal of Magnetic Resonance Imaging 25(2):441–451.

Cerkvenik, U., Dodou, D., van Leeuwen, J.L., Gussekloo, S.W.S (2018): Functional principles of steerable multi-element probes in insects. Biological Reviews, doi:10.1111/brv.12467.

Cerkvenik, U., van de Straat, B., Gussekloo, S.W.S., van Leeuwen, J.L. (2017): Mechanisms of ovipositor insertion and steering of a parasitic wasp. Proceedings of the National Academy of Sciences of the United States of America 114(17): E7822–E7831.

Eggs, B., Birkhold, A.I., Röhrle, O., Betz, O. (2018): Structure and function of the musculoskeletal ovipositor system of an ichneumonid wasp. BMC Zoology 3:12.

Frasson, L., Ferroni, F., Young Ko, S., Dogangil, G., Rodriguez y Baena, F. (2012): Experimental evaluation of a novel steerable probe with a programmable bevel tip inspired by nature. Journal of Robotic Surgery 6(3):189–197.

Gorb, S.N. (2011): Insect-inspired technologies: insects as a source for biomimetics. In: Vilcinskas, A. (Hrg.): Insect Biotechnology. Biologically-inspired systems, Band 2, Springer, Dordrecht, S. 241–264.

Holdsworth, D.W., Thornton, M.M. (2002): Micro-CT in small animal and specimen imaging. Trends Biotechnology 20(8):34–39.

Lavoipierre, M.M.J., Dickerson, G., Gordon, R.M. (1959): Studies on the methods of feeding of blood-sucking arthropods: I. – The manner in which Triatomine bugs obtain their blood meal, as observed in the tissue of the living rodent, with some remarks on the effects of the bite on human volunteers. Annals of Tropical Medicine and Parasitology 53(2):235–250.

Michels, J., Gorb, S.N. (2012): Detailed three-dimensional visualization of resilin in the exoskeleton of arthropods using confocal laser scanning microscopy. Journal of Microscopy 245(1):1–16.

Quicke, D.L.J., Fitton, M., Harris, J. (1995): Ovipositor steering mechanisms in braconid wasps. Journal of Hymenoptera Research 4:110–120.

Wipfler, B., Pohl, H., Yavorskaya, M.I., Beutel, R. G. (2016): A review of methods for analysing insect structures – the role of morphology in the age of phylogenomics. Current Opinion in Science 18:60–68.

Keine Gelenkbeschwerden / Von der Grundlagenforschung zum bionischen Produkt

Born, L., Körner, A., Schieber, G., Westermeier, A.S., Poppinga, S., Sachse, R., Bergmann, P., Betz, O., Bischoff, M., Speck, T., Knippers, J., Milwich, M., Gresser, G.T. (2017): Fiber-reinforced plastics with locally adapted stiffness for bio-inspired hingeless, deployable architectural systems. In: Herrmann, A. (Hrg.): 21st Symposium on Composites, Band 742: Trans Tech Publications (Key Engineering Materials), S. 689–696.

Ellison, A.M., Adamec, L. (Hrg.) (2018): Carnivorous plants – Physiology, ecology and evolution. Oxford University Press, Oxford.

Howell, L.L. (2001): Compliant mechanisms. Wiley, New York.

Körner, A., Born, L., Mader, A., Sachse, R., Saffarian, S., Westermeier, A.S., Poppinga, S., Bischoff, M., Gresser, G.T., Milwich, M., Speck, T., Knippers, J. (2018): Flectofold – A biomimetic compliant shading device for complex free from facades. In: Smart Materials and Structures 27:017001.

Körner, A., Knippers, J. (2018): Bioinspirierte Elastizität. In: Schumacher, M., Vogt, M.-M., Cordón Krumme, L.A. (Hrg.): New Move. Architektur in Bewegung – Neue dynamische Komponenten und Bauteile. Birkhäuser Verlag, Basel.

Körner, A., Mader, A., Saffarian, S., Knipper, J. (2016): Bio-inspired kinetic curved-line folding for architectural applications. In: ACADIA // 2016 Post-

human Frontiers: Data, Designers, and Cognitive Machines. Ann Arbor, Michigan, USA, S. 270–279.

Poppinga, S., Bauer, U., Speck, T., Volkov, A. G. (2017): Motile traps. In; Ellison, A. M., Adamec, L. (eds.): Carnivorous plants: physiology, ecology, and evolution. Oxford University Press, Oxford, S. 180-193.

Poppinga, S., Joyeux, M. (2011): Different mechanics of snap-trapping in the two closely related carnivorous plants Dionaea muscipula and Aldrovanda vesiculosa. Physical Review E 84:41928.

Poppinga, S., Körner, A., Sachse, R., Born, L., Westermeier, A., Hesse, L., Knippers, J., Bischoff, M., Gresser, G.T., Speck, T. (2016): Compliant mechanisms in plants and architecture. In: Knippers, J., Nickel, K., Speck, T. (Hrg.): Biomimetic research for architecture and building construction: biological design and integrative structures. Springer International Publishing Switzerland, S. 169–193.

Poppinga, S., Masseller, T., Speck, T. (2013): Faster than their prey: New insights into the rapid movements of active carnivorous plants traps. Bioessays 35, S. 649–657.

Poppinga, S., Metzger, A., Speck, O. et al. (2013): Schnappen, schleudern, saugen: Die schnellen Fallenbewegungen fleischfressender Pflanzen. Biologie in unserer Zeit / BIUZ 6 (43), S. 2–11.

Schieber, G., Born, L., Bergmann, P. et al. (2017): Hindwings of insects as concept generator for hingeless foldable shading systems. Bioinspiration & Biomimetics 13:16012.

Schleicher, S., Lienhard, J., Poppinga, S. et al. (2015): A methodology for transferring principles of plant movements to elastic systems in architecture. Computer-Aided Design 60:105–117.

Skotheim, J.M., Mahadevan, L. (2005): Physical limits and design principles for plant and fungal movements. Science 308 (5726), 1308–1310.

Westermeier, A.S., Sachse, R., Poppinga, S. et al. (2018): How the carnivorous waterwheel plant (Aldrovanda vesiculosa) snaps. Proceedings of the Royal Society of London 285(1878):20180012.

Hohe Belastungen sicher überstehen

Deville, S. (2010): Freeze-casting of porous biomaterials: Structure, properties and opportunities. Materials 3:1913–1927.

Dittrich, R., Despang, F., Bernhardt, A. et al. (2006): Mineralized scaffolds for hard tissue engineering by Ionotropic gelation of alginate. Advances in Science and Technology 49:159–164.

Klang, K., Bauer, G., Toader, N. et al. (2016): Plants and animals as source of inspiration for energy dissipation in load bearing systems and facades. In: Knippers, J., Nickel, K., Speck, T. (Hrg.): Biomimetic research for architecture and building construction:

biological design and integrative structures. Springer International Publishing Switzerland, S. 109–133.

Lauer, C., Grun, T. B., Zutterkirch, I. et al. (2017): Morphology and porosity of the spines of the sea urchin *Heterocentrotus mammillatus* and their implications on the mechanical performance. Zoomorphology 137:139–154.

Lauer, C., Schmier, S., Speck, T., Nickel, K. G. (2018): Strength-size relationships in two porous biological materials. Acta Biomaterialia 77:322–332.

Nickel, K. G., Lauer, C., Klang, K., Buck, G. (2018): Sea urchin spines as role models for biologic design and integrative structures. In: Heuss-Aßbichler, S., Amthauer, G., John-Stadler, M. (Hrg.): Highlights of Applied Mineralogy. De Gruyter, Berlin, S. 270–282.

Presser, V., Schultheiß, S., Berthold, C., Nickel, K. G. (2009): Sea urchin spines as a model-system for permeable, light-weight ceramics with graceful failure behavior. Part I. Mechanical behavior of sea urchin spines under compression. Journal of Bionic Engineering 6:203–213.

Schmauder, S., Schäfer, S. (Hrg.) (2016): Multiscale materials modeling: approaches to full multiscaling. De Gruyter, Berlin.

Schmier, S., Lauer, C., Schäfer, I. et al. (2016): Developing the experimental basis for an evaluation of scaling properties of brittle and "quasi-brittle" biological materials. In: Knippers, J., Nickel, K., Speck, T. (Hrg.): Biomimetic research for architecture and building construction: biological design and integrative structures. Springer International Publishing Switzerland, S. 277–294.

Speck, T., Bauer, G., Masselter, T. et al. (2018): Biomechanics and functional morphology of plants – inspiration for biomimetic materials and structures. In: Geitmann, A., Gril, J. (Hrg.): Plant Biomechanics. Springer, Cham, S. 399–433.

Toader, N., Sobek, W., Nickel, K. G. (2017): Energy Absorption in Functionally Graded Concrete Bioinspired by Sea Urchin Spines. Journal of Bionic Engineering 14:369–378.

Toader, T.-N., Haase, W., Sobek, W. (2018): Energy absorption in functionally graded concrete under compression. The Bulletin of the Polytechnic Institute of Jassy, Construction. Architecture Section, 4. ISSN: 1224-3884, e-ISSN: 2068-4762 (accepted).

Weibull, W. (1951): A statistical distribution function of wide applicability. Journal of Applied Mechanics 18(3):293–297.

Gefrieren – aber richtig

Bluhm, J., Ricken, T., Bloßfeld, M. (2011): Ice formation in porous media. In: Advances in Extended and Multifield Theories for Continua. Springer, Berlin, Heidelberg, S. 153–174.

Borja, R. I., Koliji, A. (2009): On the effective stress in unsaturated porous continua with double porosity. Journal of the Mechanics and Physics of Solids 57 (8):1182–1193.

Ehlers, W. (2002): Foundations of multiphasic and porous materials. In: Porous media. Springer, Berlin, Heidelberg, S. 3–86.

Ehlers, W. (2018): Effective stresses in multiphasic porous media: a thermodynamic investigation of a fully non-linear model with compressible constituents. Geomechanics for Energy and the Environment 15:35–46.

Ehlers, W., Häberle, K. (2016): Interfacial mass transfer during gas–liquid phase change in deformable porous media with heat transfer. Transport in Porous Media 114 (2):525–556.

Eurich, L., Schott, R., Wagner, A., Roth-Nebelsick, A., Ehlers, W. (2016): Fundamentals of heat and mass transport in frost-resistant plant tissues. In: Knippers, J., Nickel, K., Speck, T. (Hrg.): Biomimetic research for architecture and building construction: biological design and integrative structures. Springer International Publishing Switzerland, S. 97–108.

McCully, M. E., Canny, M. J., Huang, C. X. (2004): The management of extracellular ice by petioles of frost-resistant herbaceous plants. Annals of Botany 94 (5):665–674.

Prillieux, M. (Hrg.) (1869): Effet de la gelée sur les plantes. Formation de glaçons dans les tissus des plantes. Bulletin de la Société Botanique de France 16 (4):140–152.

Roth-Nebelsick, A. (2009): Pull, push and evaporate. The role of surfaces in plant water transport. In: Gorb, S. (Hrg.): Functional surfaces in biology. Little structures with big effects. Springer, Berlin, S. 141–159.

Roth-Nebelsick, A., Voigt, D., Gorb, S. (2010): Cryoscanning electron microscopy studies of pits in *Pinus wallichiana* and *Mallotus japonicas*. IAWA Journal 31:257–267.

Schott, R. T., Roth-Nebelsick, A. (2018): Ice nucleation in stems of trees and shrubs with different frost resistance. IAWA Journal 39 (2):177–190.

Schott, R. T., Voigt, D., Roth-Nebelsick, A. (2017): Extracellular ice management in the frost hardy horsetail *Equisetum hyemale* L. Flora 234:207–214.

Die Natur als Ideengeber für moderne Fertigungstechniken

Breuninger, J., Becker, R., Wolf, A., Rommel, S., Verl, A. (2013): Generative Fertigung mit Kunststoffen. Konzeption und Konstruktion für selektives Lasersintern. Springer, Berlin, Heidelberg.

Christof, H., Gresser, G. T. (2017): Räumlich gekrümmte Pultrusionsprofile durch UV-reaktive Harze. 25. Stuttgarter Kunststoffkolloquium, Stuttgart.

Coupek, D., Kovaleva, D., Christof, H., Wurst, K.-H., Verl, A., Sobek, W., Haase, W., Gresser, G. T., Lechler, A. (2016): Fabrication of biomimetic and biologically inspired (modular) structures for use in the construction industry. In: Knippers, J., Nickel, K., Speck, T. (Hrg.): Biomimetic research for architecture and building construction: biological design and integrative structures. Springer International Publishing Switzerland, S. 319–339.

Gericke, O., Kovaleva, D., Haase, W., Sobek, W. (2016): Fabrication of concrete parts using a frozen sand formwork. In: Kawaguchi, K., Ohsaki, M., Takeuchi, T. (Hrg.): Proceedings of the IASS Annual Symposium 2016. Presented at the Spatial Structures in the 21st Century, Tokyo, Japan.

Wulle, F., Coupek, D., Schäffner, F., Verl, A., Oberhofer, F., Maier, T. (2017): Workpiece and machine design in additive manufacturing for multi-axis fused deposition modeling. In: Procedia CIRP. Bd. 60, Elsevier, Amsterdam, S. 229–234.

Rosenstein-Pavillon

Kaijima, S., Tan, Y. Y., Lee, T. L. (2017): Functionally graded architectural detailing using multi-material additive manufacturing. In: Janssen, P., Loh, P., Raonic, A., Schnabel, M. A. (Hrg.): Protocols, flows, and glitches – roceedings of the 22nd CAADRIA Conference, Xi'an Jiaotong-Liverpool University, Suzhou, China, S. 427–436.

Kovaleva, D., Gericke, O., Kappes, J., Haase, W. (2018): Rosenstein-Pavillon: Auf dem Weg zur Ressourceneffizienz durch Design. In: Beton- und Stahlbetonbau 113(6):433–442.

Kovaleva, D., Gericke, O., Kappes, J., Sobek, W. (2018): Rosenstein Pavilion: Design and fabrication of a functionally graded concrete shell. In: Proceedings of the IASS Annual Symposium 2018. Boston, MA, USA.

Richards, D., Amos, M. (2014): Designing with gradients: bio-inspired computation for digital fabrication. In: ACADIA 14: Design Agency: Proceedings of the 34th Annual Conference of the Association for Computer Aided Design in Architecture. Los Angeles, USA, S. 101–110.

Sobek, W. (2012): Adaptive systems: new materials and new structures. In: Bell, M., Buckley, C. (Hrg.): Post-Ductility. Metals in Architecture and Engineering. Princeton Architectural Press, New York, S. 129–133.

Wörner, M., Schmeer, D., Schuler, B., Pfinder, J., Garrecht, H., Sawodny, O. et al. (2016): Gradientenbetontechnologie. In: Beton- und Stahlbetonbau 111(12):794–805.

Bauprinzipien und Strukturdesign von Seeigeln / Anwendungsmöglichkeiten von Segmentschalen in der gebauten Architektur

Adriaenssens, S., Block, P., Veenendaal, D., Williams, C. (Hrg.) (2014): Shell structures for architecture: form finding and optimization. Routledge, London.

Bechert, S., Knippers, J., Krieg, O. D., Menges, A., Schwinn, T., und Sonntag, D. (2016): Textile fabrication techniques for timber shells. In: Adriaenssens, S., Gramazio, F., Kohler, M., Menges, A. und Pauly, M. (Hrg.): Advances in Architectural Geometry 2016. Zurich, S. 154–169, vdf Hochschulverlag AG an der ETH Zürich. http://doi.org/10.3218/3778-4_12.

Gibson, L. J., Ashby, M. F., Harley, B. A. (2010): Cellular materials in nature and medicine. Cambridge University Press, Cambridge.

Groenewolt, A., Schwinn, T., Nguyen, L., und Menges, A. (2018): An interactive agent-based framework for materialization-informed architectural design. Swarm Intelligence, 12(2), 155–186, http://doi.org/10.1007/s11721-017-0151-8.

Grun, T. B., Mancosu, A., Belaústegui, Z., Nebelsick, J. H. (2018): The taphonomy of *Clypeaster*: a paleontological tool to identify stable structures in natural shell systems. Neues Jahrbuch für Geologie und Paläontologie 289, 189–202.

Grun, T. B., Koohi Fayegh Dehkordi, L., Schwinn, T., Sonntag, D., von Scheven, M., Bischoff, M., Knippers, J., Menges, A., Nebelsick, J. H. (2016): The skeleton of the sand dollar as a biological role model for segmented shells in building construction: A research review. In: Knippers, J., Nickel, K., Speck, T. (Hrg.): Biomimetic research for architecture and building construction: biological design and integrative structures. Springer International Publishing Switzerland, S. 217–242.

Grun, T.B., Nebelsick, J.H. (2018): Structural design of the minute clypeasteroid echinoid Echinocyamus pusillus. Royal Society Open Science 5(5): 171323. doi:10.1098/rsos.171323.

Grun, T. B., von Scheven, M., Bischoff, M., Nebelsick, J. H. (2018): Structural stress response of segmented natural shells: A numerical case study on the clypeasteroid echinoid Echinocyamus pusillus. Journal of the Royal Society Interface 15(143), 21–28. doi: 10.1098/rsif.2018.0164.

Hollister, S. J., Kikuchi, N. (1994): Homogenization theory and digital imaging: a basis for studying the mechanics and design principles of bone tissue. Biotechnology and Bioengineering 43:586–596.

La Magna, R., Gabler, M., Reichert, S., Schwinn, T., Waimer, F., Menges, A., und Knippers, J. (2013): From nature to fabrication: biomimetic design principles for the production of complex spatial structures.

International Journal of Space Structures, 28(1), 27–40, http://doi.org/10.1260/0266-3511.28.1.27.

Krieg, O. D., Schwinn, T., Menges, A., Li, J.-M., Knippers, J., Schmitt, A., und Schwieger, V. (2015): Biomimetic lightweight timber plate shells: computational integration of robotic fabrication, architectural geometry and structural design. In: Ceccato, C. Hesselgren, L., Pauly, M., Pottmann, H. und Wallner, J. (Hrg.): Advances in Architectural Geometry 2014 (Vol. 1). Cham: Springer International Publishingg, S. 109–125, http://doi.org/10.1007/978-3-319-11418-7_8

Krieg, O. D., Schwinn, T., und Menges, A. (2016): Integrative design computation for local resource effectiveness in architecture. In: Wang, F. und Prominski, M. (Hrg.): Urbanization and Locality, Springer Berlin Heidelberg, 123–143. http://doi.org/10.1007/978-3-662-48494-4_7.

Krieg, O. D., Schwinn, T., Menges, A. (2016): Integrative design computation for local resource effectiveness in architecture. In: Wang, F., Prominski, M. (Hrg.): Urbanization and Locality, Springer, Berlin, Heidelberg, S. 123–143.

Li, J.-M., und Knippers, J. (2015): Segmental timber plate shell for the Landesgartenschau exhibition hall in Schwäbisch Gmünd – the application of finger joints in plate structures. International Journal of Space Structures, 30(2), 123–140, http://doi.org/10.1260/0266-3511.30.2.123.

Schwinn, T., Krieg, O. D., und Menges, A. (2014): Behavioral strategies: synthesizing design computation and robotic fabrication of lightweight timber plate structures. In: Design Agency [Proceedings of the 34th Annual Conference of the Association for Computer Aided Design in Architecture (ACADIA). Los Angeles, S. 77–188.

Sonntag, D., Bechert, S., Knippers, J. (2017): Biomimetic timber shells made of bending-active segments. International Journal of Space Structures 32, S. 149–159.

van Berkel, B. (2012): Pavilions: Interview with Ben van Berkel, https://www.unstudio.com/en/page/7577/interview-ben-van-berkel-pavilions. (Zugriff: 17.09.2018).

Wainwright, S.A., Biggs, W.D., Currey, J.D., Gosline, J.M. (1976): Mechanical design in organisms. Arnold, London.

Schnecken als lebende 3-D-Drucker

Barker, G.M. (2001): The biology of terrestrial molluscs. Oxon, CABI-Publishing, New York, USA.

Felbrich, B., Wulle, F., Allgaier, C., Menges, A., Wurst, K.-H., Verl, A., Nebelsick, J. (2018): A novel rapid additive manufacturing concept for architectural composite shell construction inspired by the shell formation in land snails. Bioinspiration & Biomimetics 13(2):026010.

Frearson, A. (2014): Foster + Partners works on „world's first commercial concrete-printing robot" Dezeen, http://dezeen.com/2014/11/25/foster-partners-skanska-worlds-firstcommercial-concrete-3d-printing-robot/ (Zugriff: 26.02.2016).

Khoshnevis, B., Hwang, D. (2006): Contour crafting. In: Kamrani, A., Abouel Nasr, E. (Hrg.): Rapid prototyping: theory and practice. Springer US, Boston, MA, USA, S. 221–251.

Nebelsick, J.H., Allgaier, C., Felbrich, B., Coupek, D., Reiter, R., Reiter, G., Menges, A., Lechler, A., Wurst, K.-H. (2016): Continuous fused deposition modelling of architectural envelopes based on the shell formation of molluscs: a research review. In: Knippers, J., Nickel, K., Speck, T. (Hrg.): Biomimetic research for architecture and building construction: biological design and integrative structures. Springer International Publishing Switzerland, S. 243–260.

Reuning, A. (2018): Komm, wir drucken uns ein Haus. Deutschlandfunk, https://www.deutschlandfunk.de/additive-fertigung-auf-der-baustelle-komm-wir-drucken-uns.740.de.html?dram:article_id=416965. (Zugriff: 06.05.2018).

Vermeij, G.J. (1993): A natural history of shells. Princeton, NJ: Princeton University Press.

Wangler, T., Lloret, E., Reiter, L., Hack, N., Gramazio, F., Kohler, M., Bernhard, M., Dillenburger, B., Buchli, J., Roussel, N., Flatt, R. (2016): Digital concrete: opportunities and challenges. RILEM Technical Letters 1, S. 67–75.

Wulle, F., Verl, A. (2016): Bioinspiriertes Bauen. X-Technik, Additive Fertigung.at, http://www.additive-fertigung.at/detail/bioinspiriertes-bauen_126503. (Zugriff: 26.09.2018).

Evolutive Ansätze für explorative Entwurfsmethoden in der Architektur

Bentley, P.J. (Hrg.) (1999): Evolutionary design by computers. Morgan Kaufmann Publishers, Burlington, USA.

Frazer, J. (1995): An evolutionary architecture. Architectural Association, London.

Groenewolt, A., Schwinn, T., Nguyen, L., Menges, A. (2018): An interactive agent-based framework for materialization-informed architectural design. Swarm Intelligence 12(2):155–186.

Holland, J.H. (1975): Adaptation in natural and artificial systems. MIT Press, Cambridge.

Lang, D., Ullrich, K.K., Murat, F. et al. (2018): The *Physcomitrella patens* chromosome-scale assembly reveals moss genome structure and evolution. The Plant Journal 93 (3):515–533.

Lang, D., van Gessel, N., Ullrich, K. K., Reski, R. (2016): The genome of the model moss *Physcomitrella patens*. In: Rensing, S. (Hrg.): Genomes and evolution of charophytes, bryophytes, lycophytes and ferns. Advances in Botanical Research, Band 78, Academic Press, Cambridge, MA, USA, S. 97–140.

Menges, A. (2012): Biomimetic design processes in architecture: morphogenetic and evolutionary computational design. Bioinspiration & Biomimetics 7 (1):015003.

Nguyen, L., Lang, D., van Gessel, N., Beike, A. K., Menges, A., Reski, R., Roth-Nebelsick, A. (2016): Evolutionary processes as models for exploratory design. In: Knippers, J., Nickel, K., Speck, T. (Hrg.): Biomimetic research for architecture and building construction: biological design and integrative structures. Springer International Publishing Switzerland, S. 295–318.

Szövényi, P., Ullrich, K. K., Rensing, S. A., Lang, D., van Gessel, N., Stenøien, H. K., Conti, E., Reski, R. (2017): Selfing in haploid plants and efficacy of selection: codon usage bias in the model moss *Physcomitrella patens*. Genome Biology and Evolution 9 (6):1528–1546.

van Gessel, N., Lang, D., Reski, R. (2017): Genetics and genomics of *Physcomitrella patens*. In: Assmann, S., Liu, B. (Hrg.): Plant Cell Biology. The Plant Sciences, Band 20, Springer, New York, USA, S. 1–32.

Vom Ast zum Palast / Neue verzweigte Tragstrukturen für die Architektur

Born, L., Jonas, F. A., Bunk, K. et al. (2016): Branched structures in plants and architecture. In: Knippers, J., Nickel, K., Speck, T. (Hrg.): Biomimetic research for architecture and building construction: biological design and integrative structures. Springer International Publishing Switzerland, S. 195–215.

Born, L., Möhl, C., Milwich, M. et al. (2018): Textile connection technology for interfaces of fibre reinforced plastic-concrete-hybrid composites. In: Hausmann, J. M., Siebert, M., von Hehl, A. (Hrg.): Proceedings of Hybrid. Materials and Structures, S. 28–33.

Bunk, K., Fink, S., Speck, T., Masselter, T. (2017): Branching morphology, vascular bundle arrangement and ontogenetic development in leaf insertion zones and ramifications of three arborescent Araliaceae species. Trees 31:1793–1809.

Hamm, C. (2015): Evolution of lightweight structures: analyses and technical applications.

Hesse, L., Leupold, J., Speck, T., Masselter, T. (2018): A qualitative analysis of the bud ontogeny of Dracaena marginata using high-resolution magnetic resonance imaging. Science Report 8:9881.

Hesse, L., Masselter, T., Leupold, J. et al. (2016): Magnetic resonance imaging reveals functional anatomy and biomechanics of a living dragon tree. Science Report 6:32685.

Jonas, F. A., Born, L., Möhl, C. et al. (2018): Towards branched supporting structures out of concrete-FRP composites inspired from natural branchings. In: Mueller, C., Adriaenssens, S. (Hrg.): Proceedings of IASS Symposium.

Jonas, F. A., Knippers, J. (2017): Tragverhalten von Betondruckgliedern mit Umschnürung durch geflochtene und gewickelte Carbonrohre: Tragfähigkeitssteigerung durch Aktivierung eines mehraxialen Spannungszustands im Beton. In: Beton- und Stahlbetonbau 112:517–529.

Jungnikl, K., Goebbels, J., Burgert, I., Fratzl, P. (2009): The role of material properties for the mechanical adaptation at branch junctions. Trees 23:605–610.

Küppers, S., Thumm, J., Müller, L. et al. (2015): Braiding of branches for the fibre composite technology. In: Edtmaier, C., Requena, G. (Hrg.): 20th Symposium on Composites. Trans Tech Publications, S. 749–756.

Kyosev, Y. (2015): Braiding technology for textiles. Woodhead Publishing Series in Textiles, Nr. 158. Woodhead Publishing, Cambridge, England.

Kyosev, Y. (2016): Advances in braiding technology. Specialized techniques and applications. Woodhead Publishing Series in Textiles. Woodhead Publishing, Oxford, England.

Masselter, T., Hesse, L., Böhm, H., et al. (2016): Biomimetic optimisation of branched fibre-reinforced composites in engineering by detailed analyses of biological concept generators. Bioinspiration & Biomimetics 11:055005.

Masselter, T., Haushahn, T., Fink, S., Speck, T. (2016): Biomechanics of selected arborescent and shrubby monocotyledons. Beilstein Journal Nanotechnology 7:1602–1619.

Masselter, T., Haushahn, T., Schwager, H. et al. (2013): From natural branchings to technical joints: branched plant stems as inspiration for biomimetic fibre-reinforced composites. International Journal of Design & Nature and Ecodynamics 8(2) :144–153.

Möhl, C., Born, L., Jonas, F. A. et al. (2018): Manufacturing of branched structures for fibre-reinforced plastic-concrete-hybrid composites. In: Hausmann, J. M., Siebert, M., von Hehl, A. (Hrg.): Proceedings of Hybrid. Materials and Structures, S. 165–170.

Müller, L., Milwich, M., Gruhl, A. et al. (2013): Biomimetically optimized branched fiber composites as technical components of high load capacity. Tech. Text 56:231–235.

Müller, U., Gindl, W., Jeronimidis, G. (2006): Biomechanics of a branch – stem junction in softwood. Trees 20:643–648.

Niklas, K. J., Molina-Freaner, F., Tinoco-Ojanguren, C. (1999): Biomechanics of the columnar cactus Pachycereus pringlei. American Journal of Botany 86:767–775.

Otto, F. (1982): Natürliche Konstruktionen. Deutsche Verlags-Anstalt, Stuttgart.

Otto, F. (1995): Verzweigungen. SFB 230 (Konzepte SFB 230, Heft 46), Stuttgart.

Rian, I. M., Sassone, M. (2014): Tree-inspired dendriforms and fractal-like branching structures in architecture: A brief historical overview. In: Frontiers of Architectural Research 3:298–323.

Rosenbaum, J. U. (1991): Fertigung von faserverstärkten Kunststoffbauteilen unter Einsatz der Flechttechnik. Ingenieurwissen Kunststoffverarbeitung. Verl. TÜV Rheinland, Köln.

Schwager, H., Haushahn, T., Neinhuis, C. et al. (2010): Principles of branching morphology and anatomy in arborescent monocotyledons and columnar cacti as concept generators for branched fiber-reinforced composites. Advanced Engineering Materials 12:B695–B698.

Schwager, H., Masselter, T., Speck, T., Neinhuis, C. (2013): Functional morphology and biomechanics of branch–stem junctions in columnar cacti. Proceedings of the Royal Society of London 280:20132244.

Schwager, H., Neinhuis, C. (2016): Biomimetic fiber-reinforced composite structures based on natural plant ramifications serving as models. Materialwissenschaft und Werkstofftechnik 47:1087–1098.

Das Plastidenskelett

Asgharzadeh, P., Özdemir, B., Müller, S. J. et al. (2016): Analysis of Physcomitrella chloroplasts to reveal adaptation principles leading to structural stability at the nano-scale. In: Knippers, J., Nickel, K., Speck, T. (Hrg.): Biomimetic research for architecture and building construction: biological design and integrative structures. Springer International Publishing Switzerland, S. 261–275.

Asgharzadeh, P., Özdemir, B., Müller, S. J. et al. (2016): Analysis of confocal image data of Physcomitrella chloroplasts to reveal adaptation principles leading to structural stability at the nano scale. Proceedings in Applied Mathematics and Mechanics 16:69–70.

Asgharzadeh, P., Özdemir, B., Reski, R. et al. (2018): Computational 3D imaging to quantify structural components and assembly of protein networks. Acta Biomaterialia 69:206–217.

Gremillon, L., Kiessling, J., Hause, B. et al. (2007): Filamentous temperature-sensitive Z (FtsZ) isoforms specifically interact in the chloroplasts and in the cytosol of Physcomitrella patens. New Phytologist 176:299–310.

Ingber, D. E. (2003): Tensegrity I. Cell structure and hierarchical systems biology. Journal of Cell Science 116:1157–1173.

Ingber, D. E. (2003): Tensegrity II. How structural networks influence cellular information processing networks. Journal of Cell Science 116:1397–1408.

Ingber, D. E., Wang, N., Stamenović, D. (2014): Tensegrity, cellular biophysics, and the mechanics of living systems. Reports on Progress in Physics 77:046603.

Kiessling, J., Martin, A., Gremillion, L. et al. (2004): Dual targeting of plastid division protein FtsZ to chloroplasts and the cytoplasm. EMBO Reports 5:889–894.

Martin, A., Lang, D., Hanke, S. et al. (2009): Targeted gene knockouts reveal overlapping functions of the five Physcomitrella patens FtsZ isoforms in chloroplast division, chloroplast shaping, cell patterning, plant development, and gravity sensing. Molecular Plant 2:1359–1372.

Özdemir, B., Asgharzadeh, P., Birkhold, A. et al. (2018): Cytological analysis and structural quantification of FtsZ1-2 and FtsZ2-1 network characteristics in Physcomitrella patens. Scientific Reports 8:11165.

Suppanz, I., Sarnighausen, E., Reski, R. (2007): An integrated physiological and genetic approach to the dynamics of FtsZ targeting and organisation in a moss, Physcomitrella patens. Protoplasma 232:1–9.

Terbush, A. D., Porzondek, C. A., Osteryoung, K. W. (2016): Functional analysis of the chloroplast division complex using schizosaccharomyces pombe as a heterologous expression system. Microscopy and Microanalysis 22:275–289.

Abstrahieren statt kopieren

Alon, U. (2006): An introduction to systems biology: design principles of biological circuits. Chapman and Hall/CRC.

Cercignani, C. (1998): Ludwig Boltzmann: the man who trusted atoms. Oxford University Press. Oxford, England.

Hentschel, K. (2011): Analogien in Naturwissenschaften, Medizin und Technik. In: Wissenschaftliche Verlagsgesellschaft, Stuttgart.

Hodgkin, A. L., Huxley, A. F. (1952): A quantitative description of membrane current and its application to conduction and excitation in nerve. The Journal of Physiology 117 (4):500–544.

Newton, I. (1833): Philosophiae naturalis principia mathematica, G. Brookman, Glasgow, Schottland.

Paul, D., Dehkordi, L. K. F., von Scheven, M., Bischoff, M., Radde, N. (2016): Structural design with biological methods: optimality, multi-functionality and robustness. In: Knippers, J., Nickel, K., Speck, T. (Hrg.): Biomimetic research for architecture and building construction: biological design and integrative structures. Springer International Publishing Switzerland, S. 341–360.

Paul, D., Radde, N. (2016): Robustness and filtering properties of ubiquitous signaling network motifs. IFAC-PapersOnLine 49 (26):120–127.

Paul, D., Radde, N. (2018): The role of stochastic sequestration dynamics for intrinsic noise filtering in signaling network motifs. Journal of Theoretical Biology 455:86–96.

Poyatos, J. F. (2012): On the Search for Design Principles in Biological Systems. In: Soyer, O. (Hrg.): Evolutionary systems biology. Advances in Experimental Medicine and Biology, Band 751, Springer, New York, NY, USA, S. 183–193.

Zurek, W. H. (1990): The emperor's new mind: concerning computers, minds, and the laws of physics. Science 248 (4957):880–882.

Funktionalistische, organische und bionische Architektur

de Bruyn, G. (2001): Fisch oder Frosch oder: Die Selbstkritik der Moderne. Bauwelt Fundamente 124, Birkhäuser Verlag, Basel.

de Bruyn, G. (2008): Paranoide Urhütten-Suite. In: Blechinger, G., Milev, Y. (Hrg.): Emergency Design. Designstrategien im Arbeitsfeld der Krise. Springer, Wien, S. 89–100.

de Bruyn, G., Ludwig, F., Schwertfeger, H. (2008): Baubotanik. Wie Technik, Natur- und Kulturwissenschaften zu einer neuen Architekturform verwachsen. Kultur und Technik, Themenheft für Forschung, Universität Stuttgart, S. 56–65.

de Bruyn, G. (2009): Artefakt und Biofakt. In: Lemke Haarmann, A., Lemke, H. (Hrg.): Kultur/Natur. Kunst und Philosophie im Kontext der Stadtentwicklung. Jovis, Berlin, S. 83–92.

de Bruyn, G. (2012): Architektur und Natur. In: Pfeifer, G.: Zwischenräume. Bauten und Projekte 1975–2000. Syntagma, Freiburg, S. 7–15.

Drack, M., Betz, O. (2017): The basis of theory building in biology lies in the organism concept: a historical perspective on the shoulders of three giants. Organisms. Journal of Biological Sciences 1:69–82.

Drack, M., Limpinsel, M., de Bruyn, G., Nebelsick, J., Betz, O. (2018): Towards a theoretical clarification of biomimetics using conceptual tools from engineering design, Bioinspiration & Biomimetics 13:016007.

Limpinsel, M., Drack, M., Betz, O., Nebelsick, J., de Bruyn, G. (2018): Baron Münchhausen in the lab: ingenium and habitus in biomimetic research, Journal of Biomimetics in Engineering, in press.

Maier, W., Zoglauer, T. (Hrg.) (1994): Technomorphe Organismuskonzepte. Modellübertragungen zwischen Biologie und Technik. Problemata 128, frommann-holzboog, Stuttgart.

Nönnig, J. R. (2007): Architektur. Sprache. Komplexität. Acht Essays zur Architekturepistemologie. Bauhaus-Universität, Weimar.

Ruskin, J. (1989): The seven lamps of architecture. Dover Publications 72, New York.

Das bionische Versprechen

Antony, F., Grießhammer, R., Speck, T., Speck, O. (2014): Sustainability assessment of a lightweight biomimetic ceiling structure. Bioinspiration & Biomimetics 9(1):016013.

Antony, F., Grießhammer, R., Speck, T., Speck, O. (2016): The cleaner – the greener? Product sustainability assessment of the biomimetic façade paint Lotusan® in comparison to the conventional façade paint Jumbosil®. Beilstein Journal of Nanotechnology 7:2100-2115.

Antony, F., Mai, F., Speck, T., Speck, O. (2012): Bionik – Vorbild Natur als Versprechen für nachhaltige Technikentwicklung? Naturwissenschaftliche Rundschau 65 (4):175–182.

Grober, U. (2013): Die Entdeckung der Nachhaltigkeit: Kulturgeschichte eines Begriffs. Antje Kunstmann, München.

von Gleich, A. (2007): Das bionische Versprechen: Ist die Bionik so gut wie ihr Ruf? Ökologisches Wirtschaften 22 (3):21–23.

Horn, R., Dahy, H., Gantner, J., Speck, O., Leistner, P. (2018): Bio-inspired sustainability assessment for building product development – concept and case study. Sustainability 10 (1):130–154.

Horn, R., Gantner, J., Widmer, L., Sedlbauer, K. P., Speck, O. (2016): Bio-inspired sustainability assessment – a conceptual framework. In: Knippers, J., Nickel, K., Speck, T. (Hrg.): Biomimetic research for architecture and building construction: biological design and integrative structures. Springer International Publishing Switzerland, S. 361–377.

Mead, T., Jeanrenaud, S. (2017): The elephant in the room: biomimetics and sustainability? Bioinspired, Biomimetic and Nanobiomaterials 6 (2):113–121.

Speck, O., Speck, D., Horn, R., Gantner, J., Sedlbauer, K. P. (2017): Biomimetic bio-inspired biomorph sustainable? An attempt to classify and clarify biology-derived technical developments. Bioinspiration & Biomimetics 12(1):011004.

Index

Bildnachweis

Cover: Bearbeitung von Harald Pridgar basierend auf dem Bild von PBG

S. 4/5 ICD/ITKE | **S. 6/7** J. Lienhard, ITKE, T. Kulikova/Shutterstock | **S. 8/9** ITKE | **1, 2** PBG | **S. 12/13** Festo AG & Co. KG | **3** Riccardo La Magna | **4** PBG/ITKE | **5, 6** PBG | **7** PBG/ITKE | **8–10** ITKE | **11** Festo AG & Co. KG | **12** A: Klaus Eisler, Universität Tübingen, B: EvE | **13** A: verändert nach Barnes et al. (2002): The invertebrates. A synthesis. 815, Blackwell Publishing, Malden, B: EvE, C: verändert nach Moyes & Schulte (2008): Tierphysiologie, Pearson Studium, München | **14** A: Klaus Eisler, Universität Tübingen, B: EvE | **15** CMB | **16** EvE | **17** A, B: aus Collatz et al. (2006): Der Kornkäfer und sein natürlicher Feind *Lariophagus distinguendus*. Entofilm, Kiel, C: EvE | **18, 19** CMB | **20** EvE, CMB | **21–26** PBG | **27–29** ITKE | **30** ITFT | **31** adaptiert von Born et al. 2017 | **32, 33** ITKE | **34** adaptiert von Körner et al. 2018 | **35** adaptiert von Körner et al. 2018 | **36** ITKE | **37–39** SFB/Transregio 141/Kristína Balušíková | **40** ITKE | **S. 52/53** Ulrich Stübler | **41–45** AMIN | **46–51** PBG | **52** A: Schenk, MPA, B, C: IMWF | **53** IMWF | **54** verändert nach S. Deville, National Center for Scientific Research (CNRS), France | **55** verändert nach D. Malangré, Universität Bremen | **56, 57** AMIN | **58** M. Hermann, ILEK | **59** A: N. Großmann, Universität Tübingen, B: N. Toader, ILEK | **60** PBG | **61** AMIN | **62** Anita Roth-Nebelsick, SMNS | **63** aus Prillieux 1869 | **64** Anita Roth-Nebelsick/Rena Schott, SMNS | **65–67** Rena Schott, SMNS | **68, 69** Lukas Eurich, MIB | **70, 71** ILEK | **72, 73** ITFT | **74** ISW | **75** ITFT | **76, 77** ILEK | **78, 79** ISW | **80** ILEK | **81** Quelle: AMIN, Universität Tübingen | **82–89** ILEK | **S. 102/103** Tobias B. Grun, Universität Tübingen | **90–93** Tobias B. Grun, Universität Tübingen | **94** David Iliff (CC-BY-SA 3.0) | **95** Oliver Krieg, ICD | **96–98** Tobias B. Grun, Universität Tübingen | **99** Malte von Scheven, IBB | **100** ICD/ITKE Universität Stuttgart | **101** ICD/ITKE/IIGS Universität Stuttgart | **102–110** ICD/ITKE Universität Stuttgart | **111–115** Christoph Allgaier, Universität Tübingen | **116, 117** Renate Reiter, EPP | **118** Frederik Wulle, ISW (unten), Christoph Allgaier, Universität Tübingen (oben) | **119** Frederik Wulle, ISW | **120** Benjamin Felbrich, ICD | **121** Nico van Gessel, Universität Freiburg | **122–126** Anna K. Ostendorf, SMNS | **127** Florian Krampe, Christopher Voss, Achim Menges, ICD | **S. 142/143** PGB | **128** PGB | **129** PBG (links), ITFT (rechts) | **130–134** PGB | **135, 136** ITKE | **137** ITFT | **138** Volkstanzgruppe Kürnberg | **139** ITFT | **140** A: Jan Knippers, ITKE, B: Florian Jonas, ITKE | **141** Airport Stuttgart | **142, 143** Florian Jonas, ITKE | **144** A, B: Universität Stuttgart, Bildarchiv, C: Florian Jonas, ITKE | **145** Cast Connex Corporation | **146** ITKE | **147** ITKE (A,C,D), ITFT (B) | **148** Florian Jonas, ITKE | **149** ITFT | **150** Kristína Balušíková, ITKE | **151** ITKE | **152, 153** Bugra Özdemir, Universität Freiburg | **154** Pouyan Asgharzadeh, Universität Stuttgart | **155** Wikimedia Commons (links), Nicole Radde, Debdas Paul, IST | **156, 157** Nicole Radde, Debdas Paul, IST | **158** Wikimedia Commons (CC BY-SA 3.0) | **159** Flickr.com/pov_steve (CC BY-NC-ND 2.0) | **160** www.werkbundsiedlung-wien.at | **161** Wikimedia Commons (CC BY 3.0) | **162** Flickr/johnath (CC BY-SA 2.0) | **163** ICD/ITKE | **164, 165** PBG | **166, 167** IBP | **168, 169** PBG | **S. 206/207** Etyra-Filament Pavilion, Victoria and Albert Museum, London, 2016. Achim Menges mit Moritz Dörstelmann, Jan Knippers, Thomas Auer

AMIN: Angewandte Mineralogie, Universität Tübingen
CBM: Contiuunm Biomechanics and Mechanobiology Group, Universität Stuttgart
EPP: Physikalisches Institut, Experimentelle Polymerphysik, Universität Freiburg
EvE: Evolutionsbiologie der Invertebraten, Universität Tübingen
FIT: Freiburger Zentrum für interaktive Werkstoffe und bioinspirierte Technologien
FMF: Freiburger Materialforschungszentrum
IBB: Institut für Baustatik und Baudynamik, Universität Stuttgart
IBP: Fraunhofer-Institut für Bauphysik, Stuttgart
ICD: Institut für Computerbasiertes Entwerfen und Baufertigung, Universität Stuttgart
ILEK: Institut für Leichtbau, Entwerfen und Konstruieren, Universität Stuttgart
IMWF: Institut für Materialprüfung, Werkstoffkunde und Festigkeitslehre, Universität Stuttgart
IST: Institut für Systemtheorie und Regelungstechnik, Universität Stuttgart
ISW: Institut für Steuerungstechnik der Werkzeugmaschinen und Fertigungseinrichtungen, Universität Stuttgart
ITFT: Institut für Textil- und Fasertechnologien, Universität Stuttgart
ITKE: Institut für Tragkonstruktionen und Konstruktives Entwerfen, Universität Stuttgart
ITV: Institut für Textil- und Verfahrenstechnik Denkendorf
MIB: Institut für Mechanik (Bauwesen), Universität Stuttgart
MPA: Materialprüfungsanstalt, Universität Stuttgart
PBG: Plant Biomechanics Group, Universität Freiburg
PBT: Pflanzenbiotechnologie, Universität Freiburg
SMNS: Staatliches Museum für Naturkunde Stuttgart

Redaktion: Ulrich Schmid
Projektkoordination: Regina Herr
Herstellung: Heike Strempel
Layout: Reimund Baumann, Julia Bergener, Ulrich Stübler
Covergestaltung: Harald Pridgar
Satz und Bearbeitung der Gestaltung: Sven Schrape

Papier: 135 g/m² Magno satin
Druck: Beltz Graphische Betriebe Bad Langensalza

Library of Congress Control Number: 2018965517

Bibliografische Information der Deutschen Nationalbibliothek
Die Deutsche Nationalbibliothek verzeichnet diese Publikation in der Deutschen
Nationalbibliografie; detaillierte bibliografische Daten sind im Internet über
http://dnb.dnb.de abrufbar.

ISBN 978-3-0356-1785-6
e-ISBN (PDF) 978-3-0356-1787-0
e-ISBN (EPUB) 978-3-0356-1790-0

Englisch Print-ISBN 978-3-0356-1786-3

© 2019 Birkhäuser Verlag GmbH, Basel
Postfach 44, 4009 Basel, Schweiz
Ein Unternehmen der Walter de Gruyter GmbH, Berlin/Boston

9 8 7 6 5 4 3 2 1   www.birkhauser.com